VICTORIA FORNER

GEDANKENKRIMINALITÄT
Wahrheit ist keine Verteidigung

VICTORIA FORNER

GEDANKENKRIMINALITÄT
Wahrheit ist keine Verteidigung

CRIMINALES DE PENSAMIENTO
La verdad no es defensa
Erstveröffentlichung durch Omnia Veritas, 2017

Aus dem Spanischen übersetzt und herausgegeben von
OMNIA VERITAS LTD

OMNIA VERITAS®
www.omnia-veritas.com

© Omnia Veritas Limited - Victoria Forner - 2025

Alle Rechte vorbehalten. Kein Teil dieser Veröffentlichung darf ohne vorherige Genehmigung des Herausgebers in irgendeiner Form vervielfältigt werden. Das Gesetz zum Schutz des geistigen Eigentums verbietet Kopien oder Vervielfältigungen zur gemeinsamen Nutzung. Jede vollständige oder teilweise Wiedergabe oder Vervielfältigung ohne die Zustimmung des Herausgebers, des Autors oder ihrer Rechtsnachfolger ist rechtswidrig und stellt einen Verstoß dar, der nach den Artikeln des Gesetzbuchs für geistiges Eigentum geahndet wird.

EINFÜHRUNG 11

VERFOLGUNG VON REVISIONISTEN WEGEN GEDANKENVERBRECHEN 16

1. DIE WICHTIGSTEN OPFER DER VERFOLGUNG IN DEUTSCHLAND 19

JOSEPH BURG, EIN VON DEN NAZIS UND ZIONISTEN VERFOLGTER JÜDISCHER REVISIONIST 19

THIES CHRISTOPHERSEN WIRD WEGEN „VERUNGLIMPFUNG DES STAATES" VERURTEILT. 22

WILHEM STÄGLICH, DER RICHTER, DER GERECHTIGKEIT FÜR DEUTSCHLAND FORDERTE 25

ERNST ZÜNDEL, „REVISIONIST DYNAMO", MODELL DES WIDERSTANDS 29

GERMAR RUDOLF: VERFOLGUNG UND VERNICHTUNG EINES BEDEUTENDEN WISSENSCHAFTLERS 51

HORST MAHLER, VOM RADIKALEN LINKEN ZUM HOLOCAUST-LEUGNER 69

SYLVIA STOLZ, DIE KOMPROMISSLOSE ANWÄLTIN 80

GÜNTER DECKERT, EIN BESTÄNDIGES SYMBOL FÜR DIE MEINUNGSFREIHEIT 91

UDO WALENDY, INHAFTIERT WEGEN VERÖFFENTLICHUNG REVISIONISTISCHER TEXTE 95

URSULA HAVERBECK. DIE UNANSTÄNDIGE VERURTEILUNG EINER EHRWÜRDIGEN ALTEN FRAU 98

MONIKA UND ALFRED SCHAEFER: „TUT MIR LEID, MAMA, DASS ICH MICH BEIM HOLOCAUST GEIRRT HABE". 106

REINHOLD ELSTNER, DER REVISIONIST, DER SICH BEI LEBENDIGEM LEIB VERBRANNTE 115

2. DIE WICHTIGSTEN OPFER DER VERFOLGUNG IN FRANKREICH 120

FRANÇOIS DUPRAT, ERMORDET VON JÜDISCHEN TERRORISTEN 120

ROGER GARAUDY, DER PHILOSOPH, DER AN DEN PRANGER GESTELLT WURDE, WEIL ER ISRAEL ANPRANGERTE 122

ROBERT FAURISSON, DIE WESENTLICHE ALMA MATER DES REVISIONISMUS 133

VINCENT REYNOUARD, „DIE HERZEN GEHEN HOCH!" 148

3. DIE WICHTIGSTEN VERFOLGUNGSOPFER IN ÖSTERREICH 153

GERD HONSIK, OPFER DER KAPITULATION DER PSOE VOR DEM ZIONISMUS 153

DAVID IRVING, VERURTEILT ZU DREI JAHREN GEFÄNGNIS IN WIEN 159

WOLFGANG FRÖHLICH, DER „KANARIENVOGEL" SINGT NOCH IM KÄFIG 165

4. HAUPTOPFER DER VERFOLGUNG IN DER SCHWEIZ 170

JÜRGEN GRAF UND GERHARD FÖRSTER FÜR DAS SCHREIBEN UND VERÖFFENTLICHEN VON BÜCHERN VERURTEILT 170

GASTON-ARMAND AMAUDRUZ, EIN JAHR GEFÄNGNIS FÜR EINEN ACHTZIGJÄHRIGEN 175

5. HAUPTOPFER DER VERFOLGUNG IN BELGIEN UND DEN NIEDERLANDEN 178

SIEGFRIED VERBEKE, HARTNÄCKIGER KÄMPFER FÜR DAS RECHT AUF FREIE MEINUNGSÄUßERUNG 178

6. HAUPTOPFER DER VERFOLGUNG IN SPANIEN 185

PEDRO VARELA, EIN EHRLICHER BUCHHÄNDLER, DER OPFER VON HASS UND SEKTIERERISCHER INTOLERANZ WURDE 186
POST SCRIPTUM 208
WEITERE IN KATALONIEN VERFOLGTE BUCHHÄNDLER UND VERLEGER 210

7. HAUPTOPFER DER VERFOLGUNG IN SCHWEDEN 216

DITLIEB FELDERER, DER SPÖTTISCHE JUDE MIT ÄTZENDER SATIRE 216
AHMED RAHMI, ARCHITEKT VON *RADIO ISLAM* UND FÜHRENDER MUSLIMISCHER REVISIONIST 219

8. HAUPTOPFER DER VERFOLGUNG IN AUSTRALIEN 225

FREDERICK TÖBEN, INHAFTIERT IN DEUTSCHLAND, ENGLAND UND AUSTRALIEN 225

9. OPFER VON VERFOLGUNG IM VEREINIGTEN KÖNIGREICH 237

ALISON CHABLOZ IN ENGLAND FÜR DREI SONGS VERURTEILT 237

10. ANDERE OPFER VON VERFOLGUNG WEGEN GEDANKENVERBRECHEN 242

ALLE GEGEN DEN KATHOLISCHEN BISCHOF RICHARD WILLIAMSON 242
HAVIV SCHIEBER, DER JUDE, DER SICH DIE PULSADERN AUFSCHNITT, UM DER ABSCHIEBUNG NACH ISRAEL ZU ENTGEHEN 247
HANS SCHMIDT, DER AMERIKANER, DER WEGEN VIER WORTEN INHAFTIERT WURDE 248
ARTHUR TOPHAM, IN KANADA WEGEN „JUDENHASSES" VERURTEILT 250

11. ANHANG ÜBER DIE RÜCKSICHTSLOSE VERFOLGUNG VON NICHT-AGEARIANS 253

LASZLO CSATARY 254
SAMUEL KUNZ 255
JOHAN BREYER 256
OSKAR GRÖNING 256
REINHOLD HANNING 257
SIERT BRUINS 258
EINE 91-JÄHRIGE FRAU 258

ANDERE BÜCHER 261

An meinen Freund Antonio Damas,

in der Hoffnung, dass dieses Buch

helfen Ihnen zu verstehen.

EINFÜHRUNG

> „ Es ist nicht die Lüge, die durch den Verstand geht, die Schaden anrichtet, sondern die Lüge, die ihn absorbiert und sich in ihm festsetzt."
> *Francis Bacon*

> „Pour savoir qui vous dirige vraiment il suffit de regarder ceux que vous ne pouvez pas critiquer".
> *Voltaire*

> („Um zu wissen, wer dich wirklich führt, musst du diejenigen beobachten, die du nicht kritisieren kannst").

Nie zuvor ist ein historisches Ereignis zu einem unbestrittenen Glaubensdogma für die gesamte Menschheit geworden. Heute jedoch werden Historiker, Wissenschaftler und Forscher in allen Wissensbereichen verfolgt, weil sie den Holocaust in Frage stellen. Pierre Vidal-Naquet und Léon Poliakov, zwei jüdische Historiker, sind die Begründer des allgemeinverbindlichen Glaubensbekenntnisses. Darin heißt es: „Es ist nicht nötig zu fragen, wie ein solches Massensterben technisch möglich war. Er war möglich, weil er stattgefunden hat. Das ist der obligatorische Ausgangspunkt für jede historische Forschung zu diesem Thema. Das ist die Wahrheit, die wir uns einfach merken müssen. Die Existenz der Gaskammern ist unbestreitbar". Die Leugnung der Existenz der Gaskammern und die Infragestellung des Holocaust-Mythos stellen ein Gedankenverbrechen dar, das in den Strafgesetzbüchern zahlreicher Länder als Straftatbestand aufgeführt ist. Die stets unterwürfigen Massenmedien in aller Welt sind für die Diskreditierung und Ablehnung der revisionistischen Werke verantwortlich. Ihre Autoren werden systematisch verunglimpft und wegen Rassenhasses oder Antisemitismus ins Gefängnis gesteckt. Um der Knebelung von Kritikern an US-Universitäten ein Ende zu setzen, unterzeichnete Präsident Trump am 11. Dezember 2019 eine

Durchführungsverordnung, die Kritik an Israel und Juden verbietet. Ein hochrangiger Beamter des Weißen Hauses erklärte, dass die neue Maßnahme das Judentum als eine Nationalität und nicht nur als eine Religion interpretiert.

Andererseits ist es sehr bezeichnend, dass nicht eine einzige NRO die Inhaftierung der Revisionisten angeprangert oder sich für einen von ihnen eingesetzt hat. Wenn man bedenkt, dass die Verteidigung der Menschenrechte und der freien Meinungsäußerung die Daseinsberechtigung der renommiertesten NROs ist, ist dies gelinde gesagt beschämend. Um zu verstehen, warum das so ist, muss man nur wissen, wer hinter diesen „angesehenen" Organisationen steht. Schauen wir uns drei Fälle an: Reporter ohne Grenzen wurde von der UNESCO angeprangert, weil sie von US-Geheimdiensten gesponsert wird; Human Rights Watch wird mit Hunderten von Millionen von dem Juden George Soros, einem Rothschild-Mann, finanziert; Amnesty International erhält ebenfalls Mittel von Soros' Open Society Foundations. Hochrangige AI-Beamte sind zionistische Millionäre oder ehemalige Mitglieder des US-Außenministeriums oder der CIA. Amnesty hat zu Palästina, wo fast zwei Millionen Menschen im Gazastreifen unter unmenschlichen Bedingungen leben und jedes Jahr ungestraft Kinder und Jugendliche getötet werden, immer auffallend geschwiegen. Seltsamerweise hat AI jedoch gerade die Freilassung mehrerer katalanischer Separatisten gefordert, die vom Obersten Gerichtshof Spaniens wegen Aufwiegelung verurteilt wurden. Es ist also klar, warum revisionistische Gefangene von NRO nichts zu erwarten haben, da die meisten von ihnen im Dienste von Täuschung und Manipulation stehen, d. h. sie gehorchen ihren Herren.

Das Buch, das Sie, liebe Leserin, lieber Leser, in Händen halten, ist ein Sonderdruck aus *Historia proscrita. La actuación de agentes judíos en la Hª Contemporánea*, ein vierbändiges Werk, das 2017 bei Omnia Veritas erschienen ist. Konkret handelt es sich um den 5. Teil des Kapitels XII (viertes Buch). Daher wird während der Lektüre einige Verweise oder Anspielungen auf die Originalschrift finden, aus der sie stammen, was jedoch kein Hindernis für das vollständige Verständnis des Textes darstellt. Die Seiten, die dieser Einleitung folgen, wurden Anfang 2016 fertiggestellt. Seitdem ist das Leben unserer „Gedankenverbrecher", die bei so vielen Gelegenheiten heldenhaft waren, unaufhaltsam weitergegangen. Aus diesem Grund haben wir eine Reihe von Anpassungen vorgenommen und die Ereignisse einiger der prominentesten Protagonisten kurz und bündig hinzugefügt, um ihre Schicksale auf den neuesten Stand zu bringen.

In diesem Zusammenhang ist es unumgänglich, die kürzlich verstorbenen Revisionisten zu erwähnen. Unter ihnen befinden sich Ernst Zündel und Robert Faurisson, zwei unwiederholbare Giganten des freien Denkens, denen wir noch einmal unsere Bewunderung zollen. Für diese Monographie haben wir daher am Ende der Berichte über beide einen kurzen Absatz geschrieben, um zu dokumentieren, wie es zu ihrem Tod kam. Zwei weitere Revisionisten, die in diesem Werk vorgestellt werden, sind 2018 ebenfalls verschwunden. Ihre Namen sollten daher in diesen einleitenden Zeilen erscheinen. Am 7. April dieses Jahres verließ uns Gerd Honsik, der im Alter von 77 Jahren in Sopron (Ungarn) starb. Fünfzehn Jahre lang war er in Spanien auf der Flucht, nachdem die Audiencia Nacional 1995 seine Auslieferung mit der Begründung abgelehnt hatte, es handele sich um ein „politisches Verbrechen und sei daher von der Auslieferung ausgeschlossen". Honsik war ein Opfer der Unterwerfung unter den Zionismus der sozialistischen Regierung von Rodríguez Zapatero und des unaussprechlichen Richters Baltasar Garzón, der 2007 seine Auslieferung an Österreich genehmigte. Der zweite Name ist der von Gaston-Armand Amaudruz, vielleicht der erste Revisionist, der die Gaskammern in Frage stellte. Amaudruz starb am 7. September in Lausanne im Alter von 97 Jahren.

Was Ursula Haverbeck, Sylvia Stolz und Horst Mahler widerfahren ist, hat uns notgedrungen auch dazu gezwungen, den Geschichten, die wir in *Verbotene Geschichte* geschrieben haben, ein paar Zeilen in diesem Sonderdruck hinzuzufügen. Als wir 2016 unseren Text über die Verfolgung der großen Dame verließen, hatte Richter Björn Jönsson vom Landgericht Hamburg sie im November 2015 zu zehn Monaten Haft verurteilt, nachdem er die Gewissheit des Holocausts mit dem Beweis für die Rundheit der Erde gleichgesetzt hatte. Heute, im Alter von 91 Jahren, sitzt sie immer noch im Gefängnis. Auch die Geschichte der Verfolgung von Sylvia Stolz endet mit einer neuen Verurteilung, weshalb dieses Buch eine kurze Aktualisierung der Ereignisse enthält. Über Horst Mahler haben wir zuletzt geschrieben, dass er nach sieben Jahren Haft im Jahr 2015 eine Bewährungsstrafe erhalten hat, die es ihm ermöglichte, die Justizvollzugsanstalt Brandenburg nach einer Operation zu verlassen, bei der sein linkes Bein aufgrund von Diabetes amputiert wurde. Wir haben auch aufgenommen, was wir über die Verlängerung seiner kritischen Situation erfahren haben.

Unter den schändlichsten und empörendsten Fällen der Verfolgung von Revisionisten in den letzten Jahren ragen die Namen von Monika und Alfred Schaefer und Alison Chabloz heraus. Obwohl ihre Prozesse nicht auf den Originalseiten von *History Outlawed* erscheinen, waren wir der Meinung, dass ihr Kampf gegen die Verfälschung der historischen Realität aufgenommen werden sollte. Ihre Geschichten sind daher in dieses Buch eingeflossen. Im Jahr 2016 wollten wir die Liste der wichtigsten Opfer der Gedankenpolizei in Deutschland mit der Tragödie von Reinhold Elstner abschließen. Diese Absicht halten wir nun aufrecht und haben daher die Schilderung dessen, was den Brüdern Schaefer widerfahren ist, vor den Abschnitt gestellt, der den politischen Willen des bei lebendigem Leibe verbrannten Revisionisten wiedergibt. Was die Verfolgung von Alison Chabloz anbelangt, die relevant ist, weil es bisher keine Verurteilungen im Vereinigten Königreich gab, so haben wir eine neue Rubrik eingerichtet: Opfer von Verfolgung im Vereinigten Königreich. „Alison Chabloz, in England wegen drei Liedern verurteilt" ist der Titel, der den Bericht über ihr Missgeschick einleitet.

Zwei Namen müssen in dieser Einleitung noch erwähnt werden. Der erste ist Gerd Ittner. In *Verbotene Geschichte* erscheint er zusammen mit Dirk Zimmermann. Auf beide haben wir damals nur kurz angespielt: Unser Werk hatte bereits einen Umfang von 2000 Seiten überschritten, und auf die Einbeziehung einer Reihe deutscher Revisionisten musste verzichtet werden. Da Ittners hartnäckiger Kampf weitergeht und seine Verfolgung nicht aufhört, haben wir uns entschlossen, in diesem Sonderdruck einen kurzen Rückblick auf diesen unbeugsamen Aktivisten zu schreiben, dessen Kampf bis zum Beginn des 21. Jahrhunderts zurückreicht.. Der andere Name ist Arthur Topham, der in unserem Handbuch einen eigenen Platz hat. Für diese Monographie haben wir die Informationen über diesen Kanadier, dessen Website *The Radical Press* ein Beispiel für den Willen zum Widerstand war, kurz aktualisiert.

Es bleibt nur noch, meinem Verleger Omnia Veritas für die Veröffentlichung von *Criminals of Thought* zu danken, einem Buch, das zum ersten Mal unseres Wissens die Fälle von etwa vierzig Revisionisten zusammenfasst, die von den westlichen „Demokratien" unerbittlich verfolgt wurden. Wir wollen so weit wie möglich dazu beitragen, ihre traurige Realität bekannt zu machen. Wir hoffen auch, dass die Veröffentlichung dieses Werkes die Leser auf die Existenz der *Verbotene Geschichte* aufmerksam machen wird, dem übergeordneten Werk, aus dem es hervorgegangen ist und das die historische Untersuchung von zweihundertfünfzig Jahren aus einer unveröffentlichten Sichtweise abdeckt, deren gemeinsamer Nenner das Wirken jüdischer Akteure bei allen Ereignissen der Zeitgeschichte ist. Wir beenden diese Zeilen so, wie wir sie begonnen haben, mit einem weiteren maßgeblichen Argument, diesmal von Goethe: „Niemand ist vollkommener versklavt als diejenigen, die fälschlicherweise glauben, frei zu sein. Die Wahrheit ist vor ihrem Verstand verborgen von Herren, die sie mit Lügen beherrschen. Sie füttern sie mit Irrtümern, damit das Falsche in ihren Augen als wahr erscheint".

Verfolgung von Revisionisten wegen Gedankenverbrechen

Als Tribut an so viele ehrliche Menschen, die ihre Karriere und ihr Leben riskiert haben, um die Freiheit der Meinungsäußerung und der Forschung auf der Suche nach der historischen Wahrheit zu verteidigen, beenden wir Kapitel XII dieser *Geächteten Geschichte*[1] mit einem breiten Überblick über die wesentliche Arbeit dieser unbesungenen Helden des Revisionismus, die der breiten Öffentlichkeit unbekannt sind. Viele von ihnen sind im Laufe unserer Arbeit bereits erwähnt worden, aber wir werden sie nun ausführlicher vorstellen und so den Wert und die Tragweite ihrer Beiträge nachzeichnen. Die Verfolgung von Revisionisten wegen Gedankenverbrechen ist eines der beschämendsten Dinge, die in selbsternannten freien und demokratischen Gesellschaften geschehen können. Es ist empörend, unerträglich und unanständig, dass Intellektuelle aus allen Wissensgebieten inhaftiert werden, weil sie von ihrem Recht Gebrauch machen, historische Fakten zu studieren und zu erforschen. Diese ungerechtfertigte Tatsache sollte ausreichen, um uns klar zu machen, dass die Realität und die Geschichte verfälscht wurden und dass die Lüge um jeden Preis aufrechterhalten wird

Die Opfer der Gedankenpolizei sind in Europa zahlreich, insbesondere in Deutschland, wo das deutsche Volk seit dem Ende des Zweiten Weltkriegs mit Duldung seiner Führer allen möglichen Demütigungen ausgesetzt ist. Auch in Frankreich und Österreich gibt es viele Fälle, in denen Menschen verfolgt, verfolgt und inhaftiert werden, weil sie ihr Recht auf freie Meinungsäußerung wahrgenommen haben. Um die Darstellung zu erleichtern und die wichtigsten uns bekannten Fälle auf diesen Seiten zusammenzufassen, werden wir sie nach Ländern aufschlüsseln und auch versuchen, eine chronologische Reihenfolge einzuhalten, um

---

[1] *Historia Proscrita, La actuación de agentes judíos en la H^a Contemporánea*, Omnia Veritas Limited, www.omnia-veritas.com. *Verbotene Geschichte, Die Rolle jüdischer Akteure in der Zeitgeschichte.*

den Prozess aus einer historischen Perspektive zu verfolgen. Wir beginnen in Deutschland, wo die ideologische Kontrolle, die seit 1945 ausgeübt wird, von der Mehrheit der Bevölkerung nicht in ihrem vollen Ausmaß wahrgenommen wird, deren Gehirnwäsche, die in der Kindheit beginnt, ein noch nie dagewesenes Ausmaß erreicht hat.

Wir werden im Folgenden sehen, wie weit die Verschlechterung der Bürgerrechte in Deutschland fortgeschritten ist, einem Land, das die Zensur seiner Nationalhymne akzeptiert hat, die verstümmelt und mit verbotenen Strophen versehen ist, die niemand in der Öffentlichkeit zu singen wagt. Die Idee der politischen Korrektheit ist das Werkzeug derer, die die deutsche Gesellschaft um jeden Preis lähmen wollen. Alles, was nicht mit der offiziellen Version der Ereignisse übereinstimmt, gilt als politisch inakzeptabel. Dieser Zustand der Lähmung wird durch die unersetzliche Unterstützung der so genannten antifaschistischen Bewegung aufrechterhalten, die diejenigen, die die Geschichte, insbesondere die des Dritten Reiches, revidieren wollen, bösartig angreift und disqualifiziert. Im Gegensatz zu antikapitalistischen oder antikommunistischen Bewegungen, die Ausdruck persönlicher Überzeugungen sind, ist der Antifaschismus in Deutschland auf allen Ebenen der Gesellschaft institutionalisiert, verwurzelt und strukturiert, so dass diejenigen, die keine antifaschistische Gesinnung zum Ausdruck bringen, moralisch disqualifiziert werden.

Es sei daran erinnert, dass Deutschland erst 1955 die Teilsouveränität erhalten hat. Bis dahin gab es weder Pressefreiheit noch akademische Freiheit. Um zu verhindern, dass es zu politischen Veränderungen kommt, wurde die Abteilung für Verfassungsschutz eingerichtet. Diese Abteilung bekämpfte nicht nur die kommunistischen Parteien, sondern setzte auch alles daran, nationale Parteien und Medien, die als rechtsorientiert galten, rechtlich auszuschalten. Infolgedessen gibt es in Deutschland weder Universitäten noch politische Parteien, noch nennenswerte rechte Zeitungen oder Medien. Dennoch gingen 1968 Tausende von Studenten, angestachelt durch die Lehren linker, sozialistischer und sogar kommunistischer Professoren, die von den Alliierten während der Besatzung an den Universitäten eingesetzt worden waren, mit prokommunistischen Parolen auf die Straße. Infolge der Studentenrevolte von 1968 begann der progressive Einzug dieser Linken in die Institutionen des Landes.

Ende des letzten Jahrhunderts erreichte diese Generation mit ihren Ideen, die vom Sozialismus bis zum Kommunismus reichen, den Höhepunkt ihrer Macht und ihres Einflusses auf die deutsche Gesellschaft. Ihre Vertreter waren auf allen Ebenen gut platziert und bildeten eine mächtige politische Elite. Auf diese Weise können sie weitreichenden Einfluss und Kontrolle über die öffentliche Meinung ausüben und diejenigen, die es wagen, politisch unkorrekt zu sein, sofort mit dem Vorwurf des „Faschismus" zum Schweigen bringen. Ihre Methoden sind breit gefächert und reichen von Pressekampagnen bis hin zu Einschüchterung, wenn es sein muss. Der wichtigste Mechanismus dieser linken Kreise, in denen es viele deutsche Juden gibt, besteht darin, die Gefühle der Kollektivschuld, der Kollektivscham oder der kollektiven Verantwortung aufrechtzuerhalten, die das deutsche Volk seit mehr als siebzig Jahren betäubt haben.

Bevor ich beginne, die Opfer der Gedankenpolizei in Deutschland und anderen Ländern vorzustellen, ist es interessant zu wissen, dass die deutsche Regierung jedes Jahr die Zahlen ihrer Verfolgung friedlicher Dissidenten vorlegt, die sie zusammen mit Gewaltverbrechern als „Verfassungsfeinde" (Grundgesetz, das am 23. Mai 1949 in Kraft trat) zusammenfasst. So gab der *Verfassungsschutzbericht* 2011 an, dass von den 13.865 strafrechtlichen Ermittlungsverfahren 11.401 Fälle auf „Propagandadelikte" entfielen. Davon betrafen 2.464 Fälle Personen, die etwas gesagt oder geschrieben hatten, das geeignet war, „die öffentliche Ordnung zu stören". Die meisten dieser Übertretungen werden „Rechtsextremisten" zugeschrieben. Straftaten, die von Linksradikalen oder Ausländern begangen wurden, werden nicht in die Kategorie „Linksextremisten" eingeordnet. Gedankenverbrechen können in Deutschland nur Nationalisten oder Patrioten zugeschrieben werden, die als „Nazis", „Rechte", „Faschisten" gelten, Etiketten, die synonym mit „böse" sind.

1. Die wichtigsten Opfer der Verfolgung in Deutschland

Joseph Burg, ein von den Nazis und Zionisten verfolgter jüdischer Revisionist

Es ist nur fair, diese Seiten über die Verfolgung der Revisionisten mit einer bewundernswerten Persönlichkeit zu beginnen, wenn es überhaupt eine gab: Joseph Ginsburg, besser bekannt als Joseph Burg, ein deutscher Jude von Integrität und Ehrlichkeit wie nur wenige andere, der mehrfach von extremistischen Schlägern der Jewish Defence League verfolgt und angegriffen wurde. Die Verachtung und der Hass seiner Glaubensgenossen gingen so weit, dass sie ihm das Recht verweigerten, auf dem jüdischen Friedhof in München beerdigt zu werden. Joseph Ginsburg wurde 1908 in Deutschland geboren und wurde in den 1930er Jahren vom nationalsozialistischen Regime verfolgt. Bei Kriegsausbruch im September 1939 lebte er in Lemberg, Polen, von wo er mit seiner Familie nach Czernowitz in der rumänischen Provinz Bukowina floh, die im Juni 1940 von der Roten Armee besetzt wurde. Als Deutschland ein Jahr später die UdSSR angriff, flohen rote Soldaten aus der Region und ukrainische Banden begannen mit Pogromen gegen Juden. Deutsche und rumänische Truppen stoppten diese Aktionen und verhinderten weitere Gewalt. Ginsburg und seine Familie wurden nach Osten in die Region Transnistrien deportiert, wo sie wenigstens leben konnten. Die deutsch-rumänische Front brach 1944 zusammen, und Ginsburg und seine Familie kehrten nach Czernowitz zurück, wo der rote Terror herrschte und alles von Chaos und Hunger geprägt war.

Nach Kriegsende ging Ginsburg 1946 mit seiner Gruppe nach Breslau und von dort in ein UNRRA-Vertriebenenlager bei München, das von einem amerikanischen Juden geleitet wurde, dem er als Faktotum diente. In *Schuld un Schiksal, Europas Jugend zwischen Henkern und Heuchlern,,* veröffentlicht 1962, erinnert sich Joseph Burg an seine Erfahrungen im Lager und erzählt, wie er die Polizei, das Gefängnis, die Zeitung und die kulturellen Aktivitäten organisierte. 1949 lebte er in München, entschied sich aber für die

Auswanderung nach Israel. Dort lehnte er das Sektierertum und den Rassismus der Zionisten sofort ab, so dass er im August 1950 beschloss, nach München zurückzukehren, wo er als Buchbinder arbeitete.

Es war also in Deutschland, wo er seinen Kampf um die historische Wahrheit begann. Seine Zeugenaussage 1988 im Prozess gegen Zündel ist eine unschätzbare Informationsquelle. Ernst Zündel, mit dem Burg eng zusammenarbeitete, hat zugegeben, dass die Lektüre des Buches *„Schuld und Schicksal"* ein entscheidender Faktor in seinem Leben war, denn sie veranlasste ihn, den Kampf gegen die falschen Anschuldigungen gegen das deutsche Volk aufzunehmen, und machte ihn zu einem Revisionisten. Der Mut und die Größe von Joseph Burg wurden deutlich, als er es wagte, den Mossad zu beschuldigen, für den Brand eines jüdischen Altenheims in München in der Nacht des 13. Februar 1970 verantwortlich zu sein, eine terroristische Aktion, die sieben Menschen, fünf Männer und zwei Frauen, das Leben kostete. Ebenfalls in den 1970er Jahren brach in Österreich die so genannte „Kreisky-Wiesenthal-Affäre" aus. Bruno Kreisky, ein von der Gestapo verfolgter Jude, war von 1970 bis 1983 Bundeskanzler von Österreich. Simon Wiesenthal warf ihm 1975 vor, fünf Minister mit nationalsozialistischem Hintergrund ernannt zu haben. Kreisky reagierte entrüstet und beschuldigte Wiesenthal, ein „Rassist" zu sein, der mit der Gestapo kollaboriert und den Antisemitismus in Österreich gefördert habe. Joseph Burg stellte sich auf die Seite des Bundeskanzlers und bekräftigte die Anschuldigungen gegen den berüchtigten „Nazi-Jäger". Burg erklärte öffentlich, dass Wiesenthal ein Informant der Gestapo gewesen sei.

1979 veröffentlichte Joseph Burg sein zweites Werk *Majdanek in aller Ewigkeit?*, in dem er über seine Besuche im Lager Majdanek Ende 1944 und im Herbst 1945 berichtet. Bei dieser zweiten Gelegenheit fuhr er auch nach Auschwitz. Darin kritisierte er in aller Deutlichkeit die Verlogenheit des Holocaust und prangerte den Betrug bei den von der Bundesrepublik Deutschland gezahlten finanziellen Entschädigungen an. Das Buch wurde sofort verboten und alle Exemplare wurden auf Anordnung der deutschen Justiz vernichtet, die sich auf Artikel 130 des Strafgesetzbuches berief. Die Anklage gegen Joseph Burg lautete: „Hasserfüllte Äußerungen gegen den Zionismus und Versuche, die Verbrecher der Vernichtungslager zu rehabilitieren". Burg wurde beschuldigt, psychische Probleme zu haben, und musste sich einer psychiatrischen Behandlung unterziehen. Als er am Grab seiner Frau auf dem jüdischen Friedhof in München Zuflucht suchte, wurde er wegen seiner Aussage von einem zionistischen Kommando tätlich angegriffen.

Die Freundschaft zwischen Ernst Zündel und Joseph Burg entwickelte sich im Laufe der Jahre. Burg schrieb weiterhin Bücher, in denen er die Situation in Deutschland anprangerte. So veröffentlichte er 1980 „*Zionnazi-Zensur in der BRD*". Zündel besuchte ihn nicht nur, sondern korrespondierte auch ständig mit ihm. Im Jahr 1982 schrieb Zündel zweimal an ihn und bat ihn um Rat und Hilfe, da er Probleme mit den Zionisten in Toronto hatte. Als der zweite Prozess gegen Ernst Zündel wegen „Veröffentlichung falscher Nachrichten" begann, reiste Burg deshalb nach Kanada, um als Zeuge der Verteidigung auszusagen. Seine Aussage fand am Dienstag, den 29. März und Mittwoch, den 30. März 1988 statt.

Unter anderem erklärte Burg, dass er mit Hunderten von Menschen gesprochen habe, die in den Krematorien gearbeitet hätten, aber niemanden finden konnte, der in den Gaskammern gearbeitet habe. Zu den Krematorien in Auschwitz und Majdanek erklärte er, dass sie in drei Schichten pro Tag von Häftlingen betrieben wurden, die diese Arbeit freiwillig verrichteten. Die Freiwilligen wurden vom Judenrat oder der jüdischen Polizei angefordert, die mit der deutschen SS zusammenarbeiteten. In Bezug auf die Auswanderung von Juden aus Nazi-Deutschland warf er den Zionisten vor, dass sie es Juden, die nicht nach Palästina gingen, schwer machten, in andere Länder auszuwandern, da ihr einziges Interesse darin bestehe, Palästina um jeden Preis zu besiedeln. Burg will herausgefunden haben, dass es deutsche Zionistenführer waren, die bereits 1933 die Nazis aufforderten, Juden zum Tragen des gelben Sterns zu zwingen. Die Zionisten betrachteten dies nicht als Beleidigung, sondern als heroische Geste, so wie die SS es als heroische Geste ansah, das Hakenkreuz zu tragen. Im Jahr 1938, so Burg, veranlassten die zionistischen Führer des Dritten Reiches die Juden, den gelben Stern zu tragen, entgegen dem Wunsch von Göring und Göbbels. In seiner Erklärung kritisierte Burg insbesondere den Staat Israel und die zionistischen Führer, denen er vorwarf, den Holocaust erfunden zu haben, um Deutschland um exorbitante Entschädigungen zu bringen, die von Dr. Adenauer akzeptiert wurden.

Als produktiver Schriftsteller und praktizierender Jude war Joseph Burg Autor von mehr als einem Dutzend Werken, die heute nur noch schwer auffindbar sind, da mehr als die Hälfte von ihnen auf gerichtliche Anordnung beschlagnahmt wurde. In *Sündenböcke, Großangriffe des Zionismus auf Papst Pius XII. und die deutschen Regierungen* prangert er die Verleumdungen des Zionismus gegen Pius XII. und die Angriffe auf Deutschland an. Im Jahr 1990, zwei Jahre nach seiner Aussage im Toronto-Prozess, starb Burg in München. Da er als Verräter galt, wurde ihm ein Begräbnis auf dem jüdischen Friedhof verweigert, wie er es sich gewünscht hätte. Otto Ernst Remer und Ernst Zündel kamen in die bayerische Stadt, um diesem aufopferungsvollen Revisionisten, dem die Geschichte niemals gerecht werden wird, die letzte Ehre zu erweisen und von ihm Abschied zu nehmen.

Thies Christophersen wird wegen „Verunglimpfung des Staates" verurteilt.

Nur wenige Deutsche wagten es, während der harten Jahre der nationalsozialistischen Säuberung und Unterdrückung ihre Stimme zu erheben. Einer von denen, die sich gegen das aufgezwungene Schweigen auflehnten, war Thies Christophersen, ein Bauer, der von Januar bis Dezember 1944 in Auschwitz war. Zu Beginn des Krieges verwundet, war er kampfunfähig. Im Auftrag des Kaiser-Wilhelm-Instituts kam er als Oberbefehlshaber der Wehrmacht mit dem Auftrag nach Auschwitz, pflanzlichen Kautschuk zu züchten. Da es im Arbeitslager viele Arbeitskräfte gab, wurde das Pflanzenbauinstitut von Berlin-Müncheberg nach Auschwitz verlegt. Dort wurde die Forschung in den Laboratorien des Bunawerks durchgeführt. Christophersen war im Lager Raisko untergebracht, und zweihundert weibliche Häftlinge des Lagers arbeiteten mit ihm in seinem Versuchsbetrieb. Außerdem trafen täglich 100 Männer aus Birkenau ein, aber auch Zivilisten, hauptsächlich Russen, wurden beschäftigt. Die Häftlinge analysierten im Labor unter anderem den Kautschukanteil der Pflanzen, um die Pflanzen mit dem höchsten Kautschukanteil für die Zucht auszuwählen. Nach Angaben von Christophersen arbeiteten die Häftlinge dort acht Stunden am Tag, mit einer Stunde Pause am Mittag.

Nach dem Krieg nahm Christophersen seine landwirtschaftliche Tätigkeit wieder auf. In seinem Bemühen, die

Interessen der deutschen Landwirte zu vertreten, gab er die vierteljährlich erscheinende Zeitschrift *„Die Bauernschaft"* heraus. 1973 wagte es Thies Christophersen, in deutscher Sprache das Buch *Die Auschwitzlüge* zu veröffentlichen, eine Broschüre, die in einer Auflage von 100.000 Exemplaren gedruckt wurde und in der er bestreitet, dass Deutschland während des Zweiten Weltkriegs sechs Millionen Juden ermordet hat. Am Ende schließt er mit folgenden Worten: „Ich habe meine Memoiren so geschrieben, wie ich sie erlebt habe und wie ich mich erinnere. Ich habe die Wahrheit gesagt, so wahr mir Gott helfe. Wenn ich dazu beitragen kann, dass unsere Jugend wieder ein wenig mehr Respekt vor ihren Vätern bekommt, die als Soldaten für Deutschland gekämpft haben und keine Verbrecher waren, dann wäre ich sehr glücklich". Das Buch erregte Aufsehen und wurde bald wegen „Volksverhetzung" verboten. Christophersen, der neben dem Buch auch andere Schriften veröffentlicht hatte, in denen er die Lügen gegen Deutschland anprangerte, wurde schließlich angeklagt und wegen „Staatsverleumdung" und „Beleidigung des Totengedenkens" zu anderthalb Jahren Gefängnis verurteilt.

Er wurde politisch verfolgt und erhielt zahlreiche Briefe mit Beleidigungen und Drohungen, die ihn ins Exil zwangen. Nachdem er Belgien durchquert hatte, ließ er sich in Dänemark nieder, wo er gesetzlich geschützt war, was ihn jedoch nicht davor bewahrte, Opfer „antifaschistischer" Schläger zu werden: Hunderte von ihnen griffen sein bescheidenes Haus in der kleinen Stadt Kollund an, die gleich hinter der Grenze in Deutschland liegt. Die Kriminellen steinigten das Haus, beschmierten es mit beleidigenden Graffiti, setzten den Lagerraum in Brand, in dem er seine Bücher aufbewahrte, und zertrümmerten mit ätzender Säure sein Auto und seine Fotokopiergeräte. Die deutschen Behörden forderten die Regierung in Kopenhagen auf, gegen ihn vorzugehen, und schlugen den Dänen sogar vor, ihre Rassismusgesetze zu überprüfen, um gegen Thies Christophersen vorgehen zu können. Glücklicherweise wurden Straftaten in Dänemark nicht strafrechtlich verfolgt, und ein dänisches Gericht lehnte ein Auslieferungsersuchen der Bundesrepublik ab. Da die dänische Polizei nicht in der Lage war, die ständigen Schikanen und Misshandlungen, denen er ausgesetzt war, zu verhindern, war er schließlich gezwungen, Dänemark 1995 zu verlassen. Schwer an Krebs erkrankt, ließ er sich in der Schweiz behandeln, wurde aber im Dezember 1995 ebenfalls gezwungen, das Land zu verlassen. Schließlich fand er vorübergehend Zuflucht in Spanien. In der

Zwischenzeit wurde die Druckerei der Zeitschrift „*Bauernschaft*" in Deutschland zu einer Geldstrafe von 50.000 DM verurteilt.

Trotz aller Widrigkeiten konnte Christophersen 1988 nach Kanada reisen, um im Zündel-Prozess in Toronto als Zeuge auszusagen. Sein Erscheinen vor Gericht erfolgte vor dem von Joseph Burg. Das Kreuzverhör von Doug Christie, dem Anwalt von Zündel, fand am 8. März 1988 statt. Monate später wurde es von Thies Christophersen selbst in der Juni-Ausgabe seiner Zeitschrift *Die Bauernschaft* wortwörtlich wiedergegeben. Rechtsanwalt Christie stellte zahlreiche Fragen zu den Häftlingen, die wie die Soldaten in Kasernen untergebracht waren. Christophersen erklärte, dass es Etagenbetten, Schränke und Bäder mit warmem und kaltem Wasser gab. Laken, Handtücher und Kleidung wurden regelmäßig gewechselt. Das Verhör ging so weiter:

- Haben die Gefangenen Briefe erhalten?

- Die Post wurde regelmäßig zugestellt, und Pakete wurden geöffnet, wenn der Inhalt im Beisein der Gefangenen nicht ganz klar war. Einige Dinge wurden nicht zugestellt.

- Welche Dinge wurden nicht geliefert?

- Geld, Drogen, Chemikalien, Propagandamaterial...

- Wurden die Gefangenen misshandelt?

- Misshandlungen waren nicht erlaubt, und wenn sie doch vorkamen, wurden die Täter streng bestraft.

- Hatten die Häftlinge die Möglichkeit, sich zu beschweren?

- Ja, zu jeder Zeit. Selbst der Lagerkommandant Nöss und sein Nachfolger, Hauptmann Lieberhenschel, hatten den Häftlingen erlaubt, mit ihnen zu sprechen, wann immer sie wollten.

- Haben Sie die Beschwerden und Klagen der Häftlinge gehört?

- Um ehrlich zu sein, waren das keine Beschwerden, sondern eher Bitten. Die größte Freude, die ich den Gefangenen bereiten konnte, war, wenn ich ihnen erlaubte, Pilze und Brombeeren zu sammeln oder in der Sula zu baden. Manchmal beschlagnahmte ich auch die privaten Briefe eines Gefangenen, wenn der Inhalt nicht ganz klar war.

Christophersen gab bei seiner Vernehmung zu, dass er die Kapazität der Krematorien in Birkenau nicht kannte und dass er sie nicht in Betrieb gesehen hat, obwohl er oft im Lager war, wo er

Material vom Flugzeugschrottplatz holte und Arbeitskräfte für die Kautschukplantagen auswählte. Bezüglich der Leichenverbrennung behauptete er, dass kranken Häftlingen medizinische Hilfe geleistet und versucht wurde, ihr Leben zu retten, da es im Militärkrankenhaus Krankenwagen und Krankenstationen gab. Wie üblich spielte Christophersen auf die vielen Todesfälle durch Typhus an und erwähnte, dass die Frau seines Vorgesetzten, Dr. Cäsar, selbst an Typhus gestorben sei. Auf die Frage nach den Gaskammern behauptete er wiederholt, er habe erst nach dem Krieg davon gehört und nie welche gesehen oder jemanden getroffen, der sie gesehen habe.

In den letzten Monaten seines Lebens war Thies Christophersen bereit, nach Hause zurückzukehren, um sich vor Gericht zu verantworten, wenn es ihm gestattet würde, Sachverständige und Zeugen seiner Wahl zu präsentieren, aber die deutschen Gerichte behandelten ihn als Staatsfeind und lehnten ihn ab. Sein Bankkonto wurde gesperrt. Anfang 1996 beantragte er die Rückkehr nach Deutschland, um an der Beerdigung eines seiner Söhne teilzunehmen, der bei einem Autounfall ums Leben gekommen war, doch ein Gericht lehnte diesen Antrag ab. Obwohl Christophersen an Krebs erkrankt war, kündigten die deutschen Behörden seinen Versicherungsschutz und stellten die Zahlung seiner bescheidenen Altersrente, die er seit 45 Jahren erhalten hatte, sowie seiner Wehrdienstrente ein. Schwer und unheilbar krank, riskierte er die Rückkehr, um die letzten Tage seines Lebens mit seiner Familie zu verbringen, wurde aber zum letzten Mal verhaftet. Ein deutscher Richter befand, dass er zu krank sei, um ins Gefängnis zu gehen, und so durfte er unter der Vormundschaft eines Sohnes bleiben. Am 13. Februar 1997 starb er im norddeutschen Landkreis Molfsee, wo ihm das Recht auf ein Begräbnis verweigert wurde.

Wilhem Stäglich, der Richter, der Gerechtigkeit für Deutschland forderte

In den Monaten Juli bis September 1944 war Wilhelm Stäglich als Flugabwehroffizier einem Kommando in der Nähe von Auschwitz zugeteilt. Von der Stadt Osiek aus, etwa neun Kilometer südlich des Lagers, hielt er Kontakt zu den SS-Kommandanten und hatte Zugang zu den wichtigsten Einrichtungen des Lagers. Nach dem Krieg promovierte er 1951 in Rechtswissenschaften an der Universität

Göttingen. Jahrelang arbeitete er als Finanzrichter in Hamburg und schrieb zahlreiche Artikel zu juristischen und historischen Themen. Nach Jahren des Schweigens, empört und emotional verstört über die der Öffentlichkeit aufgedrängten Geschichten über Auschwitz, die mit seinen eigenen Erfahrungen kollidierten, beschloss der deutsche Richter und Historiker, eine Untersuchung durchzuführen. Als er anfing, öffentlich zu sagen, was er über Auschwitz wusste, wurde er wegen seiner Artikel mit mehreren Gerichtsverfahren konfrontiert. Schließlich wurde 1974 ein Disziplinarverfahren gegen Richter Stäglich eingeleitet, und 1975 wurde er gezwungen, sich aus dem Justizdienst zurückzuziehen. Die Zwangspensionierung ging mit einer Kürzung seines Ruhegehalts für einen Zeitraum von fünf Jahren einher. Es folgten eine Reihe von Ermittlungen und Razzien in seiner Wohnung, um seine Herkunft zu ermitteln.

Statt sich zurückzuziehen, arbeitete Stäglich weiter an dem Thema und veröffentlichte 1979 ein für den deutschen Revisionismus wegweisendes Buch: *Der Auschwitz-Mythos: Legende oder Wirklichkeit*, ein gründliches und detailliertes Werk, in dem er Dokumente, Zeugenaussagen, Geständnisse und Berichte kritisch und systematisch untersuchte, die Auschwitz als Tötungszentrum beschrieben. Stäglich leugnete die Existenz der Gaskammern und bezeichnete die Dokumente, die den Holocaust verkündeten, als Fälschungen. Im Jahr 1980 wurde das Buch auf Anordnung eines Stuttgarter Gerichts bundesweit verboten und beschlagnahmt. Am 11. März 1982 wurde es in der Verfügung Nr. 3176 der Bundesprüfstelle für jugendgefährdende Schriften als schädliches Material eingestuft, das nicht an junge Leser abgegeben werden sollte. Im Jahr 1983 beschlagnahmte die deutsche Polizei auf Anordnung des Bundesgerichtshofs alle unverkauften Exemplare. Am 24. März 1983 entzog der Dekanatsrat der Universität Göttingen Wilhelm Stäglich nach einem langwierigen Verfahren den Doktortitel, den er ihm 1951 verliehen hatte, und berief sich dabei ironischerweise auf ein Gesetz aus der Hitlerzeit von 1939. Ein gerichtlich-administrativer Einspruch wurde ebenso abgelehnt wie seine schriftlichen Einsprüche vor Gericht, die vom Bundesverfassungsgericht zurückgewiesen wurden.

Am 23. November 1988 richtete Richter Stäglich mit lobenswerter Tapferkeit und Souveränität einen vorwurfsvollen Brief an Richard von Weizsäcker, Bundespräsident der Bundesrepublik Deutschland von 1984 bis 1994, und fügte den *Leuchter-Bericht* bei, der für die revisionistische Bewegung die unumstößliche Bestätigung ihrer Thesen darstellt. Wir halten es für sinnvoll, dieses Dokument abzudrucken. *Die Bauernschaft*, die Zeitschrift von Thies Christophersen, hat den Text zuerst veröffentlicht, der im Herbst 1990 auch in der Zeitschrift *The Journal of Historical Review* abgedruckt wurde, der wir ihn entnommen und übersetzt haben:

„23. November 1988

Der Präsident der Bundesrepublik Deutschland

Richard von Weizsäcker

5300 Bonn

Herr Präsident!

Sie haben sich wiederholt öffentlich zu Fragen der deutschen Geschichte in diesem Jahrhundert geäußert (das erste Mal anlässlich Ihrer Rede vom 8. Mai 1945 vor dem westdeutschen Parlament). Inhalt und Stil seiner Äußerungen zeigen, dass ihnen eine zumindest einseitige Sichtweise zugrunde liegt, nämlich die der Sieger der beiden Weltkriege. Der Publizist Emil Maier-Dorn hat dies in seiner Ihnen sicherlich bekannten Broschüre *„Zu Weizsäckers Rede vom 8. Mai 1945"* (J. Reiss Verlag, 8934 Grossaitingen, 1985) mit vielen Beispielen für die tendenziöse Einseitigkeit überzeugend nachgewiesen. Offensichtlich unbeeindruckt davon haben Sie in den Folgejahren weiter, wenn möglich noch schärfer, das deutsche Volk bei jeder Gelegenheit beschuldigt. Schließlich sahen Sie sich sogar veranlasst, die Historiker zu unterstützen, indem Sie an der 37. Historikertagung in Bamberg teilnahmen, zu deren Leitlinien sozusagen die Behandlung der Auschwitz-Problematik gehörte, die seit mindestens einem Jahrzehnt Gegenstand der wissenschaftlichen Diskussion ist. Ist Ihnen möglicherweise Artikel 5 Absatz 3 des Grundgesetzes, der die Freiheit der Wissenschaft und die Freiheit der Forschung garantiert, unbekannt? Der Beifall für Ihre völlig parteiischen und vorbehaltlosen Äußerungen von unseren Gegnern in den Weltkriegen und von den westdeutschen Medien, die offenbar immer noch Ihren Befehlen folgen, hätte Sie an eine Maxime Bismarcks erinnern müssen, der einmal bemerkte, wenn seine Feinde ihn lobten, habe er sich zweifellos geirrt.

Leider musste Maier-Dorn in seiner Broschüre auf eine Kommentierung seiner Aussagen zum Thema Judenvernichtung verzichten, da die offizielle Version dieses Themas nach seinen Worten in Westdeutschland rechtlich geschützt ist. Obwohl dies nicht ganz richtig ist, trifft Maier-Dorns Einschätzung insofern den Nagel auf den Kopf, als eine politisch unter Druck gesetzte und daher nicht unabhängige Justiz die Fakten und das Recht manipuliert, um diejenigen zu verfolgen und, wenn nicht, zu schikanieren, die die Vernichtung der Juden in den angeblichen

„Gaskammern" in den so genannten „Vernichtungs"-Lagern anzweifeln oder sogar bestreiten. Dieses Phänomen ist zweifelsohne einzigartig in der Geschichte der Justiz.

Nun aber hat ein Ereignis, das sich vor etwa sechs Monaten ereignete, ein Umdenken in der offiziellen Darstellung erzwungen. Die Verteidigung im Prozess gegen den Deutsch-Kanadier Ernst Zündel in Toronto präsentierte die Aussage des amerikanischen Gaskammer-Experten Fred A. Leuchter (bekanntlich werden in einigen Bundesstaaten der USA immer noch Gaskammer-Exekutionen durchgeführt), wonach jene Orte in Auschwitz, Birkenau und Majdanek, die von angeblichen Zeugen als Gaskammern identifiziert wurden, nicht als solche funktioniert haben können. Diese inzwischen weltberühmte technische Expertise kann in Zukunft von keinem seriösen Historiker mit Anspruch auf objektive Wissenschaftlichkeit ignoriert werden. Neben der Technik der Gaskammern befasst sich der Leuchter-Report auch mit der Zusammensetzung und Wirkungsweise des angeblich zur Tötung der Juden eingesetzten Pestizids Zyklon-B sowie mit der Technik in den Krematorien. Bereits 1979 habe ich auf Seite 336 meines Werkes *Der Auschwitz-Mythos*, das auf richterliche Anordnung hin in erheblichem Umfang beschlagnahmt wurde, auf die dringende Notwendigkeit der Klärung dieser Fragen zum Umgang mit dem Problem der Vernichtung hingewiesen. Weder Richter noch Historiker haben sich um diesen Zustand gekümmert, ganz zu schweigen von Politikern, Sie eingeschlossen.

Leider wird der Leuchter-Bericht, wie alles andere, was unsere Nation historisch entlasten könnte, offiziell mit einem tödlichen Schweigen ignoriert. Deshalb erlaube ich mir, Ihnen, Herr Präsident, dieses wichtige Dokument im englischen Original zu übermitteln, damit Sie sich ein klares Bild von den Dingen machen können. Dieser Text unterscheidet sich vom Originalbericht nur durch das Weglassen der chemischen Analysen des amerikanischen Chemikers Professor Roth, den Leuchter in die Analyse der Proben einbezogen hatte, die er bei seinen persönlichen Untersuchungen an den offiziell als „Gaskammern" bezeichneten Orten in Auschwitz und Birkenau gesammelt hatte, zusätzlich zu den Proben, die zu Vergleichszwecken in den ehemaligen Desinfektionskammern genommen worden waren. Diese Analysen sind nur in zusammengefasster Form (auf Seite 16) in dem für die Öffentlichkeit bestimmten Text des Leuchter-Berichts enthalten. Herr Präsident, Sie können sich nun mit den aktuellsten und maßgeblichen Forschungsergebnissen zu diesem für unser Land so wichtigen Thema vertraut machen.

Ich wage zu behaupten, dass Sie von nun an, auch wenn Sie Ihre früheren Anschuldigungen nicht berichtigen, zumindest davon absehen werden, unserem Volk ungerechtfertigte Schuld aufzuerlegen. Das hohe Amt, das Sie bekleiden, verlangt, dass Sie gemäß dem Versprechen, das Sie bei der Übernahme dieses Amtes gegeben haben, als Beschützer des deutschen

Volkes auftreten, anstatt ihm den letzten Rest an politischem Selbstbewusstsein zu nehmen. Sie haben in Ihren Reden immer wieder „Mut zur Wahrheit" gefordert, obwohl die von Ihnen verkündete „Wahrheit" schon zweifelhaft war, weil sie so einseitig war. Jetzt ist es an der Zeit, dass Sie selbst Mut zur ganzen Wahrheit zeigen, und nichts als die Wahrheit, Herr Präsident! Sonst müssen Sie sich später zu Recht den Vorwurf der Heuchelei gefallen lassen.

Mit Grüßen von einem Bürger,

Wilhelm Stäglich".

Wilhem Stäglich starb 2006 im Alter von neunzig Jahren. Im Februar 2015 veröffentlichte Germar Rudolf eine korrigierte und leicht überarbeitete Ausgabe seines Buches im von ihm gegründeten Verlag Castle Hill Publishers unter dem Titel *Auschwitz: A Judge Looks at the Evidence*. Diese Veröffentlichung beweist den bleibenden Wert von Stäglichs Werk. Robert Faurisson, der die Ehrlichkeit des Richters bewunderte, schrieb diese Worte des Respekts und der Anerkennung: „Dr. Wilhelm Stäglich, deutscher Richter und Historiker, hat die Ehre der deutschen Richter und Historiker gerettet. Er hat alles verloren, aber nicht seine Ehre".

Ernst Zündel, „Revisionist Dynamo", Modell des Widerstands

Es ist nun an der Zeit, Ernst Zündel, dem unverzichtbaren Mann, dem Revisionisten von Rang, der den Mut und die Kraft hatte, sein ganzes Leben lang unerschrocken gegen die mächtigen Tyrannen zu kämpfen, die der Welt die Verfälschung der Geschichte aufzwingen, unsere bescheidene Anerkennung zu zollen. Vielleicht lautet deshalb einer der Spitznamen, die man ihm für seine herausragende Rolle zu Recht gegeben hat, „revisionistischer Dynamo". Eine Skizze auf über sein Leben und die Meilensteine seines ungleichen Kampfes, Deutschland vor der Welt zu rehabilitieren, wird dem nicht eingeweihten Leser helfen, die Bedeutung dieser unersetzlichen Figur in der Geschichte des Geschichtsrevisionismus zu verstehen und zu schätzen.

Geboren 1939 in Deutschland, kam er 1958 nach Kanada und heiratete eine Kanadierin namens Janick Larouche. Im Jahr 1961 verließ er Toronto und ließ sich mit seiner Familie in Montreal nieder, wo er ein erfolgreiches Grafikgeschäft aufbaute. Zündel betrachtete den Kommunismus als „eine Bedrohung für unsere Zivilisation" und engagierte sich in der kanadischen Politik in antikommunistischen Aktivitäten und Kampagnen. Eine der Persönlichkeiten, die ihn in diesen Jahren am meisten beeinflussten, war Adrien Arkand, ein französisch-kanadischer Nationalist, der acht Sprachen sprach und während des Krieges sechs Jahre lang inhaftiert war. Arkand lieferte Bücher, Artikel und andere Texte, die dem jungen Zündel bei seiner intellektuellen Entwicklung halfen. Wie bereits erwähnt, war Joseph Ginsburg, der unter dem Pseudonym J.C. Burg veröffentlichte, eine weitere wichtige Person, die ihn in den 1960er Jahren tiefgreifend beeinflusste. Burg ging nach Kanada, um mit Zündel Aufnahmen zu machen, und verbrachte einen Monat als Gast in seinem Haus. Ihre Liebe zu Wahrheit und Gerechtigkeit führte zu gegenseitiger Bewunderung. Burg nannte Zündel „einen Kämpfer für die Wahrheit für sein Volk". Doch Burg war nur einer der bedeutenden jüdischen Intellektuellen, die Zündel zur Mitarbeit aufforderte. Er nahm auch Kontakt auf mit Benjamin Freedman[2], dem zum Katholizismus konvertierten jüdischen Milliardär, und mit Rabbi Elmer Berger, Präsident des „American Council for Judaism". Zündel reiste 1967 nach New York, um sich mit Berger zu treffen, der ihn mit neuen Erkenntnissen und Informationen über den Zionismus versorgte. Später, in einem der Prozesse, erklärte Zündel seine Beziehung zu Rabbi Berger folgendermaßen:

> „... Ich ging nach New York und interviewte Rabbi Berger, mit dem ich seither in Kontakt stehe. Er war derjenige, der mir zum ersten Mal die Unterschiede zwischen Zionismus und Judentum deutlich gemacht hat. Seine besondere Lebensphilosophie und die des Volkes, das er vertritt, besteht darin, dass sie in erster Linie Amerikaner und Juden der Religion nach sind, während die Zionisten in erster Linie Juden sind, zumindest

---

[2] In Kapitel I wurde bereits Benjamin H. Freedman vorgestellt und sein berühmter Brief an David Goldstein besprochen, der unter dem Titel *Fakten sind Fakten* veröffentlicht wurde und in dem er die chasarische Herkunft der aschkenasischen Juden aufdeckte. Freedman hatte persönliche Beziehungen zu Bernard Baruch, Woodrow Wilson, Franklin D. Roosevelt, Samuel Untermayer und anderen jüdisch-zionistischen Führern, so dass er sehr gut wusste, wer hinter dem steckt, was er in einer Broschüre mit dem Titel *The Hidden Tyranny (Die versteckte Tyrannei)* nannte. 1961 hielt Benjamin Freedman im Willard Hotel in Washington die berühmte Rede zur Warnung Amerikas, die später als „A Jewish Defector Warns America" bekannt wurde. Darin wies er nachdrücklich darauf hin, dass die Zionisten und ihre Glaubensgenossen Amerika beherrschten, als seien sie die absoluten Herren des Landes, und warnte Amerikas Patrioten vor der zwingenden Notwendigkeit zu reagieren.

verstehe ich das so, was sie in der Praxis zum Ausschluss von allem anderen führt. Sie leben in verschiedenen Ländern, aber ihre einzige Loyalität gilt den Prinzipien des Zionismus, den Zielen des Zionismus, der Politik des Zionismus. Er hielt dies für eine gefährliche Ideologie, weil sie in den Augen der öffentlichen Meinung die Loyalität der in Amerika oder Kanada lebenden Juden in Frage stellt."

1968 wurde Zündel ohne Begründung die Staatsbürgerschaft verweigert. Am 27. August 1968 erhielt er ein Schreiben der kanadischen Behörden, in dem es hieß: „Die Informationen, auf deren Grundlage die Entscheidung getroffen wurde, sind vertraulich und es wäre nicht im Interesse der Allgemeinheit, sie zu veröffentlichen". 1969 kehrte Zündel mit seiner Familie nach Toronto zurück, wo er sein grafisches Unternehmen wieder aufbaute, das in der Folgezeit Bücher in hohen Auflagen und mit beträchtlichen Gewinnen veröffentlichte. Dies ermöglichte ihm die Veröffentlichung von Texten und Interviews, die er mit revisionistischen Schriftstellern und Historikern wie Robert Faurisson und dem bereits erwähnten Rabbiner geführt hatte. Berger und Burg waren nicht die einzigen Juden, die mit Zündel in seinem titanischen Kampf um die Entlarvung der Geschichtsfälscher zusammenarbeiteten. Roger-Guy Dommergue Polacco de Menasce, ein französischer Professor jüdischer Herkunft, Philosoph, Essayist und Doktor der Psychologie, war ein weiterer ehrlicher Intellektueller, der Ernst Zündel beeinflusste und mit dem er jahrelang korrespondierte. Zündel, der von Roger-Guy Dommergue Texte erhielt, in denen er unmissverständlich erklärte, dass der Holocaust eine historische Lüge sei, reiste schließlich nach Frankreich, um ein langes Interview im Haus von Professor Dommergue aufzunehmen.

Ernst Zündel und seine Frau trennten sich 1975, da Zündel sich weigerte, seine „politischen Aktivitäten" aufzugeben, wie sie selbst erklärte, was in der Familie Unbehagen und Ängste auslöste. Die Freundschaft und der Kontakt zwischen den beiden und ihren Kindern riss jedoch nicht ab. In diesen Jahren, genauer gesagt 1978, gründete Zündel einen kleinen Verlag namens Samisdat Publishers Ltd, der eine Reihe interessanter Filme produzierte, um die Ideen des Revisionismus durch verschiedene Zeugenaussagen zu verbreiten. Diese und andere von Ernst Zündel unternommene Widerstandsaktivitäten provozierten prominente Kolumnisten wie Mark Bonokoski von der *Toronto Sun* und andere Kolumnisten im Bunde mit jüdischen Führern wie Ben Kayfetz, dem Präsidenten des

Canadian Jewish Congress, eine Verleumdungskampagne zu starten, um Ernst Zündel als „neonazistischen Fanatiker" darzustellen.

Zu den Angriffen der deutschen Regierung gesellten sich ab diesem Zeitpunkt jüdische Organisationen, die mit ihren Schikanen in Kanada und Deutschland versuchten, Zündel zum Schweigen zu bringen. Anschuldigungen wegen „Aufstachelung zum Hass" und „Verbreitung von Falschnachrichten" waren an der Tagesordnung. Verschiedene jüdische Lobbygruppen übten Druck auf Regierungen aus und nutzten die Medien, um öffentliche Empörung zu provozieren. In diesem Zusammenhang traten die JDL (Jewish Defence League), die berüchtigte Terrororganisation des FBI, und die Anti-Racist Action auf den Plan und verstärkten ihre Schikanen gegen Zundel mit Demonstrationen vor dessen Haus. Diese Terroristen belagerten ihn, indem sie mit Hunden in der Umgebung patrouillierten und darüber hinaus an die Wände des Hauses klopften, nachts mit Scheinwerfern auf die Fenster leuchteten und ihn mit ständigen Anrufen bedrohten.

Am 22. November 1979 berichtete die *Toronto Sun*, dass der Generalstaatsanwalt von Ontario eine Anklage wegen Volksverhetzung gegen die Samisdat Publishing Ltd. einreichen würde. Als Reaktion auf diese Drohung verschickte Zündel Tausende von Exemplaren von Richard Harwoods *Did Six Million Really Die?* an kanadische Anwälte, Politiker, Journalisten, Professoren und Priester. Er bat sie, die in dem Buch enthaltenen Informationen zu bewerten. Im Begleittext betonte er, dass ihn nur die Suche nach der Wahrheit antreibe und dass Zionisten und ihre Sympathisanten Worte wie „Rassismus" und „Hass" benutzten, um zu versuchen, seine Freiheit zu unterdrücken.

Der nächste große Rückschlag für die Rechte von Ernst Zündel kam aus Deutschland. Im Januar 1981 beschlagnahmte die bundesdeutsche Regierung sein Postbankkonto in Stuttgart, über das Zündel zahlreiche Spenden erhielt und Zahlungen für Bücher und Kassetten abwickelte. Am 23. und 24. März 1981 ordnete das Bundesinnenministerium eine der größten Razzien in der deutschen Geschichte an: Rund zweihundert Privatwohnungen wurden durchsucht, um als „Nazi-Literatur" gekennzeichnete Bücher und Tonträger zu beschlagnahmen. Etwa zehntausend Polizeibeamte und dreihundert Richter und Staatsanwälte wurden für diese Aktion mobilisiert. Zündel sagte dazu aus: „Die Polizei besorgte sich die Adressen von Leuten, die mich finanziell unterstützt hatten, indem sie gegen deutsche Bankgesetze verstieß, die Adressen der Spendenquittungen an sich nahm und die Wohnungen dieser Leute durchsuchte". Zündel wurde daraufhin wegen „Volksverhetzung" angeklagt, eine Straftat in Deutschland.

In Kanada wurde in der Presse über die vom deutschen Innenministerium angeordneten Razzien berichtet, und Ernst Zündel wurde öffentlich beschuldigt, von Kanada aus „Nazi-Propaganda" in Westdeutschland zu verbreiten. Am 31. Mai 1981 fand eine Massendemonstration jüdischer Gruppen in der Nähe von Zündels Haus in Toronto statt. Die Demonstration war in jüdischen Medien mit folgender Erklärung angekündigt worden: „Neonazismus in Kanada: Warum ist Kanada das Exportzentrum für Nazi-Propaganda? Warum verbreiten Hassprediger ungehindert die Lüge, es habe keinen Holocaust gegeben? Warum kommen Kriegsverbrecher ungestraft davon? Demonstration gegen Rassismus und Hassreden". Die Organisatoren waren die B'nai Brith Lodge of Canada und der Jewish Congress of Canada. Die Jewish Defence League gehörte nicht zu den Veranstaltern, aber ihre Extremisten waren in der Mehrheit und hetzten eine Menge von fünfzehnhundert Menschen auf, die mit Rufen wie „Verbrennt ihn! Tötet ihn!" versuchten sie, Zündels Haus zu stürmen. Natürlich unternahmen die Organisatoren keinen Versuch, sie zurückzuhalten,. Nur der Einsatz von etwa 50 Polizeibeamten, die das Haus verbarrikadierten, verhinderte weitere Zwischenfälle. Zündel, der vor und nach der Demonstration Bomben- und Morddrohungen erhielt, nahm alles auf, was geschah, und produzierte ein Tonband mit dem Titel *C-120 Zionistischer Aufstand!* *auf dem* die Rufe zu hören sind, die die Stürmung und Verbrennung des Hauses und die Ermordung von Zündel und aller Bewohner fordern.

Trotz aller Widrigkeiten, in einem ungleichen Kampf, hielt Zündel weiterhin allen Angriffen stand. Der nächste Skandal war das Verbot, Post zu empfangen. Im Juli 1981, zwei Monate nach der Massendemonstration vor seinem Haus, beschwerte sich Sabina Citron, eine zionistische Aktivistin der Holocaust Remembrance Association, bei der Post, dass Zündel antisemitische Literatur verbreite, und beantragte den Entzug seiner Postprivilegien. Am 17. August 1981 besuchte der Postinspektor Gordon Holmes Zündel. Er zeigte ihm einige Flugblätter, die er verschickt hatte, und Zündel seinerseits legte ihm Fotos, Texte und Aufzeichnungen der Mai-Demonstration vor seinem Haus vor und erklärte, dass er eine Postkampagne durchführe, um seine Ansichten über den Postdienst zu verbreiten. Holmes' Bericht an seine Vorgesetzten bestätigte, dass Zündel durchweg kooperativ gewesen sei und ihm Bücher und Schriften zur Verfügung gestellt habe. Schließlich wurde am 13. November 1981 eine einstweilige Verbotsverfügung gegen den Samisdat-Verlag erlassen. Es wurde argumentiert, dass Zündels Unternehmen den Postdienst zur Aufstachelung zum Hass nutzte.

Zündel beantragte, dass die einstweilige Verbotsverfügung von einer Bewertungskommission daraufhin untersucht wird, ob sie gegen den Canada Post Corporation Act verstößt. Während der Anhörung, die am 22., 23. und 24. Februar sowie am 11. und 12. März 1982 stattfand, trat der Anwalt Ian Scott aus Toronto, der die Canadian Civil Liberties Association vertrat, für Zündel ein und argumentierte erfolgreich, dass die in der Menschenrechtscharta verankerte Meinungsfreiheit verletzt wurde. In seiner Erklärung zeigte Zündel ein Tonband mit dem Titel *Deutsch-jüdischer Dialog*, das Benjamin Freedman ihm zum Verkauf freigegeben hatte. Zündel rühmte sich seiner Freundschaft mit dem jüdischen Milliardär, den er seit fünfzehn Jahren kenne und mit dem er bei vielen Gelegenheiten gesprochen habe. Als Beweis dafür, dass er keine Juden hasste, nannte Zündel die Namen jüdischer Intellektueller, die er interviewt hatte und die ihm die Erlaubnis zum Verkauf der Bänder gegeben hatten. Unter anderem nannte er Haviv Schieber, den ehemaligen Bürgermeister von Beerscheba in Israel, Roger-Guy Domergue Polacco de Menasce, den jüdischen Professor an der Sorbonne, Rabbi Elmer Berger und Professor Israel Shahak, den Vorsitzenden einer Menschenrechtskommission in Israel.

In Erwartung der endgültigen Stellungnahme der Bewertungskommission in Kanada wurde Zündel trotz einer hysterischen Kampagne in Deutschland und Kanada über die Bedeutung des beschlagnahmten Materials des Samisdat-Verlags am 26. August 1982 in Deutschland von einem Landgericht in Stuttgart freigesprochen, das feststellte, dass die fraglichen Texte keine Hassliteratur waren. Darüber hinaus verurteilte das Gericht die Bundesregierung, die Verfahrenskosten zu tragen und Zündel die beschlagnahmten Gelder nebst Zinsen zurückzugeben. Die kanadische Presse schwieg natürlich und bezeichnete Zündel weiterhin als „Neonazi", der „Nazi-Propaganda" nach Deutschland geschickt habe. Die deutsche Regierung reagierte auf das Stuttgarter Gerichtsurteil, indem sie sich weigerte, seinen Reisepass zu verlängern. Sarkastischerweise wurde zu diesem Zweck ein von Hitler erlassenes Gesetz gegen jüdische Flüchtlinge, die im Exil antinazistisches Material veröffentlichten, herangezogen.

In Kanada schließlich empfahl die Evaluierungskommission am 18. Oktober 1982 in ihrem Bericht an die kanadische Regierung die Aufhebung der Verfügung, mit der Ernst Zündel die Postrechte entzogen wurden. Im Einklang mit dieser gut begründeten Empfehlung unterzeichnete Regierungsminister André Ouellet am 15. November 1982 die Aufhebung der Anordnung, und Zündel erhielt seine Rechte zurück, so dass die Canada Post Corporation ihm zahlreiche Postsäcke zurückgeben musste. Alle Schecks waren verfallen, so dass Zündels Unternehmen fast ruinöse Verluste erlitt. Der Jüdische Kongress Kanadas ließ durch Ben Kayfetz verkünden, dass er über diese Entscheidung entsetzt sei. Dennoch nahmen die jüdischen Organisationen ihre Schikanen sofort wieder auf und starteten 1983 eine Kampagne zur strafrechtlichen Verfolgung Zündels. Die Holocaust Remembrance Association und Sabina Citron schrieben an den Generalstaatsanwalt von Ontario, Roy McMurtry, und forderten ihn auf, Zündel wegen Aufstachelung zum Hass gemäß dem Strafgesetzbuch zu verfolgen. Am 13. Oktober 1983 berichtete der *Toronto Star*, dass B'nai Brith forderte, Zündel wegen Rassenhasses zu belangen.

Zündels Anwalt in Deutschland hatte in der Zwischenzeit gegen die Entscheidung der Behörden, den Reisepass seines Mandanten nicht zu verlängern, Berufung eingelegt. Während des Berufungsverfahrens im Jahr 1985 durfte der Anwalt im Beisein eines Gerichtspolizisten im Staatsarchiv verschiedene Dokumente, die im Verfahren gegen Zündel verwendet wurden, einsehen, aber nicht kopieren. Auf diese Weise erfuhren sie, dass das Innenministerium, das für Passangelegenheiten nicht zuständig war, seit 1980 unablässig beim Außenministerium darauf hingewirkt hatte, dass Ernst Zündel der Pass entzogen wurde. Aus den Dokumenten ging hervor, dass hohe Beamte des deutschen Bundesnachrichtendienstes nach Ottawa gereist waren, um die kanadische Regierung dazu zu bewegen, Zündel ein Postverbot zu erteilen. Aus den deutschen Akten ging auch hervor, dass Ben Kayfetz vom Jüdischen Kongress Kanadas den deutschen Generalkonsul in Toronto schriftlich um Kopien von Zündel-Materialien gebeten hatte, die sie zu prüfen wünschten, was der Konsul Koch jedoch zunächst ablehnte. Die deutschen Behörden gingen offenbar davon aus, dass die Kanadier Zündel abschieben würden, wenn es ihnen gelänge, ihm den Pass abzunehmen. Im November 1982 war Konsul Koch bereit, den Pass zu verlängern, doch wie aus den von Zündels Anwalt geprüften Akten hervorgeht, übte das Innenministerium Druck auf das Außenministerium aus, um den Konsul in Toronto anzuweisen, das Gegenteil zu tun, was dieser auch tat. Zündel legte gegen die Entscheidung des Konsuls, seinen Reisepass nicht zu verlängern, Berufung ein. Am 9. Mai 1984 entschied das Verwaltungsgericht Köln, dass die Bundesrepublik Deutschland nicht zur Verlängerung des Passes verpflichtet sei. Daraufhin wurde eine weitere Beschwerde beim Oberverwaltungsgericht Nordrhein-Westfalen eingelegt. Während dieses Berufungsverfahrens erhielt Zündels Anwalt unter Zugang zu den staatlichen Archiven, aus denen hervorging, dass die deutschen Behörden seit 1980 vehement versuchten, Zündel ausweisen zu lassen.

Wenden wir uns nun dem Druck jüdischer Organisationen auf die kanadischen Behörden zu, ein Verfahren gegen Ernst Zündel einzuleiten, das schließlich zu dem Prozess von 1985 führen sollte. Da die Anklage wegen Volksverhetzung keine Aussicht auf Erfolg hatte, erhob Sabina Citron von der Holocaust Remembrance Association am 18. November 1983 Anklage wegen „Verbreitung von Falschnachrichten" in Veröffentlichungen wie *Did Six Million Really Die?* und *The West, War and Islam*. Die Anklage von Sabina Citron wurde von der Krone zugelassen, was bedeutete, dass der Staat alle Kosten der Strafverfolgung im Namen der Zionisten trug. So begann Zündels neunjähriger juristischer Kampf zur Verteidigung seiner Bürgerrechte.

Am 9. September 1984, einige Monate vor Beginn des Prozesses, explodierte eine Bombe hinter dem Haus von Zündel und beschädigte die Garage und zwei Autos. Granatsplitter flogen heraus und Splitter wurden in die Schlafzimmerwand von zwei jüdischen Nachbarn eingebettet. Am 10. September berichtete die Torontoer Zeitung *The Globe & Mail*: „Ein Mann rief gestern Abend im Namen einer Gruppe an, die er die Jewish Defence League (JDL) People's

Liberation Movement nannte, und bekannte sich zu dem Bombenanschlag." Es kam zu keinen Verhaftungen, und Zündel gab eine Pressemitteilung heraus, in der er die Eskalation der Gewalt durch die JDL und ihr nahestehende Gruppen gegen ihn anprangerte, die von einigen Medien unterstützt wurde. Er forderte eine polizeiliche Reaktion gegen den Terrorismus dieser zionistischen Organisation, denn, so argumentierte er, „die Polizei, die Politiker und die Medien wussten sehr wohl, dass die JDL für Brandstiftungen, Bombenanschläge, Schießereien, Angriffe und Attentate bekannt ist".

Jedes Erscheinen von Ernst Zündel im Zusammenhang mit einer gerichtlichen Vorladung wurde von Mitgliedern der JDL, die vor den Toren des Gerichts auf ihn warteten, dazu genutzt, seine Begleiter zu bedrohen, zu beleidigen und anzugreifen. Daraufhin traten sie mit Bauhelmen auf, um sich zu schützen. Sowohl Zündel als auch seine Anwältin Lauren Marshall erhielten Anrufe, in denen sie Morddrohungen erhielten. Die *Toronto Sun* zitierte Marshall mit den Worten: „Mit zittriger Stimme sagte sie, dass sie und ihr Mandant und deren Familien täglich belästigt würden und Todesdrohungen erhielten. Später erzählte sie Reportern, dass ihrer siebenjährigen Tochter in einem Telefonat gesagt wurde: 'Wenn deine Mama vor Gericht geht, werden wir sie umbringen. Zündel wandte sich in einem offenen Brief an die Mitglieder des Parlaments und die Medien und warnte, dass die Rechtspflege in Kanada in Gefahr sei, wenn sie Einschüchterungen und Angriffe durch jüdische Mobs zulasse.

Der Prozess begann im Januar 1985 und dauerte neununddreißig Tage. Die Staatsanwaltschaft versuchte, den Holocaust mit Hilfe von Experten wie Raul Hilberg und ehemaligen Häftlingen, die als Zeugen aussagten, zu beweisen. Da wir Hilbergs Aussage im Kreuzverhör durch Rechtsanwalt Doug Christie im *Leuchter-Report* (*Verbotene Geschichte*) bereits besprochen haben, fügen wir nun hinzu, dass zu den von Zündels Verteidigung aufgerufenen Zeugen neben den bekannten Faurisson und Christophersen unter anderem Dr. William Lindsey, ein Chemiker, der Forschungsleiter bei der amerikanischen Chemiefirma Dupont gewesen war, Dr. Russell Barton, der als junger Mann ein ehemaliger Forschungsleiter bei der amerikanischen Chemiefirma Dupont war, und Dr. Russell Barton, der als junger Mann ein ehemaliger Forschungsleiter bei der amerikanischen Chemiefirma Dupont war, gehörten. Russell Barton, der als junger Arzt der Befreiung von

Bergen-Belsen beiwohnte; Frank Walus, ein Amerikaner polnischer Herkunft, der fälschlicherweise als Nazi-Verbrecher beschuldigt wurde; Pierre Zündel, Sohn von Ernst Zündel; und ein bisher nicht erwähnter, in revisionistischen Kreisen bekannter schwedischstämmiger österreichischer Forscher Ditlieb Felderer, dessen Aktivitäten es wert sind, gewürdigt zu werden, und der daher unter[3] einen eigenen Abschnitt erhält.

Am 28. Februar 1985 wurde Zündel von einem Geschworenengericht verurteilt und am 25. März zu einer fünfzehnmonatigen Haftstrafe verurteilt, aber gegen strenge Auflagen auf Kaution freigelassen, die ihm untersagten, zu schreiben, zu veröffentlichen oder öffentlich zu sprechen. Zwischen diesen beiden Daten organisierten B'nai Brith, der Jewish Congress of Canada, die Holocaust Remembrance Association und die JDL eine öffentliche und private Kampagne für die kanadische Regierung, um Zündel nach Deutschland abzuschieben. Das wichtigste Ereignis war eine Demonstration mit Tausenden von Menschen, die in einer Kundgebung gipfelte. Am 11. März 1985 berichtete der *Toronto Star* über die massive Demonstration gegen Zündel, die ihren Höhepunkt im O'Keefe Centre in Toronto fand. Dort forderten alle Redner unter Rufen und unaufhörlichem Jubel der Menge ihre Abschiebung. Aber nicht alle Kanadier waren dem Spektakel gegenüber gleichgültig. Am

---

[3] Ditlieb Felderer hat in beiden Prozessen gegen Zündel ausgesagt. Er war 1988 der erste Zeuge, der von der Verteidigung aufgerufen wurde, und seine Zusammenarbeit mit dem Team von Zündel war hervorragend. Felderer war ein auffälliger Zeuge Jehovas, bis er ausgestoßen wurde, als er entdeckte, dass die Ausrottung der Mitglieder der Sekte eine Lüge war. Er recherchierte in der Zentrale der Zeugen Jehovas in New York, in den Archiven in Toronto, in der Schweiz und in Skandinavien. Er erreichte, dass die Zahl von 60.000 von den Nazis ermordeten Zeugen Jehovas als falsch anerkannt wurde, da nur 203 von ihnen in Konzentrationslagern umgekommen waren. Obwohl die New Yorker Leitung Mitgliedern der Organisation verbot, mit Felderer zu sprechen, wurde in einem später von den Zeugen Jehovas selbst herausgegebenen Jahrbuch anerkannt, dass Felderers Zahl richtig war. Ditlieb Felderer gehörte zu den ersten, die das Tagebuch der Anne Frank als Fälschung anprangerten. In seinem berühmten Buch *Anne Frank's Diary, a Hoax* (1979) deckte er den Betrug auf, der später von anderen Forschern bestätigt wurde. Felderer, der von den Schergen der jüdischen Lobby unerbittlich verfolgt wurde, wurde in Schweden mehrfach inhaftiert. Kürzlich hat er Johan Hirschfeldt, einen jüdischen Richter in Schweden, öffentlich beschuldigt, für Terrorakte gegen ihn und seine philippinische Frau verantwortlich zu sein.

21. März, vier Tage vor der Urteilsverkündung, veröffentlichte die *Toronto Sun* einen Leserbrief, in dem J. Thomas die Exzesse der Demonstranten kritisierte, deren Hassdemonstration er für offensichtlich hielt: „Das Spektakel von 4.000 Juden, die sehr gut organisiert waren", schrieb Thomas, „die vom Rathaus zum O'Keefe Centre marschierten, und die schwatzhaften Äußerungen zahlreicher Redner, die alle symbolisch 'Barabbas, Barabbas, gebt uns Barabbas' riefen, war eine erschreckende Zurschaustellung von Pöbelherrschaft..... Die lautstarke und anhaltende Forderung, Zündel zu deportieren, überschreitet bei weitem die Grenzen der Gerechtigkeit und offenbart sich als Hass auf jeden, der es wagt, die Macht einer kleinen Minderheit von Kanadiern in Frage zu stellen."

Die *Toronto Sun* selbst berichtete am 27. März 1985, dass die Einwanderungsministerin Flora MacDonald im Anschluss an eine Regierungssitzung die Beamten ihres Ministeriums angewiesen hatte, ein Ausweisungsverfahren gegen Zündel einzuleiten, sobald sie einen Bericht über seine Verurteilung erhielten. Am 29. April 1985 wurde die Abschiebung Ernst Zündels angeordnet, ohne dass seine Rechtsmittel berücksichtigt wurden. Am 30. April berichtete der *Toronto Star* über den Jubel von B'nai Brith: „Wir sind sehr erfreut, dass die Regierung schnell gehandelt hat. Wir denken, dass es das richtige Verfahren und die richtige Entscheidung ist". Ernst Zündel, ein erfahrener Kämpfer, legte jedoch sofort Berufung ein, und das Ausweisungsverfahren wurde von Rechts wegen gestoppt.

1987 errang Zündel zwei sehr wichtige Siege, die seinen Willen zum Widerstand um jeden Preis bekräftigten. Am 23. Januar 1987 ordnete das Berufungsgericht von Ontario, das der Berufung gegen seine Verurteilung stattgegeben hatte, eine Wiederaufnahme des Verfahrens mit der Begründung an, der Richter Hugh Locke habe voreingenommen und unangemessen gehandelt. Unter anderem hatte er verschiedene von der Verteidigung vorgelegte Beweise zurückgewiesen und den Geschworenen Filme über Nazi-Konzentrationslager gezeigt, um ihre Entscheidung zu beeinflussen. Ein halbes Jahr später errang Zündel seinen zweiten Erfolg: Am 7. Juli 1987 wurde die Ausweisungsverfügung mit der Begründung für ungültig erklärt, sie sei im Widerspruch zum kanadischen Recht erlassen worden.

Und 1987 errang Zündel einen dritten Sieg gegen Sabina Citron und die üblichen jüdischen Organisationen. In einer CBC-Radiosendung erklärte Zündel dem zionistischen Führer öffentlich, dass „die Deutschen am Vorwurf des Völkermordes an den Juden unschuldig sind". An den Moderator David Shatsky gewandt, erinnerte sie daran, dass Sabina Citron bei der Verhandlung im Januar kein einziges Dokument vorlegen konnte, das beweist, dass es einen Vernichtungsbefehl gab, „weil es keinen gab". Citron sagte der Presse, dass sie von Zündels Auftritt in der Sendung fassungslos war. Kurz darauf verklagten sie CBC Radio auf Schadenersatz. Am 25. August 1987 verklagte Citron Zündel erneut wegen der Verbreitung von „falschen Nachrichten" in der Radiosendung. Die Klage wurde am 18. September 1987 von der Krone mit der Begründung abgewiesen, dass „Zündels Äußerungen während der Sendung eine Meinung darstellten, die nicht in den Geltungsbereich des Abschnitts 'Falsche Nachrichten' des Strafgesetzbuches fiel".

Der zweite Prozess gegen Zündel wegen „Verbreitung von Falschnachrichten" begann schließlich am 18. Januar 1988. Er dauerte einundsechzig Tage und ist wegen der überragenden Bedeutung der Enthüllung *des Leuchter-Berichts* in die Geschichte der Revisionisten eingegangen. Raul Hilberg lehnte es ab, nach Kanada zurückzukehren, um als Zeuge auszusagen, zweifellos um nicht erneut dem Kreuzverhör durch Anwalt Christie ausgesetzt zu sein, der ihn im ersten Prozess in die Enge getrieben hatte. Die Staatsanwaltschaft präsentierte sieben Zeugen. Die Verteidigung rief 23 auf, um zu beweisen, dass das Buch *Did Six Million Realy Die?* keine „Fake News" enthielt, sondern dass sein Inhalt wahr war. Die auffälligste Aussage der von Zündel präsentierten Zeugen war natürlich die von Fred Leuchter, der vom vorsitzenden Richter als Experte für die Funktionsweise der Gaskammern anerkannt wurde. Leuchter erläuterte seine Inspektionsarbeit in Auschwitz, Birkenau und Majdanek und behauptete, dass die angeblichen Gaskammern niemals die ihnen zugeschriebene mörderische Funktion erfüllt haben können. Der *Leuchter-Bericht*, der dem Gericht in Form einer bebilderten Darstellung vorgelegt wurde, wurde in der Folge in zahlreiche Sprachen übersetzt und in der ganzen Welt verbreitet. Zu den Zeugen der Verteidigung gehörte David Irving, ein britischer Historiker jüdischer Herkunft, der davon überzeugt war, dass die Folgen des Berichts für die Geschichtsschreibung über den Holocaust verheerend sein würden. Bezeichnenderweise war die

Medienberichterstattung über den Prozess im Vergleich zum ersten Prozess fast nicht vorhanden.

Trotz aller vorgelegten Beweise wurde Zündel am Ende des Prozesses erneut zu einer neunmonatigen Haftstrafe verurteilt. Erneut forderten jüdische Organisationen schnell seine Abschiebung nach Deutschland. Zündel, der unter 1988 erneut nach den Gründen für die Ablehnung seines Staatsbürgerschaftsantrags fragte, ohne eine Antwort zu erhalten, legte erneut Berufung gegen das Urteil beim Berufungsgericht von Ontario ein. Bevor das Ergebnis seiner Berufung bekannt war, schrieb der Generalkonsul der Bundesrepublik Deutschland, Dr. Henning von Hassell, mehrere Briefe an das Gericht von Ontario, in denen er Zündel fälschlicherweise beschuldigte, Flugblätter an die Besatzung eines deutschen Schiffes im Hafen von Toronto verteilt zu haben. Dem Konsul zufolge hatte der Text der Flugblätter als Hauptthema die Leugnung des Holocaust, was einen Verstoß gegen die Bedingungen seiner Kaution darstellte.

Am 5. Februar 1990 wies das Berufungsgericht die Berufung ab, so dass Ernst Zündel die Zulassung der Berufung bei einem höheren Gericht, dem Supreme Court of Canada, beantragen musste, was er am 15. November 1990 tat. Zu diesem Zeitpunkt hatte der juristische Kampf eines einzelnen Mannes gegen riesige Feinde bereits epische Ausmaße angenommen. Es dauerte fast zwei Jahre, bis der Oberste Gerichtshof seine Entscheidung verkündete, aber er blieb in seiner Rechtsanwendung standhaft und sprach Zündel am 27. August 1992 frei. Das Gericht stellte fest, dass das durch die kanadische Charta der Rechte und Freiheiten geschützte Recht auf freie Meinungsäußerung verletzt worden war. Trotz der jahrelangen Medienkampagne gegen Zündel erkannten einige Redakteure schließlich die Bedeutung der Entscheidung des Obersten Gerichtshofs, da das Recht auf freie Meinungsäußerung aller Kanadier unter dem Deckmantel des „Fake News"-Gesetzes bedroht war.

Wie üblich ging das organisierte Judentum in Kanada auf die Barrikaden und akzeptierte das Urteil des Obersten Gerichtshofs über Zündels Recht, seine Ansichten über den „unbestreitbaren" Holocaust friedlich zu äußern, nicht. Mit der üblichen Unverfrorenheit maßte sich diese Minderheit in der kanadischen Gesellschaft das Recht an, Richter und das Rechtssystem zu belehren und zu kritisieren. Mitte

September 1992 bildeten jüdische Organisationen eine große Koalition, der auch einige nichtjüdische Gruppen angehörten, und begannen eine neue Kampagne, die auch Plakate und Anzeigen umfasste. Die September-Ausgabe des *Covenant*, der Monatszeitschrift von B'nai Brith, zeigte auf der Titelseite ein ganzseitiges Foto von Zündel mit den Worten: „Arrest this man, says B'nai Brith: Coalition campaigns to bring new charges against Zündel". In dem begleitenden Artikel hieß es, man wolle die Straßen mit Tausenden von Plakaten der Menschenrechtsliga füllen, um Druck auf den Generalstaatsanwalt von Ontario, Howard Hampton, auszuüben. Die Holocaust Remembrance Association (Vereinigung zur Erinnerung an den Holocaust) schaltete Anzeigen mit der Aufschrift: „Zündel darf der Justiz nicht entkommen! Dringende Demonstration". Offensichtlich war damit nicht die Justiz in Kanada gemeint, sondern seine eigene. Die Kundgebung fand am 4. Oktober 1992 statt, bei der Sabina Citron zu einer „Kriegserklärung" an das kanadische Rechtssystem aufrief. In ihrer Ausgabe vom 15. Oktober 1992 gaben die *Canadian Jewish News* Sabina Citrons Worte wörtlich wieder, in denen sie alle aufforderte, „das Leben der Politiker ständig zu belästigen". Zündel muss angeklagt und deportiert werden. Wir haben genug und wir werden nicht noch mehr dulden".

Inmitten dieses rasenden Strudels der Anti-Zündel-Hysterie kam ihm ein junger jüdischer Bekannter, David Cole, zu Hilfe. Cole, der mit dem oben besprochenen Film (*Verbotene Geschichte*) aus Auschwitz zurückgekehrt war, veröffentlichte einen Brief an Generalstaatsanwalt Howard Hampton im *Kanada Kurier*, einer deutschsprachigen Zeitung in Kanada. Aus Gründen des Interesses geben wir ihn in vollem Wortlaut wieder, in Auszügen aus *The Zündelsite*:

> „Lieber Mr. Hampton,
>
> Ich schreibe Ihnen in Bezug auf den Fall Ernst Zündel und Ihre bevorstehende Entscheidung, ob Sie eine neue Anklage gegen ihn erheben werden. Ich bin Jude, und ich bin auch Holocaust-Revisionist. Ich bin kein Spinner, der aus der Versenkung auftaucht, um Hass und Antisemitismus zu verbreiten, ganz im Gegenteil. Seit Jahren erkläre ich den Menschen auf rationale Weise, dass es zwei Seiten der Holocaust-Geschichte gibt und dass die revisionistische Seite aufgrund der vorliegenden Beweise einfach glaubwürdiger ist. Revisionismus hat nichts mit Hass und Böswilligkeit zu tun, sondern mit Objektivität und dem Versuch, Wahrheit von Unwahrheit zu unterscheiden. Wenn ich

versuchen würde, Juden zu schaden, würde das bedeuten, dass ich versuche, meiner ganzen Familie zu schaden. Das wäre eine schwere Anschuldigung gegen mich.

Ich war in einer Fernsehsendung in den Vereinigten Staaten zu sehen (in der von Dan Rather moderierten Nachrichtensendung „48 Hours") und habe in einer landesweiten Talkshow (der Montel-Williams-Show, die an lokale Wiederholer verkauft wird) mit Überlebenden und „Experten" über das Thema diskutiert. Ich wurde nie beschuldigt, ein Rassist, ein Nazi oder ein Judenhasser zu sein (ich bin nichts von alledem).

Mit diesem Schreiben möchte ich Sie bitten, die rechtliche Verfolgung von Herrn Zündel einzustellen. Ich bin mir bewusst, dass es Interessengruppen gibt, die versuchen, Sie davon zu überzeugen, etwas anderes zu tun, und ich weiß auch, dass es für diese Leute schwierig sein muss, ihre Emotionen von dem zu trennen, was für die geistige Freiheit in Kanada am besten ist. Es wäre daher Ihre Aufgabe als Vertreter des Volkes und des Rechts, die Dinge objektiv zu betrachten und das zu tun, was sowohl für das Volk als auch für die Größe des Rechts am besten ist. Wie hat die fortgesetzte Verfolgung von Herrn Zündel dem kanadischen Volk genützt, außer als Beispiel für die Verschwendung von Steuergeldern, und wie hat die grobe Doppelmoral in Bezug auf die Rechte der Deutschen im Vergleich zu den Rechten anderer ethnischer Gruppen der Integrität des Gesetzes genützt?

Bitte denken Sie daran, dass das Thema Holocaust nicht nur die Juden betrifft; die Deutschen waren auch dabei und haben als Teil ihrer Geschichte genauso das Recht, sich damit zu beschäftigen wie die Juden. In zukünftigen Jahren, vielleicht in vielen Jahren, vielleicht in wenigen, wenn die Vernunft gesiegt hat und der Holocaust objektiv aufgearbeitet werden kann und wir sehen, dass die Welt, wie wir sie kennen, dadurch nicht verschwindet, wird die heuchlerische und erbärmliche Verfolgung von Ernst Zündel im Nachhinein als ziemlich sinnlos erscheinen und die Geschichte wird nicht wohlwollend auf diejenigen schauen, die daran beteiligt waren.

Mit freundlichen Grüßen

David Cole".

Monatelang wurden die Medien genutzt, um Druck auf die Behörden auszuüben und die Schlinge um Zündel enger zu ziehen, der, unbeirrt in seinem Widerstandswillen, sogar Briefe an Londoner Zeitungen schickte, die das Gegenteil des Gewünschten bewirkten und wütende und irrationale Reaktionen der jüdischen Gemeinden hervorriefen. Am 5. März 1993 scheiterten die jüdischen Organisationen jedoch zum x-ten Mal mit ihrem Versuch, den hartnäckigen Widerstand des „revisionistischen Dynamos" zu brechen. Die an den Ermittlungen beteiligten Polizeikräfte hatten nicht verstanden, dass er angeklagt werden konnte. Die Abteilung für Hassliteratur der Provinzpolizei von Ontario teilte mit, dass keine Anklage nach dem Gesetz über Hasspropaganda erhoben werden könne, da Zündels Äußerungen nicht den Tatbestand der Hassrede erfüllten. Zündel gab eine Presseerklärung heraus, in der er seinen Standpunkt bekräftigte:

> „Die Fakten sind: Mein Material, meine Ideen, meine Auftritte in Radio und Fernsehen führen nicht zu antisemitischen Vorfällen, weil sie nicht antisemitisch sind. Mein Material versucht, antideutschen Hassreden in den Medien, in Filmen und in Schulbüchern entgegenzuwirken. Es gibt eine einfache Lösung für das Problem: Hören Sie auf, Unwahrheiten, Halbwahrheiten und glatte Lügen über die Deutschen und ihre Rolle in der Geschichte zu erzählen, und ich muss nicht mit unbequemen und unpopulären Wahrheiten kontern. Ganz einfach! Denken Sie daran: Eine Lüge wird nicht zur Wahrheit, nur weil sie millionenfach wiederholt wurde.

Ernst Zündels juristische Erfolge und sein hartnäckiger Kampfgeist konnten seine Feinde nur noch mehr aufstacheln, die sahen, wie ein Einzelner sich ihnen entgegenstellte, ohne dass sie ihn wie üblich fertig machen konnten. Sabina Citron und ihre Kumpane verstärkten ihre Kampagne mit allerlei Druck, der bis in die höchsten Ebenen der politischen Macht reichte. Citron drohte erneut: „Er muss angeklagt werden, sonst verlieren wir den Respekt vor dem Gesetz in Kanada". Unter den Universitätsstudenten wurde eine Unterschriftenkampagne gestartet: Alle Studentenvereinigungen wurden aufgefordert, gegen Zündel Stellung zu beziehen, auch die afrikanische Studentenvereinigung. Jüdische Agitatoren erschienen auf dem Universitätsgelände und hielten den jungen Leuten wütende Reden. Darüber hinaus wurde die Petition auf die schwule, lesbische und bisexuelle Gemeinschaft, Frauenzentren und andere soziale Organisationen ausgeweitet. In verschiedenen Städten wurde zu weiteren Demonstrationen aufgerufen, und im Mai 1993 organisierte das Jewish Student Network ein Sit-in vor dem Gebäude des Generalstaatsanwalts von Ontario.

B'nai Brith und der Kanadische Jüdische Kongress dehnten ihre Tentakel aus und beschlossen, sich linker und anarchistischer Gruppen zu bedienen. Ziel war es, alle Bereiche der kanadischen Gesellschaft zu mobilisieren, um dem „größten internationalen

Anbieter von Holocaust-Leugnungsmaterial" ein für alle Mal das Handwerk zu legen. Im Sommer 1993 startete Zündel ein internationales Kurzwellenprogramm über Radio und Satellitenfernsehen. Seine Sendungen mit dem Titel „The Voice of Freedom" befassten sich mit revisionistischen Themen und allgemeinem historischen Interesse. Diese Programme wurden ausgeweitet und erhielten Zugang zum öffentlichen Fernsehen in den Vereinigten Staaten, wo Zündels Anhänger und Sympathisanten das Programm in verschiedenen amerikanischen Gemeinden unterstützten.

Am 24. Oktober 1993 beschloss Zündel, zum zweiten Mal die kanadische Staatsbürgerschaft zu beantragen. Wäre ihm die Staatsbürgerschaft zu dem Zeitpunkt, als die Kampagne gegen ihn auf dem Höhepunkt war, gewährt worden, wäre dies natürlich eine demütigende Niederlage für seine Verfolger gewesen. Das Ministerium für Staatsbürgerschaft und Einwanderung machte ihn darauf aufmerksam, dass seine Aktivitäten eine Gefahr für die Sicherheit Kanadas darstellten. Der Canadian Jewish Congress (CJC) und B'nai Brith übten Druck auf die Regierung aus. Die Jüdische Freimaurerloge veröffentlichte am 28. Juli 1994 in der *Montreal Gazette* eine Erklärung, in der sie seine Auslieferung an Deutschland statt der Staatsbürgerschaft forderte: „Dieser Mann verdient nicht das Privileg der kanadischen Staatsbürgerschaft. Es wäre nicht nur ein Affront gegen Kanadas Minderheiten, sondern käme auch einer Botschaft an diejenigen gleich, die in der ganzen Welt Hass verbreiten, dass Kanada ein Hort des Rassismus ist."

Eine detaillierte Darstellung der Angriffe auf Zündel würde zu viel Platz in Anspruch nehmen. Da das bisher Geschriebene ein vollständiges Bild seines titanischen Kampfes vermittelt, werden wir nur die brutalsten unter aufführen. Am 24. November 1993 versammelte sich eine Gruppe namens ARA (Anti-Racist Action) mit Hunderten von Plakaten vor dem Haus von Zündel, um es mit Eiern zu bewerfen und zu bemalen. Da Zündels Haus unter Polizeischutz stand, hatte dieselbe Gruppe Monate zuvor das ungeschützte Haus eines Freundes namens Gary Schipper in Brand gesetzt. Am 7. Mai 1995 wurde jedoch auch Zündels Haus niedergebrannt. Ein Brandstifter hatte eine brennbare Flüssigkeit auf die Veranda geworfen: Das Feuer zerstörte die Fassade des Gebäudes und verbrannte den dritten Stock vollständig. Ein JDL-Scherge namens

Kahane Chai erklärte sich dafür verantwortlich. Zwei Wochen später erhielt Zündel ein Paket, das ihm verdächtig vorkam. Er brachte es zur Polizei, die feststellte, dass es sich um eine Bombe mit Schrapnellen und Nägeln handelte. Nach der Explosion hinterließ die Bombe einen Krater von einem halben Meter Tiefe. Die Polizei bestätigte, dass jeder, der das Paket geöffnet hätte, getötet worden wäre und dass jeder im Umkreis von neunzig Metern von der Explosion verletzt, wenn nicht gar getötet worden wäre.

Interessanter ist das Erscheinen von *The Zündelsite* im Internet, ebenfalls 1995. Interessierte Leser können auf dieser Website weitere Informationen finden. Dieser Durchbruch in den Cyberspace kam dank der Zusammenarbeit mit seinen Freunden von „American Free Speech" zustande. Im September 1995 schickte Jamie McCarthy, Co-Webmaster von *The Nizkor Project*, einem Projekt von Websites, die den Holocaust propagieren und revisionistische Argumente entlarven, eine E-Mail an Zündel, in der er ihn aufforderte, die beiden Websites miteinander zu verbinden oder zu verlinken, damit die Benutzer feststellen könnten, wer die Wahrheit sagt. McCarthy schrieb: „Da Sie immer wieder behaupten, dass 'Wahrheit keinen Zwang braucht', vertraue ich darauf, dass Sie die Intelligenz Ihrer Leser nicht beleidigen, indem Sie ihnen eine alternative Sichtweise vorenthalten." Wider Erwarten nahm Zündel das Angebot dankbar an: „Ich danke Ihnen von ganzem Herzen für Ihren Vorschlag, das Internet zu einem offenen Forum zu machen, in dem wir auf vernünftige und zivilisierte Weise über etwas diskutieren können, das für uns alle von so großer Bedeutung ist." Nachdem er erklärt hatte, dass er seit in den frühen 1980er Jahren der jüdischen Gemeinde in Kanada bereits eine öffentliche Debatte angeboten hatte, sagte er, dass er „erfreut wäre, wenn das Angebot echt wäre und von den Leuten, die das *Nizkor-Projekt* unterstützen, geteilt würde, da es genau das war, worauf ich lange gewartet hatte. Es dauerte nicht lange, bis die beiden Seiten miteinander verbunden (verlinkt) wurden.

Am 5. Januar 1996 forderte Zündel das Simon-Wiesenthal-Zentrum auf, seine Website mit der *Zündelsite* zu verlinken, erhielt jedoch keine Antwort. Zwei Tage später, am 7. Januar, kündigte Zündel auf seiner Website eine weltweite elektronische Debatte über den Holocaust an. In Vorbereitung darauf begann der Webmaster der *Zündelsite*, alle Texte und Dokumente, einschließlich des *Leuchter-Berichts* und *Did Six Million Really Die?* auf das File Transfer

Protocol (FTP) hochzuladen. Fast sofort wurden die Dateien, auch die gesperrten, von einem Unbekannten heruntergeladen, was Zündel zu der Annahme veranlasste, dass seine Website und seine Aktivitäten ständig überwacht wurden. In einem Leitartikel auf der Website fragte er später: „Wer hat das Geld, die Fähigkeit, die Ausrüstung und das Personal, um das zu tun? Zwei Tage später schickte das Simon-Wiesenthal-Zentrum Hunderte von Seiten an Internet-Provider und Universitätspräsidenten mit der Aufforderung, die Übertragung von Nachrichten zu verweigern, die „Rassismus, Antisemitismus, Chaos und Gewalt" fördern. *Die Zündelsite* wurde angegriffen, ihre Post gestohlen, manipuliert oder zerstört. E-Mail-"Bomben" kamen sogar aus Russland. Gefälschte Nachrichten von Zündel begannen im Netz zu kursieren, um seinen Ruf zu schädigen. Am 25. Januar 1996 berichteten die Medien, dass die deutsche Staatsanwaltschaft eine Anklage wegen Volksverhetzung gegen diejenigen Internet-Provider in Deutschland vorbereitete, die bei der Verbreitung von Ernst Zündels Website geholfen hatten. Zündel richtete einen verzweifelten Hilferuf an die Öffentlichkeit: „Wenn es irgendwo patriotische Internet-Experten gibt, die uns mit technischen oder juristischen Mitteln helfen können, rufen Sie bitte an. Wir können Ihre Hilfe sicher gebrauchen!"

Ob Patrioten oder nicht, die Verfechter der Meinungsfreiheit, ob sie nun an den Holocaust glaubten oder nicht, reagierten gegen jeden Versuch, das Internet zu zensieren. An den Universitäten in den Vereinigten Staaten begannen die Befürworter der freien Meinungsäußerung in dem Bewusstsein, dass die Freiheit für alle auf dem Spiel stand, auf eigene Initiative elektronische Klone (so genannte „Spiegelseiten") einzurichten. Diese elektronischen Zufluchtsorte wurden u. a. an den Universitäten von Stanford, Pennsylvania und Massachusetts eingerichtet. Dean McCullagh, Doktorand an der Carnegie Mellon University (CMU), schrieb: „Wenn die deutsche Regierung die Deutsche Telekom zwingt, den Zugang zu den Webservern der CMU, des MIT (Massachusetts Institute of Technology) und der Standford University zu sperren, schneidet sie die Kommunikation mit drei der angesehensten Universitäten der Vereinigten Staaten ab". Eine der Spiegelseiten enthielt diese Erklärung des Webmasters: „Dies ist eine Spiegeldatei des größten Teils von Zündels revisionistischer Seite. Meine Gründe für diese Spiegelung sind nicht meine Übereinstimmung mit Zündels politischen Ideen. Ich stimme nicht zu..., aber ich denke, dass die

Infragestellung jedes Glaubensbekenntnisses einen Platz verdient. Deshalb denke ich, dass Zündels Projekt gut für unsere Gesellschaft ist". Zum Kampf um die Aufrechterhaltung *der Zündelsite* bleibt noch hinzuzufügen, dass die Webmasterin der Site Ingrid Rimland war, die er im Januar 1995 kennenlernte. Die in der Ukraine geborene und eingebürgerte US-Bürgerin Rimland, eine Frau von großem intellektuellem Format, ist seither eine unersetzliche Stütze für Zündel gewesen.

Nach mehr als vier Jahrzehnten in Kanada, wo zwei Anträge auf Staatsbürgerschaft abgelehnt wurden, beschloss Ernst Zündel, sich in den Vereinigten Staaten niederzulassen, wo Ingrid Rimland seine Website betreute. Im Januar 2000 heirateten die beiden in Tennessee, womit Ingrid, die auch schon vorher verheiratet war, Zündels zweite Ehefrau wurde. Da er mit einer amerikanischen Staatsbürgerin verheiratet war, hätte man meinen können, dass er endlich ohne ständige Schikanen leben könnte, und so war es zunächst auch. Zwei Jahre lang lebte er friedlich in einer Bergregion in Ost-Tennessee, doch am 5. Februar 2003 wurde er in seinem Haus im Beisein seiner Frau verhaftet. Drei Beamte der Einwanderungs- und Einbürgerungsbehörde und zwei örtliche Beamte legten ihm Handschellen an und brachten ihn weg. Damit begann eine Tortur, die sieben Jahre später, genauer gesagt am 1. März 2010, in Deutschland enden sollte.

Ingrid bat die Freunde und Unterstützer ihres Mannes um Hilfe, um seine Verhaftung öffentlich anzuprangern, da er nur einen geringfügigen Verstoß gegen die Einwanderungsgesetze begangen hatte: Er hatte angeblich eine Verfahrensanhörung nicht bestanden und war daher technisch gesehen illegal in den USA. Am 10. Februar 2003 erläuterte Ingrid in einer Radiosendung ihre Bemühungen um die Freilassung ihres Mannes und brachte ihre Befürchtung zum Ausdruck, dass Ernst im Falle einer Abschiebung nach Deutschland jahrelang inhaftiert werden könnte, da dort Holocaust-feindliche Ansichten ein Verbrechen seien. Mark Weber, Direktor des Institute for Historical Review, nahm auf Ingrids Bitte hin ebenfalls an der Sendung teil. Weber fühlte sich geehrt, mit Zündel befreundet zu sein, den er als einen Bürgerrechtler beschrieb, der in Kanada kostspielige und endlose Kämpfe für die Grundfreiheiten geführt hatte. Tage später, am 14. Februar, war in den Zeitungen zu lesen, dass die US-Behörden planten, Zündel in den kommenden Wochen abzuschieben, wobei unklar war, ob er nach Deutschland oder nach Kanada geschickt werden würde. Nach zwei Wochen hinter Gittern wurde Ernst Zündel schließlich am 19. Februar 2003 nach Kanada abgeschoben.

Zündel beantragte die Zuerkennung der Flüchtlingseigenschaft, aber am 24. Februar 2003 teilte das kanadische Ministerium für Staatsbürgerschaft und Einwanderung der Abteilung für Flüchtlingsschutz mit, dass es die Prüfung des Antrags aussetze, da es prüfe, ob Ernst Zündel eine Gefahr für die nationale Sicherheit darstelle. Am 1. Mai 2003 stellten die kanadischen Behörden schließlich eine Bescheinigung aus, wonach Zündel aus Gründen der nationalen Sicherheit nicht in Kanada bleiben konnte. Am 6. Mai reichte Zündels Anwältin Barbara Kulaszka eine Verfassungsklage vor dem kanadischen Bundesgerichtshof ein und focht anschließend seine Inhaftierung vor dem Ontario Superior Court of Justice an. Alles ohne Erfolg: Am 21. Januar 2004 ordnete ein Richter die weitere Inhaftierung von Zündel mit der Begründung an, dass er eine Gefahr für die nationale Sicherheit darstelle. Am 1. März 2005 wurde Ernst Zündel nach Deutschland abgeschoben, wo er wegen der öffentlichen Leugnung des Holocausts verhaftet worden war. Ein lebenslanger patriotischer Kampf, um die Ehre seines Landes zu verteidigen und Gerechtigkeit für Deutschland zu fordern, endete auf höchst deprimierende Weise. Das Simon-Wiesenthal-Zentrum, der Kanadische Jüdische Kongress, die Holocaust-Gedenkvereinigung und die Menschenrechtsliga (das Äquivalent zur JDL in Kanada) hatten schließlich gewonnen: Ernst Zündel war dem Justizterrorismus seines Heimatlandes ausgeliefert.

Im Mannheimer Gefängnis sollte Zündel, der bereits mehr als zwei Jahre in Kanada inhaftiert gewesen war, die bittersten Jahre seines heldenhaften Lebens erleben. Aufgrund der langen Einzelhaft, ohne die Möglichkeit, mit anderen Gefangenen zu sprechen, litt Zündel bereits bei seiner Einlieferung in das deutsche Gefängnis an Depressionen. Wie Barbara Kulaszka in einer Eingabe an den UN-Menschenrechtsausschuss beklagte, wurden während der kanadischen Haftzeit die elementarsten Menschenrechte verletzt: Sie durfte keinen Stuhl in ihrer Zelle haben, deren Licht rund um die Uhr brannte und nachts nur leicht gedimmt wurde; sie durfte ihre natürlichen Kräuter gegen Arthritis und Bluthochdruck nicht einnehmen; ihr Antrag auf einen Zahnarztbesuch wurde abgelehnt; sie durfte sich nicht körperlich betätigen; sie durfte keinen Stuhl in ihrer Zelle haben, deren Licht rund um die Uhr brannte und nachts nur leicht gedimmt wurde; sie durfte ihre natürlichen Kräuter gegen Arthritis und Bluthochdruck nicht einnehmen; ihr Antrag auf einen Zahnarztbesuch wurde abgelehnt; er konnte sich nicht körperlich betätigen oder gar gehen; die Kälte in der Zelle zwang ihn im Winter, sich mit Decken und Laken zuzudecken, die nur alle drei Monate gewechselt wurden; er hatte kein Kopfkissen; er konnte keine Schuhe tragen; das Essen war immer kalt und von schlechter Qualität. Barbara Kulaszka berichtete, dass Zündel einen Knoten in der Brust hatte, der krebsartig sein könnte, aber sie hatte kein Recht auf eine Diagnose.

Am 29. Juni 2005 erhob die Staatsanwaltschaft Mannheim formell Anklage gegen ihn wegen „Volksverhetzung". In dem von der Staatsanwaltschaft vorgelegten Text heißt es, dass einige von Zündels Schriften völkermörderische Handlungen des deutschen Regimes „billigten, leugneten oder verharmlosten", die „das Andenken an die toten Juden verunglimpfen". Gedankenverbrecher können in Deutschland nicht auf „nicht schuldig" plädieren. Wenn der Anwalt des Angeklagten die Unschuld seines Angeklagten beteuert, läuft er Gefahr, wegen „Holocaust-Leugnung" oder „Hassrede" verhaftet zu werden. Auf dem Höhepunkt der Absurdität des deutschen Justizterrors für Gedankenverbrechen kann der Richter die Vorlage von Beweisen zugunsten des Angeklagten untersagen. Sylvia Stolz, Zündels Anwältin in Mannheim, wurde selbst wegen Holocaust-Leugnung während der Verteidigung ihres Mandanten zu dreieinhalb Jahren Haft und fünf Jahren Berufsverbot verurteilt. Da Sylvia Stolz ein Hauptopfer der Gedankenpolizei in Deutschland ist, werden wir die Einzelheiten des Prozesses weiter unten kommentieren, wo sie ihren eigenen Raum haben wird, denn sie litt und leidet weiterhin unter einer schändlichen Verfolgung für die ehrliche Ausübung ihres Berufs, die für jedes Justizsystem, das diesen Namen verdient, entwürdigend ist.

Zündel beharrte seinerseits vor dem „Gerichtshof" darauf, dass die angebliche Ermordung von Millionen von Juden eine Geschichtsfälschung sei. In seinen letzten Worten vor dem Gericht forderte er eine unabhängige internationale Kommission zur Untersuchung des Holocausts und versprach, dass er, sollte bewiesen werden, dass Juden vergast wurden, „eine Pressekonferenz einberufen würde, um sich bei den Juden, den Israelis und der Welt zu entschuldigen". Zwei Jahre nach seiner Inhaftierung in Deutschland wurde er schließlich am 14. Februar 2007 vom Mannheimer Gericht wegen Aufstachelung zum Rassenhass und Leugnung der Shoah (Holocaust) zu fünf Jahren Haft verurteilt. In Kanada begrüßten die jüdischen Organisationen, die ihn verfolgt hatten, das Urteil des Gerichts. Bernie Farber vom Jüdischen Kongress sagte, das Urteil sende eine starke Botschaft an die Welt und werde dazu dienen, Holocaust-Überlebende zu „trösten".

Als er am 1. März 2010, genau fünf Jahre nach seiner Deportation, aus dem Gefängnis entlassen wurde, war Ernst Zündel siebzig Jahre alt. Sein Gesicht war ein Gedicht aus unendlicher Traurigkeit und Schmerz. Ein verstörter Blick, zweifellos das Ergebnis langen Leidens, war in seinen visionären blauen Augen zu sehen, die, weit geöffnet, entrückt blickten und von einem seltsamen, beunruhigenden, an Wahnsinn grenzenden Licht erleuchtet wurden. Eine Gruppe von zwanzig Personen wartete auf der anderen Seite des eisernen Gefängnistores auf ihn und machte die ersten Fotos von ihm in Freiheit. Sie begrüßten ihn mit Applaus, Blumensträußen und „Bravo"-Rufen. Seine ersten Worte waren: „Ich bin wieder frei nach sieben Jahren, drei Wochen, drei Gefängnissen und drei Ländern".

Fünf Monate nach der Veröffentlichung unserer *„Geächteten Geschichte"* ist Ernst Zündel, der unentbehrliche Mann, der „revisionistische Dynamo", in seinem Geburtshaus in Bad Wildbad (Baden Württemberg) im Schwarzwald von dieser Welt gegangen. Seine Schwester Sigrid, die ihn begleitete, fand ihn bewusstlos auf und rief einen Krankenwagen, aber sein Herz hörte kurz darauf auf zu schlagen. Nach einem Leben, das der Anprangerung von Lügen und der Verteidigung der Ehre und Würde des deutschen Volkes gewidmet war, starb Ernst Zündel am 5. August 2017 im Alter von 78 Jahren an einem Herzinfarkt. Wir schließen uns emotional den Worten von Ingrid Zündel (Ingrid Rimland) an, die das Ableben ihres Mannes mit den Worten kommentierte: „Ein Lichtblick, er hat diese Welt verlassen". Nur zwei Monate später, am 12. Oktober, verstarb Ingrid selbst, die Weggefährtin unseres Helden in so vielen Kämpfen für die Meinungs- und Gedankenfreiheit.

Germar Rudolf: Verfolgung und Vernichtung eines bedeutenden Wissenschaftlers

Germar Rudolf, ein brillanter Absolvent der Universität Bonn im Fach Chemie, erhielt ein staatliches Stipendium, das es ihm ermöglichte, am renommierten Max-Planck-Institut in Stuttgart zu promovieren. Er arbeitete gerade an seiner Doktorarbeit, als er sich 1991 bereit erklärte, eine forensische Studie für die Verteidigung von Otto Ernst Remer zu erstellen, der in einem Prozess wegen „Holocaust-Leugnung" angeklagt war. Er wurde gebeten, verschiedene Dokumente zu untersuchen, Proben zu nehmen, sie zu analysieren und einen Bericht zu erstellen. Rudolf war vor allem daran interessiert, die Behauptungen des *Leuchter-Berichts* zu überprüfen und zu beweisen, dass Spuren von Zyanid lange Zeit stabil blieben und daher in den Mordgaskammern gefunden werden konnten, wenn dort Zyklon B verwendet worden war: „Ursprünglich", so schrieb Rudolf, „war ich nur daran interessiert, herauszufinden, ob die resultierende Mischung, Ferrocyanid oder Preußischblau, stabil genug ist, um fünfundvierzig Jahre unter rauen Umweltbedingungen zu überleben."

Germar Rudolf reiste zweimal nach Auschwitz und arbeitete achtzehn Monate lang an der Erstellung seines Berichts. Er untersuchte einige der Gebäude in Auschwitz auf Rückstände von Blausäure, d.h. auf chemische Spuren des berühmten Zyklon-B. Er untersuchte auch einige der Gebäude in Auschwitz auf Rückstände von Blausäure. Das Ergebnis seiner Untersuchungen hielt er in einem *Gutachten* mit dem Titel *Technisches Gutachten über die Bildung und Nachweisbarkeit von Cyanidverbindungen in den „Gaskammern von Auschwitz"* fest, das von Remers Verteidigung als Beweismittel verwendet wurde. Jahre später schrieb Rudolf in *„Widerstand ist Pflicht"*, dass das Gutachten dazu dienen sollte, die Auslassungen und Mängel des *Leuchter-Gutachtens* zu korrigieren. Zwischen 1992 und 1994 wurde dieses Gutachten in sieben oder acht Strafprozessen in Deutschland als Beweismittel vorgelegt. In allen Fällen wurde es abgelehnt, weil nach deutscher Rechtsprechung die Tatsachen, die sich während des Dritten Reiches im Lager Auschwitz abgespielt haben, als offenkundig gelten und daher nicht bewiesen oder nachgewiesen werden müssen. Seit 1996 ist es eine Straftat, das Gegenteil zu behaupten. Daher wurden die technischen Analysen, so unerhört es auch erscheinen mag, rundweg abgelehnt.

Otto Ernst Remer, einer der Angeklagten, zu dessen Gunsten der Bericht erstellt worden war, veröffentlichte im Juli 1993 die

Ergebnisse von Germar Rudolfs Forschungen. Das etwa 120 Seiten umfassende Pamphlet wurde als *Rudolf-Bericht* bekannt, eine chemische Studie über die Bildung und den Nachweis von Blausäure in den angeblichen Gaskammern von Auschwitz, eine passende Ergänzung zum *Leuchter-Bericht*, da beide Dokumente darin übereinstimmten, dass in den Lagern des Auschwitz-Komplexes niemals Blausäuremorde stattgefunden haben. Dies führte zur Anklageerhebung gegen Germar Rudolf. Die deutsche Presse, die stets die Entscheidungen der Gerichte unterstützte, reagierte verärgert und brachte den jungen Chemiker mit dem Angeklagten Remer in Verbindung.

Das Ergebnis der ganzen Angelegenheit war katastrophal für Germar Rudolf, der 1993 vom Max-Planck-Institut abgelehnt wurde, seine Dissertation zur abschließenden Doktorprüfung einzureichen. Im späten Frühjahr desselben Jahres informierte das Institut in einem Memorandum über Rudolfs Ausschluss wegen seiner Forschungen in Auschwitz. Das Max-Planck-Institut verleugnete, dass die forensische Untersuchung eine moralische Verpflichtung in jeder strafrechtlichen Untersuchung sei, und argumentierte, dass es verwerflich sei, die spezifische Art und Weise zu diskutieren, in der die Nazis Juden ermordet hatten. 1995 wurde Germar Rudolf zu einer vierzehnmonatigen Haftstrafe verurteilt und zusätzlich mit neuen Anklagen belegt, weil er seine forensische Forschungstätigkeit fortsetzte. Exemplare der *„Grundlagen zur Zeitgeschichte"*, in denen Rudolf unter dem Pseudonym Ernst Gauß eine aktuelle Sammlung von Forschungsarbeiten zum Problem des Holocausts veröffentlicht hatte, wurden beschlagnahmt und auf richterliche Anordnung vernichtet.

Im Zusammenhang mit der Verfolgung von Germar Rudolf und Revisionisten im Allgemeinen sollte man wissen, dass die westdeutsche Regierung nach dem Vorbild des israelischen Parlaments (Knesset) 1985 ein Gesetz verabschiedet hat, wonach die „Leugnung der systematischen Vernichtung der Mehrheit der europäischen Juden durch Nazi-Deutschland" eine Straftat darstellt. Man kann also sagen, dass die Verfolgung von Germar Rudolf die Geschichte einer Infamie ist, die Geschichte einer eklatanten Beleidigung der Intelligenz, die von den Behörden der Bundesrepublik Deutschland zynisch vollzogen wurde. Es gibt keine bessere Informationsquelle über Leben, Werk und Verfolgung dieses

Intellektuellen als die *Website von Germar Rudolf*. Dort findet der interessierte Leser alles, was er sich wünschen kann und mehr. Die Site enthält beispielsweise alle wesentlichen und ergänzenden Dokumente seines Falles: Berichte, Urteile, Asylanträge, Gutachten, eidesstattliche Erklärungen, Klagen, Berufungen und andere Texte verschiedenster Art. Ein Großteil der folgenden Ausführungen stammt daher aus dieser Quelle, aber auch aus den Büchern von Germar Rudolf und den Veröffentlichungen des IHR.

In einem der Texte auf seiner Website reflektiert Rudolf über die semantischen Nuancen der Begriffe „Verfolgung" und „Verfolgung". Verfolgung ist legal - erklärt Germar Rudolf -, wenn sie in Übereinstimmung mit international anerkannten Bürgerrechten und Freiheiten erfolgt; sie wird jedoch zur Verfolgung, wenn diese nicht respektiert werden, wie in seinem Fall. Während des Prozesses gegen Ernst Zündel ordnete ein Richter an, dass Sylvia Stolz durch einen Pflichtverteidiger ersetzt werden sollte, während sie als Anwältin für ihren Mandanten tätig war. Stolz wurde zu dreieinhalb Jahren Haft und fünf Jahren Berufsverbot verurteilt, weil sie vor Gericht den Holocaust in Frage gestellt hatte. Ein Justizsystem, das Anwälte nicht nur daran hindert, frei zu arbeiten, sondern sie auch noch verfolgt, entspricht natürlich nicht internationalen Modellen oder Maßstäben. Paragraf 130 des deutschen Strafgesetzbuchs ermöglicht den Entzug der bürgerlichen Ehrenrechte für störende Bürger, bei denen es sich in der Regel um Personen handelt, die den Holocaust in Frage stellen oder sich gegen den Multikulturalismus wenden. Diese unerwünschten Personen begehen eine Straftat, die mit einer Freiheitsstrafe von fünf Jahren geahndet werden kann. Davon abgesehen, können wir die Geschichte der Verfolgung von Germar Rudolf fortsetzen.

Neben der Anklageschrift, die ihn vor das Stuttgarter Landgericht brachte, das ihn zu vierzehn Monaten Haft verurteilte, waren drei weitere Anklagen gegen ihn anhängig. Eine davon betraf einen Briefwechsel mit dem Krakauer Institut für forensische Forschung, an das sich Rudolf, wie im vierten Teil von Kapitel XII unserer *Verfemten Geschichte* beschrieben, gewandt hatte, um technische Fragen im Zusammenhang mit der Forschung dieser polnischen Einrichtung in Auschwitz zu klären. Infolgedessen wurde Rudolfs Haus dreimal durchsucht und jedes Mal wurden Bücher, Akten, Korrespondenz und Computer beschlagnahmt, was seine

Arbeit und seine wissenschaftlichen Forschungen zunichte machte. Als der Bundesgerichtshof im März 1996 die Verurteilung zu vierzehn Monaten Haft bestätigte, beschloss Rudolf, mit seiner Familie Deutschland zu verlassen. Sie ließen sich zunächst in Südspanien nieder, doch ihr Aufenthalt war nur von kurzer Dauer, denn im Mai 1996 erfuhr Rudolf, dass auch die spanische Regierung ein antirevisionistisches Gesetz zu erlassen beabsichtigte. Nach Rücksprache mit seiner Frau beschloss er, sich mit seiner Familie im Südosten Englands niederzulassen, wo er hoffte, dass die Gedanken- und Redefreiheit mehr als nur ein Gerücht sein würde. Sein Kontakt war David Irving, der 2006, wie wir weiter unten sehen werden, ebenfalls in Österreich inhaftiert werden sollte.

Im Vereinigten Königreich begannen die Probleme bereits 1997: Der *Telegraph* berichtete, dass deutsche Botschaftsbeamte in London an der Auslieferung des flüchtigen Germar Rudolf arbeiteten. 1998 begann seine Frau, sich mit der neuen Situation unwohl zu fühlen: Das Leben im Exil entsprach nicht ihren Erwartungen: Sie hatte Heimweh nach ihrer Familie und ihren Freunden und konnte keine neuen Freunde finden. Neben dem Heimweh schwebte die ständige Angst vor einer Auslieferung wie ein Damoklesschwert über ihr. Sie beschloss, ihren Mann zu verlassen und mit ihren beiden Kindern nach Deutschland zurückzukehren, wo sie ein Scheidungsverfahren gegen Germar einleitete, der im Exil allein zurückblieb.

Im Juni 1999 konnte Rudolf nach einigen Unsicherheiten am Flughafen Heathrow in die Vereinigten Staaten reisen, um dort eine Vortragsreihe zu halten. Bei dieser Gelegenheit muss er die Möglichkeit einer Auswanderung in Erwägung gezogen haben. Ende September unternahm er seine zweite Reise in die Vereinigten Staaten und erhielt ein Angebot von einem kleinen Verlag namens „Theses & Dissertation Press". Im Herbst 1999 begann in den britischen Medien eine Kampagne gegen den „Neonazi-Flüchtling", die zu einem Stopp der Besuche seiner Familie führte. Da ihn nichts mehr an England fesselte und um der Verfolgung in Europa zu entgehen, beschloss er schließlich, in die USA auszuwandern, obwohl er keine „Green Card" (Arbeitserlaubnis) besaß. Eines der wichtigsten Ereignisse seiner englischen Zeit war die Gründung eines bescheidenen Verlags namens „Castle Hill Publishers", der heute in revisionistischen Kreisen bekannt ist.

In den Vereinigten Staaten angekommen, zerschlugen sich im Juli 2000 seine Hoffnungen, die ersehnte Arbeitserlaubnis zu erhalten. Um Probleme mit den Einwanderungsbehörden zu vermeiden, ließ er sich vorübergehend in Rosarito, Baja California (Mexiko), nieder, wo er ein kleines Haus in der Nähe des Hauses von Bradley Smith, dem sichtbaren Leiter des CODOH (Committee for Open Debate on the Holocaust), mietete. Während des zehnwöchigen Aufenthalts in Rosarito entstand eine enge Freundschaft zwischen den beiden Revisionisten. Im August erfuhr Rudolf von seiner Mutter, dass seine Eltern beschlossen hatten, ihn zu Gunsten ihrer Kinder zu enterben. Zuvor hatte sein Vater ihn sterilisieren lassen, damit er nicht mehr zeugungsfähig war. Am 29. August 2000 schickte Germar Rudolf, zunehmend deprimiert, einen Notruf an mehrere Freunde. Er beschloss schließlich, über Island nach New York zu fliegen und beantragte im Oktober 2000 politisches Asyl in den Vereinigten Staaten. Ende des Monats erhielt er eine Mitteilung der Einwanderungsbehörde, in der ihm mitgeteilt wurde, dass sein Antrag formell angenommen worden sei und er Ende November 2000 zu einer Anhörung mit Beamten der Behörde erscheinen müsse. Das Gespräch fand am 29. November statt.

Am 4. April 2001 wurde für den 24. September 2001 ein Termin zur Verhandlung vor einem Einwanderungsgericht anberaumt. Rudolf hatte also fast ein halbes Jahr Zeit, um Unterlagen über die Verschlechterung der Bürgerrechte in Deutschland vorzubereiten und sie einem spezialisierten Anwalt zu übergeben. Wenige Tage vor dem großen Tag ereigneten sich die Anschläge vom 11. September, und der Einwanderungsrichter beschloss nach einer kurzen Diskussion, die Anhörung auf den 18. März 2002 zu verschieben. So zog sich das Asylverfahren über Jahre hin. In der Zwischenzeit heiratete Rudolf im Jahr 2004 eine US-Bürgerin namens Jennifer und beantragte die Aufwertung seines Einwanderungsstatus bzw. die Änderung seines Status in einen dauerhaften Aufenthaltsstatus. Ende 2004 teilte ihm die US-Einwanderungsbehörde mit, dass sein Antrag abgelehnt worden war, und kurz darauf wurde ihm mitgeteilt, dass er aufgrund seiner Ehe nicht berechtigt sei, einen Antrag auf Daueraufenthalt zu stellen. Daraufhin legte Germar Rudolf beim Bundesgericht in Atlanta Berufung ein. Anfang 2005 wurde er Vater eines kleinen Mädchens.

Obwohl die Einwanderungsbehörde erklärt hatte, dass er keinen Anspruch auf Daueraufenthalt habe, weil er mit einer US-Bürgerin verheiratet sei, wurde das Paar fast ein Jahr später, am 19. Oktober 2005, von der Einwanderungs- und Einbürgerungsbehörde zu einem Gespräch vorgeladen. Angeblich sollte überprüft werden, ob die Ehe „bona fide" (echt, in gutem Glauben) war. Das Ehepaar ging selbstbewusst zu dem Termin, mit dem Baby im Kinderwagen. Innerhalb von Sekunden nach der Rückgabe der Anerkennungsurkunde wurde Rudolf von zwei Beamten mitgeteilt, dass er verhaftet sei. Der Grund für diese willkürliche Entscheidung war, dass er einen Termin nicht wahrgenommen hatte, der fünf Monate zuvor hätte stattfinden sollen. Rudolfs Anwalt versuchte, die Beamten davon zu überzeugen, dass die Verhaftung ungerechtfertigt sei, und der Polizeibeamte schien bereit, die Argumente zu akzeptieren, behauptete aber, er müsse sich mit jemandem in Washington beraten. Nach einem einstündigen Hin- und Hertelefonat kam die Anordnung aus Washington, dass die Verhaftung rechtskräftig sei und das Abschiebeverfahren nach Deutschland ohne weiteres eingeleitet werden solle. Mit Hand- und Fußfesseln wurde Rudolf in eine Kette von Kriminellen eingereiht, die in das Gefängnis von Kenosha County gebracht wurden. Dort wartete er auf seine Abschiebung. Laut dem Identifikationsarmband, das ihm im Gefängnis angelegt wurde, war er der einzige Insasse in der gesamten Einrichtung, der kein Krimineller war, eine Tatsache, die sowohl die Wärter als auch die Gefangenen überraschte.

Weder seine Eheschließung noch die eindeutigen Beweise dafür, dass er durch juristische Veröffentlichungen in den Vereinigten Staaten politisch verfolgt wurde, waren für das Bundesgericht in Atlanta ausreichende Erwägungen, um seine Ausweisung zu verhindern. Es sei darauf hingewiesen, dass Rudolf beim Bundesgericht in Atlanta gegen die Entscheidung, ihm das Recht auf Asyl zu verweigern, Berufung eingelegt hatte und dass die Entscheidung noch nicht ergangen und daher noch anhängig war. Obwohl der fünfte Verfassungszusatz allen Personen - nicht nur US-Bürgern -, die sich auf amerikanischem Boden aufhalten, ein ordnungsgemäßes Verfahren garantiert, lehnte das Bundesgericht den Antrag auf Aufschub der Abschiebung ab, bis eine endgültige Entscheidung über den Asylantrag ergangen ist. Der Supreme Court hat sich nicht einmal die Mühe gemacht, einen Eilantrag zu prüfen, der ohne Begründung abgewiesen wurde. Die Frage, die sich Germar

Rudolf stellt, lautet: „Was nützt ein politisches Asylgesuch, wenn die Regierung den Gesuchsteller abschiebt, bevor das Gericht, das den Fall prüft, entschieden hat, ob es Gründe für die Gewährung von Asyl gibt?"

Am 14. November 2005 wurde Germar Rudolf nach Deutschland abgeschoben. Er wurde sofort zur Verbüßung seiner noch ausstehenden vierzehnmonatigen Haftstrafe verhaftet und in die Justizvollzugsanstalt Stuttgart überstellt, wo ihm mitgeteilt wurde, dass gegen ihn wegen seiner Veröffentlichungen in England und den Vereinigten Staaten ein neues Verfahren eingeleitet worden sei. Es ist unverständlich, wie das deutsche Strafgesetzbuch auf Aktivitäten angewendet werden kann, die in anderen Ländern durchgeführt werden, wo sie völlig legal sind. So begann am 15. November 2006 in Mannheim der neue Prozess gegen Rudolf. Angeklagt wegen „Volksverhetzung", was theoretisch durch die Veröffentlichung seiner in dem Buch *Vorlesungen über den Holocaust* (2005) zusammengefassten historischen Forschungsergebnisse geschehen wäre, wurde Rudolf im Februar 2007 zu 30 Monaten Haft verurteilt. Laut Staatsanwaltschaft war das besagte Buch der Hauptgrund für die erneute Verurteilung, da darin alle verwerflichen Ansichten exemplarisch dargelegt wurden.

Germar Rudolf, der sich inzwischen rechtmäßig in den Vereinigten Staaten aufhält, veröffentlichte 2012 das Buch *Resistance is Obligatory*, das den Vortrag enthält, den er zu seiner Verteidigung vor dem Landgericht Mannheim hielt. Alle Anträge der Verteidigung zum Nachweis, dass die Schriften des Angeklagten wissenschaftlicher Natur und daher durch das Grundgesetz geschützt seien, wurden vom Gericht abgelehnt, das auch Akademikern, die bereit waren, über den wissenschaftlichen Charakter von Rudolfs Texten auszusagen, die Aussage untersagte. Während des Prozesses wurde den Verteidigern Rudolfs unter Androhung strafrechtlicher Verfolgung untersagt, für die Ansichten ihres Mandanten einzutreten.

Angesichts dieser kafkaesken Situation hielt Germar Rudolf eine Rede vor dem Gericht, die sieben volle Sitzungen dauerte. Tagelang brillierte Rudolf in einem perfekt strukturierten Text mit einer Dissertation darüber, was Wissenschaft ist und wie ihre Erscheinungsformen erkannt werden können. Darüber hinaus wies er, obwohl die Rechtswissenschaft nicht zu seinen Spezialgebieten gehörte, nach, dass die deutschen Gesetze zur Unterdrückung friedlicher Dissidenten verfassungswidrig sind und gegen die Menschenrechte verstoßen. Er erläuterte ausführlich, warum es jedermanns Pflicht ist, sich einem Staat, der friedliche Andersdenkende in den Kerker wirft, gewaltlos zu widersetzen. Das Mannheimer Gericht zuckte nicht mit der Wimper und verurteilte ihn nicht nur zu dreißig Monaten Gefängnis, sondern ordnete auch an, dass alle Exemplare der *„Vorlesungen über den Holocaust"* beschlagnahmt und unter polizeilicher Aufsicht verbrannt werden.

Wir werden nun einige schwache Einblicke in diese Verteidigungsrede von Germar Rudolf geben, deren Text den Kern des Buches *Widerstand ist Pflicht* bildet. Rudolf versuchte während der Verbüßung seiner Strafe, seine Dissertation vor Gericht zu veröffentlichen, was ein neues Ermittlungsverfahren der Staatsanwaltschaft zur Folge hatte. Am 10. August 2007, also bereits Monate nach dem Ende des Prozesses, erließ das Mannheimer Gericht einen Durchsuchungsbeschluss für Rudolfs Zelle, um Unterlagen zu finden, die belegen, dass er dabei war, seine Verteidigungsrede zu veröffentlichen. Am 25. September 2007 wurde er von mehreren Mannheimer Polizeibeamten aufgesucht, die alle Unterlagen, die er während des Prozesses verwendet hatte, beschlagnahmten. Begründet wurde dies damit, dass seine Pläne zur Veröffentlichung der Rede ein erneuter Beweis für seine Absicht seien, den Inhalt der *Vorlesungen über den Holocaust*, für die er eine Strafe verbüßte, zu verbreiten. Er wurde darauf aufmerksam gemacht, dass er mit Adjektiven wie „angeblich", „vorgeblich", „angeblich" oder „behauptet" die Massen aufhetzen könne.

Angesichts der Tatsache, dass nur wenige Anwälte bereit waren, seine Verteidigung zu übernehmen, weil sie fürchteten, angeklagt zu werden, und in der Überzeugung, dass diejenigen, die das Risiko auf sich nehmen würden, versuchen würden, ihn während des Prozesses zu einem Widerruf zu bewegen, was gleichbedeutend damit wäre, sie zu beauftragen, Zeit und Geld zu verschwenden, beschloss Germar Rudolf, den Prozess als Gelegenheit zu nutzen, um die kafkaesken Rechtsverhältnisse in der Bundesrepublik Deutschland aufzudecken. Seine Absicht war es, nach dem Prozess ein Buch zu schreiben. Sieben Sitzungen lang hielt Rudolf eine langatmige Rede, die für die Richter, das Publikum und ihn selbst anstrengend war. Im Bewusstsein dessen schreibt Rudolf: „Ich habe diese Vorträge nicht in erster Linie für die Zuhörer vorbereitet, sondern für die Nachwelt und für die ganze Welt, für Sie, liebe Leser, die Sie das Buch jetzt in den Händen halten". Rudolf räumt ein, dass dies nur möglich war, wenn die Richter trotz ihrer Zwänge vernünftig genug waren, eine solche Verteidigung zuzulassen, was sie auch taten. Der Vortrag vor Gericht begann mit einer grundsätzlichen Klarstellung seiner Position während des gesamten Prozesses unter der Überschrift „Allgemeine Bemerkungen zu meiner Verteidigung", die wir wegen ihrer Relevanz in vollem Umfang wiedergeben:

„(1) Erklärungen zu historischen Sachverhalten dürfen nur zu folgenden Zwecken abgegeben werden

a. Erläutern und veranschaulichen Sie meine persönliche Entwicklung;

b. Veranschaulichen Sie anhand von Beispielen die Kriterien der Wissenschaftlichkeit;

c. Stellen Sie die Vorwürfe der Staatsanwaltschaft in Bezug auf meine Enthüllungen in einen breiteren Kontext.

2. Diese Aussagen werden nicht gemacht, um meine historischen Ansichten mit Fakten zu untermauern.

(3) Ich werde aus den folgenden Gründen keine Vorschläge formulieren, die das Gericht dazu auffordern, meine historischen Thesen zu berücksichtigen:

a. Grundsatz: Deutschen Gerichten ist es durch übergeordnete Anordnungen untersagt, solchen Beweisanträgen stattzugeben. Wie in Artikel 97 des deutschen Grundgesetzes festgelegt. Die Richter sind unabhängig und nur dem Gesetz unterworfen". Bitte entschuldigen Sie meinen Sarkasmus.

b. Rechtzeitigkeit: Der obige Punkt a) hindert mich nicht daran, Vorschläge für Beweismittel einzureichen. Da sie jedoch alle abgelehnt werden würden, wäre eine vergebliche Mühe. Die Verschwendung von Zeit und Energie wird uns allen erspart bleiben.

c. Von der Gegenseitigkeit: Da das geltende Recht mir das Recht verweigert, mich historisch und auf der Grundlage der Tatsachen zu verteidigen. Ich meinerseits spreche meinen Anklägern das Recht ab, mich historisch und auf der Grundlage der Tatsachen anzuklagen, gemäß der Maxime der Gleichheit und Gegenseitigkeit. Daher betrachte ich die historischen Behauptungen der Anschuldigung als nicht existent.

d. Rechtliches: 1543 schrieb Nikolaus Kopernikus:

Wenn es vielleicht dumme Redner geben sollte, die zusammen mit denen, die nichts von der Mathematik verstehen, es wagen sollten, Entscheidungen in Bezug auf solche Dinge zu treffen, und durch irgendeine Seite des Gesetzes, die in böser Absicht für ihre Zwecke verdreht wurde, es wagen sollten, meine Arbeit anzugreifen, verdienen sie nicht die geringste Bedeutung, so sehr, dass ich ihr Urteil als Tollkühnheit verachte.

Kein Gericht der Welt hat das Recht oder die Kompetenz, über wissenschaftliche Fragen verbindlich zu entscheiden. Kein Parlament der Welt hat die Befugnis, mit Hilfe des Strafrechts dogmatisch Antworten auf wissenschaftliche Fragen vorzuschreiben. Es wäre daher absurd, wenn ich als Verleger von wissenschaftlichen Büchern von einem Gericht verlangen würde, die Gültigkeit meiner veröffentlichten Werke zu bestimmen. Nur die wissenschaftliche Gemeinschaft ist dafür zuständig und befugt".

Germar Rudolf, Stuttgart, 4. November 2006".

Auf der Grundlage dieser Erklärung vor dem Gericht, das ihn verurteilen sollte, stellte Rudolf eine kohärente Rede zusammen, die sich um vier Achsen gruppierte: wissenschaftliche Erwägungen, rechtliche Erwägungen, spezifische Erwägungen, Widerstand gegen den Staat. Auf der ersten dieser Achsen lässt er seine akademische Ausbildung Revue passieren. Der Nachweis wissenschaftlicher und technischer Kenntnisse war beachtlich: Biochemie, Chemie in der Elektronik, Kernchemie, theoretische Chemie, Quantenmechanik, organische und anorganische Chemie, physikalische Chemie, Mathematik waren einige der Wahlfächer, die er nicht aufgeben wollte, bis er schließlich, überlastet mit Arbeit, Kernchemie und Elektrochemie eingehend studierte. Rudolf versuchte, dem Gericht klar zu machen, wie wichtig die Neugier für jeden Wissenschaftler ist, der etwas auf sich hält. Wenn ein Staat mit allen Mitteln versucht, bestimmte Forschungen zu unterdrücken und deren Ergebnisse für illegal zu erklären, „setzt er sich automatisch dem Verdacht aus, etwas außerordentlich Interessantes und Wichtiges zu verheimlichen", sagte er den Richtern. Dann kann kein aufrichtig leidenschaftlicher Wissenschaftler mehr widerstehen". Rudolf sagte, er sei überzeugt, dass das Bedürfnis, die Wahrheit zu erfahren, Teil der Menschenwürde sei.

Als Kontrast zum Mangel an wissenschaftlicher Strenge und dem Bestreben, die Wahrheit zu verschleiern und Lügen zu verbreiten, brachte Rudolf vor dem Mannheimer Gericht die 1993 erschienene Studie des französischen Pharmazeuten Jean-Claude Pressac über die Krematorien von Auschwitz vor, die von den Medien und den offiziellen Historikern ständig als Widerlegung der revisionistischen Thesen benutzt wurde. Er prangerte an, dass Pressac zu keinem Zeitpunkt in der Lage gewesen sei, auch nur ein einziges der revisionistischen Argumente zu konfrontieren, geschweige denn zu widerlegen. Rudolf erinnerte das Gericht daran, dass er und andere Forscher die Arbeit von Pressac in einem 1996 erschienenen Buch (*Auschwitz: Nackte Fackten*) analysiert und kritisiert hatten. Gerade weil unser Buch im Gegensatz zu Pressacs Buch der wissenschaftlichen Vorgehensweise entsprach", erinnerte Rudolf die Richter, „ordnete die deutsche Regierung an, es zu beschlagnahmen und zu vernichten und leitete ein neues Strafverfahren gegen mich ein. In seinem Eifer, die Haltung der Vernichtungstheoretiker und der Revisionisten zu kontrastieren, betonte Rudolf, dass die Haltung eines jeden Wissenschaftlers, der diesen Namen verdient, darin besteht, jeden Versuch der Widerlegung zu prüfen und rational zu diskutieren, wie es die Revisionisten tun. Er bedauerte, dass die offizielle Geschichtsschreibung und die deutschen und internationalen Gerichte ihre Thesen fast ausschließlich auf Zeugenaussagen stützen, anstatt schlüssige Dokumente und Beweise vorzulegen, und bedauerte die Angriffe auf Forscher, die mehr verlangen.

Die juristischen Überlegungen in Rudolfs Darstellung nehmen ein halbes Hundert Seiten ein. Ohne Jurist zu sein, bewies er seine Fähigkeit, das deutsche Justizsystem zu studieren und zu analysieren, das er mit dem sowjetischen verglich, wobei er Zitate aus Alexander Solschenizyns *Archipel Gulag* verwendete, um zu zeigen, dass in beiden politische Gefangene wie Kriminelle behandelt werden. Er räumte jedoch ein, dass zumindest in Deutschland Gefangene nicht gefoltert werden, wofür er dankbar sei. Die Definition eines politischen Gefangenen und die fortschreitende Verschlechterung der Bürgerrechte im deutschen Recht wurden angesprochen, indem die harte Anwendung bestimmter Artikel des Grundgesetzes der Bundesrepublik Deutschland kritisiert wurde. „Der jetzige Prozess", sagte er, „findet nur statt, weil die Staatsanwaltschaft behauptet, dass ein Konflikt zwischen meiner Wissenschafts- und Meinungsfreiheit einerseits und der Menschenwürde einer bestimmten Bevölkerungsgruppe andererseits entstanden ist." Germar Rudolf beharrte vor Gericht darauf, dass das Gesetz anerkenne, dass es keinen Konflikt zwischen der Veröffentlichung von wissenschaftlichen Forschungsergebnissen und der Menschenwürde geben könne, so sehr man auch die Menschenwürde einer bestimmten Gruppe über die der übrigen Bürger stellen wolle. Den Vorwurf, er habe gegen das

Jugendschutzgesetz verstoßen, durch das die Meinungsfreiheit in Deutschland eingeschränkt wird, ließ er natürlich nicht gelten.

Von besonderem Interesse in den juristischen Ausführungen war die Betrachtung der willkürlichen Auslegung bestimmter Begriffe, die systematisch von Richtern und Staatsanwälten in Deutschland vorgenommen wird, „eine unzulässige Taktik", sagte er, „der Immunisierung gegen Kritik". Die aus seiner eigenen Anklageschrift entnommenen Ausdrücke, die verwendet werden, um Forscher, Schriftsteller oder Publizisten anzuklagen, lauten: „Aufstachelung zum Hass", „in einer Weise, die geeignet ist, die öffentliche Ordnung zu stören". In Bezug auf die Schriften werden sie als „beleidigend", „böswillig verbreitet, um herabzusetzen", „zu verunglimpfen" und/oder „zu verächtlich zu machen" und unter anderem historische Tatsachen „zu leugnen" oder „wissentlich wahrheitswidrig" darzustellen, interpretiert. Zur letztgenannten Behauptung sagte Rudolf den Richtern, die Behauptung, bewusst gegen die Wahrheit zu verstoßen, sei „der absurdeste Ausdruck der deutschen Rechtsprechung, die ernsthaft meint, die historische Wahrheit und Wissen durch Urteile bestimmen zu können. Geschichte - so fügte er hinzu - kann nicht in dieser Weise vor Gericht behandelt werden". Rudolf betonte noch einmal, dass nicht festgestellt werden könne, dass eine Schrift „beleidigend", „verächtlich", „verwerflich", „diffamierend", „verunglimpfend" oder „geistesgiftig" sei, nur weil ein Leser sie subjektiv so interpretiere. Sein Vortrag über die gefährliche Willkür der Begriffe, die von den Gerichten gegen Andersdenkende verwendet werden, schloss mit Zitaten von Juristen wie Dr. Thomas Wandres und Dr. Florian Körber, die in verschiedenen Dissertationen die Meinung vertreten hatten, dass die Bücher von Germar Rudolf den Schutz des Grundgesetzes genießen sollten, das die Meinungsfreiheit und die wissenschaftliche Forschung schützt.

Dr. Körber hatte 2003 *Rechtsradikale Propaganda im Internet - Der Fall Töben* veröffentlicht, eine Monographie über den australischen Revisionisten Dr. Töben, den die deutschen Behörden strafrechtlich verfolgen wollten (auf seine Verfolgung wird später eingegangen). Rudolf zitierte vor Gericht wortwörtlich mehrere Thesen aus Körbers Werk:

„Der Schutz der historischen Wahrheit durch das Strafgesetzbuch birgt die Gefahr, Teile der Geschichte aus einer wesentlichen gesellschaftlichen Diskussion herauszunehmen oder zu entziehen.

Trotz seiner neutralen Formulierung gewährt § 130 III StGB dem jüdischen Teil der deutschen Bevölkerung einen problematischen Sonderschutz durch ein 'privileium odiosum'. Es besteht die Gefahr, dass eine Gruppe in den Augen der Bevölkerung stärker geschützt erscheint als die Mehrheit, was die Wahrnehmung von Antipathie gegenüber der geschützten Gruppe verstärkt...".

Nachdem er diese und andere Thesen zitiert hatte, schloss sich Rudolf vor dem Gericht den Ansichten von Dr. Körber an, der sich für die vollständige Aufhebung des § 130 StGB aussprach und den Gedanken vertrat, dass ein „besonderer Schutz" für Juden „kontraproduktiv für sie" sein könnte, was vermieden werden sollte. Rudolf beendete diesen Teil der Rede über juristische Überlegungen mit diesen Worten:

„Sicher ist, dass meine Schriften und die von mir veröffentlichten Schriften bei objektiver Betrachtung keine „volksverhetzenden", „verunglimpfenden" oder „beleidigenden" Inhalte enthalten und auch nicht als „friedensstörend" bezeichnet werden können. Dass der Vorwurf - mangels anderer Erklärungen - solche Begriffe verwendet, zeigt nur, was er wirklich bezweckt: zu schockieren, Tabus zu schaffen und mich durch falsche Behauptungen auszugrenzen."

„Besondere Erwägungen" ist die Überschrift des dritten großen Inhaltsblocks der Verteidigungsrede vor Gericht. Darin bezog sich Rudolf auf bestimmte in der Anklageschrift enthaltene Punkte, unter anderem auf seine theoretischen Sympathien mit dem Nationalsozialismus und vor allem auf sein berühmtes Buch *„Vorlesungen über den Holocaust"*, das von allen, auch von ihm selbst, als sein Hauptwerk angesehen wird und in dem er dem Leser auf fünfhundert Seiten einen umfassenden Überblick über die revisionistische Forschung und ihre Ergebnisse in Bezug auf den Holocaust gibt. Nachdem er daran erinnert hatte, dass in der Anklageschrift die Beschlagnahme und Vernichtung des Buches gefordert wurde, und nachdem er diese Haltung mit der der Nazis selbst verglichen hatte, forderte er, dass die Mitglieder des Gerichts, bevor sie das Buch den Flammen übergeben, zumindest Kenntnis von dessen Inhalt haben sollten. Zu diesem Zweck beantragte er, das Buch während der Gerichtsverhandlung zu lesen. Das Gericht beschloss, dass die Richter das Buch unter Ausschluss der Öffentlichkeit lesen sollten, und so wurde die Verhandlung für drei Wochen unterbrochen, um den Richtern die Möglichkeit zu geben, das Buch zu lesen.

Wir werden dem vierten Block der Rede, der den Titel „Widerstand" trägt und mit Zitaten verschiedener Autoren beginnt, darunter auch Ortega y Gasset und sein Werk *La rebelión de las masas (Die Rebellion der Massen)*, noch ein paar Zeilen widmen. Ortega warnt davor, dass der Verzicht auf ein gemeinsames Leben auf der Grundlage der Kultur eine Rückkehr in den Alltag der Barbarei bedeutet. In diesem Sinne sagte Rudolf: „Dass Sie nicht versuchen, mich mit Argumenten umzustimmen, sondern im Gegenteil jede Diskussion ablehnen und versuchen, mich ins Gefängnis zu schicken, ist genau diese Rückkehr zur Barbarei". Als Hauptziel des unter anderem von Gandhi propagierten gewaltfreien Widerstands nannte er den deutschen Staat, weil er die Freiheit der friedlichen Bürger einschränkt, vor der er sich zu schützen vorgibt. Unter Berufung auf Texte maßgeblicher Intellektueller erinnerte Rudolf an die Kuba-Krise, den Vietnamkrieg, den Versuch der NATO, Atomraketen auf deutschem Boden zu stationieren, und die gesellschaftliche Ablehnung der Atomenergie als Beispiele für Widerstand bzw. zivilen Ungehorsam in der Bundesrepublik. „Im Fall des Revisionismus oder in meinem Fall", sagte er, „richtet sich der Ungehorsam oder Widerstand gegen ein verfassungswidriges Gesetz und besteht nur darin, dieses, und zwar ausschließlich dieses, bewusst zu ignorieren und zu verletzen." Rudolf berief sich zur Legitimation seines Widerstandsrechts auf ein Zitat aus dem Grundgesetz, konkret auf Artikel 20 Absatz 4: „Jeder Deutsche hat das Recht zum Widerstand gegen jeden, der diese Ordnung beseitigen will, wenn keine andere Abhilfe möglich ist." So erklärte der Angeklagte schließlich vor Gericht, er erfülle seine verfassungsmäßige Pflicht, indem er Widerstand leiste und dafür kämpfe, eine Situation zu ändern, in der der Staat ungerecht und totalitär agiere.

Germar Rudolf beendete diesen vierten Teil seiner Verteidigungsrede, indem er jede Art von gewaltsamem Widerstand strikt ablehnte, denn Gewalt erzeugt Gewalt. Er appellierte jedoch an die Kollektive und Institutionen, die in der Lage sind, die Situation zu verbessern. Insbesondere appellierte er an parlamentarische und juristische Initiativen, soziale Organisationen, Intellektuelle, die Medien und das deutsche Volk insgesamt, zur Verteidigung der Meinungsfreiheit zu demonstrieren. Was das letztgenannte Mittel des

Protestes gegen das Unrecht betrifft, so stellte er fest, dass die Abhilfe durch öffentliche Proteste sich leider als unmöglich erweise, da im April 2006, während er auf den Beginn seines Prozesses wartete, eine Demonstration in Mannheim mit der Begründung verbotener Meinungsäußerungen im Verlauf der Demonstration verboten worden sei. „Tja, wissen Sie", kommentierte Rudolf, „wenn es nicht so tieftraurig wäre, müsste man eigentlich eine Satire darüber schreiben."

Nach sieben Tagen zermürbender Sitzungen war es für Rudolf an der Zeit, vor den Richtern seine eigene „Schlussfolgerung" zu formulieren. Zunächst erinnerte er an die Grundsätze, die er als Verleger vertreten hatte, und betonte, dass keines der von ihm veröffentlichten Bücher anderen die Menschenrechte verweigert, vorgeschlagen oder gerechtfertigt habe, was nicht ausschließe, dass er Texte herausgegeben habe, mit denen er nicht einverstanden gewesen sei. Er behauptete, nach einer Idee gehandelt zu haben, die Voltaire zugeschrieben wird, der geschrieben hätte: „Ich verabscheue, was du sagst, aber ich werde dein Recht, es zu sagen, bis in den Tod verteidigen". Es scheint, dass die Zuschreibung des Zitats an Voltaire falsch ist, wie in einer Fußnote in *Resistance is Obligatory* eingeräumt wird. Wir wollen jedoch die Gelegenheit nutzen, um einen anderen Gedanken zu zitieren, der ebenfalls Voltaire zugeschrieben wird und den Rudolf vielleicht selbst verwendet haben könnte: „Um herauszufinden, wer dich beherrscht, musst du nur herausfinden, wen du nicht kritisieren kannst". Zu seinem vitalen Bedürfnis, sich in Freiheit auszudrücken, sei auf dieses Fragment der Schlussfolgerung hingewiesen:

> „Professor Faurisson sagte einmal, er sei wie ein Vogel, dessen Natur es ist zu singen. Selbst wenn man ihn in einen Käfig sperren würde, würde er immer noch singen. Und das ist auch meine Art zu sein. Es ist Teil meines Charakters, meiner Persönlichkeit, ja, es liegt mir sogar in den Genen, dass ich den Mund nicht halten kann, dass ich meine Meinung sagen muss, vor allem, wenn ich glaube, eine Ungerechtigkeit zu entdecken. In diesem Fall wird mich nichts zum Schweigen bringen. So wie ein Schwarzer nichts dafür kann, dass er schwarz ist, kann ich nichts dafür, dass ich meine Meinung sage. Dies zu bestrafen ist genauso ungerecht, wie einen Schwarzen dafür zu bestrafen, dass er schwarz ist".

Er wandte sich an den Vorsitzenden Richter Matthias Schwab und erinnerte ihn daran, dass sein pensionierter Kollege Günther

Bertram, ehemaliger Präsident des Landgerichts, in einem Artikel in der *Neuen Juristischen Wochenschrift* alle Probleme im Zusammenhang mit dem Paragraphen 130 des Strafgesetzbuches dargelegt habe. Rudolf las den Text vor dem Gericht vollständig vor, da es sich um einen Artikel eines Experten handelte, der „die Verfassungswidrigkeit des Gesetzes, nach dem er verfolgt wurde, deutlich hervorhob". Er widersprach jedoch Bertrams Meinung über die Shoah, die seiner Meinung nach das deutsche Tabu über Auschwitz rechtfertige, und widersprach auch Bundesinnenminister Wolfgang Schäuble, der das Tabu nicht nur gerechtfertigt, sondern im Gegensatz zu Bertram auch seine juristische Umsetzung unterstützt habe. Schäuble, der zweimal Innenminister war: von April 1989 bis Oktober 1991 und von November 2005 bis Oktober 2009, wurde am 28. Oktober 2009 von Angela Merkel zum Finanzminister der Bundesrepublik Deutschland ernannt, ein Amt, das er bis zum 24. Oktober 2017 innehatte. Da er eine Schlüsselfigur in der Wirtschaftspolitik der Europäischen Union ist, ist es von Interesse, den Text von Minister Schäuble zu kennen, den Rudolf vor den Richtern, die ihn verurteilten, zitierte und der in der *Frankfurter Allgemeinen Zeitung* am 24. April 1996 im Rahmen eines Austauschs mit Ignatz Bubis, dem damaligen Präsidenten des Zentralrats der Juden in Deutschland, veröffentlicht wurde:

> „Zur Frage, ob die Lüge über Auschwitz eine Straftat ist, und zum Verbot nationalsozialistischer Symbole will ich nur so viel sagen: Wir könnten an einem abstrakten Ort wunderbar darüber diskutieren, ob es rechtlich gesehen Unsinn ist oder nicht, Meinungsäußerungen zu unterdrücken. Aber das muss man tun, weil wir eben nicht an einem abstrakten Ort handeln, sondern wir haben konkrete historische Erfahrungen gemacht. Ich glaube nicht, dass diese gesetzlichen Bestimmungen bis in alle Ewigkeit Bestand haben werden; aber hier und heute ist es richtig, durch Gesetze, die man aus rein juristischen Erwägungen für problematisch halten könnte, zu sagen: Es gibt hier Grenzen und Schranken, und da hört der Spaß auf."

Rudolf fand den Text offensichtlich inakzeptabel und bezeichnete ihn als „absurde geistige Zensur". Um den pseudologischen Charakter der Argumentation zu verdeutlichen, verwendete er einen Text aus seinem 1996 erschienenen Buch *Kardinalfragen*, den er den Richtern ebenfalls vorlas:

> „Nun weiß jeder: Die Verfolgung revisionistischer Historiker findet nicht aus juristischen Gründen statt, denn Gesetze, die zur Bestrafung

anspruchsvoller Meinungen geschaffen werden, können als problematischer Unsinn bezeichnet werden. Vielmehr müssen irgendwelche angeblichen „historischen Erfahrungen" als Vorwand herhalten, um eine offene Debatte über eben diese historischen Erfahrungen zu verbieten. Oder anders formuliert:

Art. 1: Die Partei hat immer Recht.

Art. 2: Wenn die Partei nicht im Recht ist, gilt automatisch Artikel 1".

Nach dem Termin empörte sich Rudolf vor dem Gericht und erklärte, dass „die Inhaftierung dissidenter Historiker kein problematischer Unsinn, sondern ein regelrechtes Verbrechen" sei und bat die Richter, die Passagen im Strafgesetzbuch zu überprüfen, in denen von der Verfolgung Unschuldiger und von rechtswidriger Inhaftierung die Rede sei. Dann erinnerte er daran, dass der Direktor des Max-Planck-Instituts, Dr. Arndt Simon, ihm am 3. Mai 1993, nach der Veröffentlichung des *Rudolf-Berichts*, in einem persönlichen Gespräch Folgendes mitteilte:

> „Jede Epoche hat ihre Tabus. Auch wir Forscher haben die Tabus unserer Zeit zu respektieren. Wir Deutschen dürfen dieses Thema (die Vernichtung der Juden) nicht anfassen, das müssen andere tun. Wir müssen akzeptieren, dass wir, die Deutschen, weniger Rechte haben als andere.

Die Parallelen zwischen seiner Situation und der von Galileo Galilei nahmen den letzten Teil seiner Rede ein. Der eine wurde 1564 geboren, der andere vierhundert Jahre später, im Jahr 1964. Keiner von beiden konnte sein Universitätsexamen ablegen. Beide hatten zwei Töchter und einen Sohn. Beide waren Wissenschaftler und Autoren. In beiden Fällen war das Hauptwerk ein 500-seitiges Buch, das aus demselben Grund verboten, beschlagnahmt und verbrannt worden war: um ein Dogma ihrer Zeit abzulehnen, das den Unfehlbarkeitsanspruch mächtiger Gruppen untergrub. Beide waren wegen der Leugnung des Dogmas angeklagt und verurteilt worden und hatten beide ihre Freiheit verloren. Die lange Rede von Germar Rudolf endete mit den folgenden Worten:

> „Meiner Meinung nach geht es in diesem Prozess nicht wirklich um mich und meine Bücher. Dieser Prozess ist ein Wendepunkt. Hier wird sich entscheiden, ob es in Zukunft möglich sein wird, in Deutschland eine führende Position auf geistigem, kulturellem und wissenschaftlichem Niveau zu halten oder wiederzuerlangen, oder ob Deutschland auf einem

zweit- oder drittklassigen Niveau bleiben wird. Die Entscheidung darüber liegt bei Ihnen. Deshalb kann ich am Ende meiner Ausführungen nur an Sie appellieren:

Meine Herren, gebt uns die Freiheit des Denkens" (aus Schiller in *Don Carlos*)

Und in Anlehnung an Martin Luther muss ich feststellen:

Ich sage das alles; ich kann nichts anderes tun, so wahr mir Gott helfe!'

Ich danke Ihnen für Ihre Aufmerksamkeit.

Nach vierundvierzig Monaten Haft wurde Germar Rudolf am 5. Juli 2009 entlassen. Als er 2011 endlich eine „Green Card" erhielt, die uneingeschränkte Erlaubnis, zu seiner Familie in die Vereinigten Staaten zu reisen, konnte Rudolf dort *„Resistance is Obligatory"* veröffentlichen.

Horst Mahler, vom radikalen Linken zum Holocaust-Leugner

Der Fall des Rechtsanwalts Horst Mahler ist, wie der von Zündel und Rudolf, an sich schon außergewöhnlich. Mahler wurde ab 2003 verfolgt, weil er die versteckte Lüge hinter den Anschlägen vom 11. September 2001 anprangerte. Jahre später, im Jahr 2006, begannen die ersten Verurteilungen wegen der Leugnung der systematischen Vernichtung der Juden. Der heute Dreiundsiebzigjährige wurde 2009 zu sechs Jahren Gefängnis verurteilt, eine Strafe, die später auf elf Jahre verlängert wurde. Während seiner Haft, wahrscheinlich im Jahr 2010, heiratete Mahler die wesentlich jüngere Anwältin und enge Freundin Sylvia Stolz, die eine Haftstrafe verbüßte, weil sie als Verteidigerin von Ernst Zündel den Holocaust in Frage gestellt hatte. Der Zustand von Horst Mahler, der an Diabetes erkrankt war, verschlechterte sich im Gefängnis aufgrund von Bewegungsmangel, schlechter Ernährung und unzureichender medizinischer Behandlung stetig, was sein Sohn in einem offenen Brief anprangerte. Am 29. Juni 2015, kurz vor seinem achtzigsten Geburtstag, wurde er aufgrund einer Septikämie, einer schweren Infektion, die sich im ganzen Körper ausbreiten kann, in einem kritischen Zustand ins Krankenhaus eingeliefert. Um das Schlimmste zu verhindern, musste sein Fuß amputiert werden.

Horst Mahler wurde 1936 als Sohn eines Zahnarztes in Haynau/Schlesien geboren. Sein Vater, ein überzeugter

Nationalsozialist, beging Jahre nach seiner Entlassung aus amerikanischer Gefangenschaft Selbstmord. Nach dem Tod des Familienoberhaupts siedelte die Familie 1949 nach Berlin über, wo Mahler an der Freien Universität Jura studierte. Als es ihm gelang, sich selbstständig zu machen, begann er, Angeklagte aus der linken Studentenbewegung und der Außerparlamentarischen Opposition (APO) zu verteidigen. 1969 verteidigte er Andreas Baader und Gudrun Ensslin, die wegen Brandstiftung in einem Kaufhaus angeklagt waren. Anfang der 1970er Jahre sollte Horst Mahler zum Vater der RAF (Rote Armee Fraktion) werden, da er es offenbar war, der Baader und Ensslin überredete, eine „Guerilla" zu bilden. Im März 1970 verurteilte ihn das Landgericht West-Berlin wegen seiner Beteiligung an den Ausschreitungen vor dem Axel-Springer-Haus in Berlin zu zehn Monaten Haft. Er wurde auf Bewährung freigelassen, aber im Juni zu einer Geldstrafe von 75.800 Mark verurteilt, weil er dem Axel-Springer-Verlag Schaden zugefügt hatte. Daraufhin beschloss er, mit Ulrike Meinhof, Gudrun Ensslin, dem gewaltsam aus dem Gefängnis entkommenen Andreas Baader und weiteren Sympathisanten der „Rote Armee Fraktion" (RAF) nach Jordanien zu fliehen, um sich der palästinensischen Guerilla anzuschließen. Dort wollten sie sich für den bewaffneten Kampf ausbilden lassen. Am 8. Oktober 1970 tappte Mahler in eine Falle und wurde in Berlin-Charlottenburg verhaftet. Ihm wurde vorgeworfen, den gewaltsamen Ausbruch von Andreas Baader aus dem Gefängnis geplant und sich daran beteiligt zu haben.

Es ist klar, dass Horst Mahler zu diesem Zeitpunkt seines Lebens das wahre Wesen des Kommunismus noch nicht erkannt hatte und die Fälschung von Geschichte und Realität noch nicht verstanden hatte. Im Mai 1972 konnte ihm das Gericht seine Beteiligung an der Flucht von Andreas Baader nicht nachweisen und sprach ihn frei, aber er blieb wegen anderer Verbrechen in Haft. Im Oktober desselben Jahres kam es zu einem Prozess, in dem er wegen Organisation und Beteiligung an einer kriminellen Vereinigung angeklagt wurde. Am 26. Februar 1973 wurde er für die Gründung der RAF, auch bekannt als Baader-Meinhof-Bande, und für seine Beteiligung an einigen ihrer Gewalttaten verurteilt. Das Urteil von zwölf Jahren Haft wurde viel diskutiert und in juristischen Kreisen als inkonsequent angesehen. Im Juli 1974 wurde Mahler die Zulassung zur Rechtsanwaltschaft entzogen.

In diese stürmischen Jahre fiel auch der Skandal um den angeblichen Selbstmord der RAF-Führer in ihren Zellen. Andreas Baader, Gudrun Ensslin, Jan-Carl Raspe und Ulrike Meinhof waren 1972 verhaftet worden. Meinhof, die im Prozess gegen Horst Mahler ausgesagt hatte, war mit sehr harten Haftbedingungen konfrontiert: Nach ihrer Verhaftung verbrachte sie 236 Tage in totaler Isolation. Nach zweijährigen Vorverhandlungen wurde sie am 29. November 1974 zu acht Jahren Haft verurteilt. Am 19. August 1975 wurden Meinhof, Baader, Ensslin und Raspe gemeinsam wegen vierfachen Mordes, vierundfünfzigfachen Mordversuchs und Bildung einer kriminellen Vereinigung angeklagt. Noch vor Ende des Prozesses, am 9. Mai 1976, wurde Ulrike Meinhof tot in ihrer Zelle im Gefängnis Stammheim aufgefunden: Sie hatte sich angeblich erhängt. Auf Ersuchen ihres Anwalts versuchte eine internationale Untersuchungskommission 1978, Zugang zum ersten Autopsiebericht zu erhalten, was die Behörden jedoch ablehnten. Die internationale Kommission stellte in ihrem Bericht fest, dass „die ursprüngliche Behauptung, Meinhof habe Selbstmord begangen, keine Grundlage hatte". Am 18. Oktober 1977 wurden auch Andreas Baader und Jan-Carl Raspe mit Schussverletzungen tot in ihren Zellen aufgefunden, während Gudrun Ensslin sich mit einem Seil aus Lautsprecherdraht erhängt hatte.

Mit diesem Überblick über den Freundeskreis von Horst Mahler können wir uns nun dem Wandel zuwenden, der ihn zu einem hartnäckigen Holocaust-Leugner machen sollte. Im Juli 1979 wurde Mahler für den Rest seiner Strafe ein offenes Regime zugestanden, und schließlich wurde er im August 1980, nach zehn Jahren Haft, auf Bewährung entlassen, nachdem er den Terrorismus verurteilt und öffentlich erklärt hatte, dass er die Methoden der RAF ablehne. Interessanterweise war sein Anwalt Gerhard Schröder, der spätere Bundeskanzler der Bundesrepublik Deutschland. Im Jahr 1987 wurde sein Antrag auf Wiederzulassung abgelehnt, doch dank Schröders guter Arbeit wurde die Angelegenheit 1988 erneut geprüft und er erhielt seine Rechte als Rechtsanwalt zurück.

In den folgenden zehn Jahren erfuhr Horst Mahlers Denken einen tiefgreifenden Wandel. Bereits 1997 hatte sich seine politische Ideologie geändert. Einer der Menschen, die seine Entwicklung am meisten beeinflussten, war Günter Rohrmoser. Am 1. Dezember 1997 hielt Mahler auf der Feier zu Rohrmosers siebzigstem Geburtstag eine

Rede, in der er anprangerte, dass Deutschland ein besetztes Land sei und sich aus der Schuldsklaverei befreien müsse, um seine nationale Identität wiederherstellen zu können. Ein Jahr später veröffentlichte er in der Wochenzeitung *Junge Freiheit* einen Artikel mit dem Titel „Zweite Steinzeit", in dem er seinen Übertritt zur völkischen Ideologie (antimaterialistischer romantischer Idealismus, der auf den Begriffen Volk, Vaterland, Blut und Tradition beruht) erklärte. Im Jahr 2000 trat er in die Nationaldemokratische Partei Deutschlands (NPD) ein, deren Anhänger er wurde.

Bereits im März 2001 wurde er mit revisionistischen Ideen in Verbindung gebracht. Ein Beweis dafür ist die Teilnahme an einer Konferenz mit dem Titel „Revisionismus und Zionismus", die vom 31. März bis 3. April 2001 in Beirut stattfand. Horst Mahlers Name tauchte unter Rednern wie Robert Faurisson, Frederick Töben, PhD, Direktor des Adelaide Institute in Australien, Mark Weber, Direktor des IHR, Henri Roques, Autor der Doktorarbeit über Gersteins „Bekenntnisse", Oleg Platonov, russischer Historiker, und Roger Garaudy, französischer Philosoph, der wie Mahler aus dem marxistischen Lager stammt und 1998 von einem Pariser Gericht zu einer Geldstrafe von 45.000 Dollar für die Veröffentlichung von Gersteins „Bekenntnissen" verurteilt worden war, auf.45.000 Dollar für die Veröffentlichung von *„The Founding Myths of the State of Israel"*. Drei der einflussreichsten jüdischen Organisationen - der Jüdische Weltkongress, die Andifamation League (ADL) und das Simon Wiesenthal Center - setzten sich mit Unterstützung der US-Regierung und einiger Kongressabgeordneter bei der libanesischen Regierung für ein Verbot des Treffens ein. Vorhersehbarerweise hatten die „Freunde" der Rede- und Gedankenfreiheit mit ihrem Vorhaben Erfolg und die libanesischen Behörden gaben neun Tage vor Beginn der Konferenz bekannt, dass diese abgesagt wurde.

Wie bereits erwähnt, begann Mahlers Verfolgung in Deutschland, weil er die Anschläge vom 11. September 2001 anprangerte. Im Jahr 2003 wurde er wegen „Störung der öffentlichen Ordnung" und „Volksverhetzung" angeklagt. Mahler sagte vor Gericht aus, dass es nicht wahr sei, dass Al-Qaida etwas mit den Anschlägen zu tun habe. Im Jahr 2004 wurde er wegen der Verbreitung von Videos und anderen Dokumenten, die den Holocaust leugnen, angeklagt. Im Jahr 2006 zogen die deutschen Behörden seinen Reisepass ein, um ihn an der Teilnahme an der „International

Conference for the Global Review of the Holocaust" in Teheran zu hindern, über die wir mehr berichten werden, wenn wir die Verfolgung von Professor Faurisson behandeln. Im Jahr 2007 wurden neue Anschuldigungen gegen ihn erhoben, nachdem er am 4. Oktober im Kempinski Hotel am Münchner Flughafen ein langes Interview für die Zeitschrift *Vanity Fair* gegeben hatte. Es wurde am 1. November 2007 veröffentlicht, und der Autor des Interviews, Michel Friedman, ehemaliger Vizepräsident des Zentralrats der Juden in Deutschland, denunzierte Mahler mit der Begründung, er habe ihm einen Hitlergruß gemacht und „Heil Hitler, Herr Friedman! Friedman stellte den Interviewten als einen verrückten Nazi dar, der die deutsche extreme Rechte mit seinen antisemitischen Theorien inspiriere und der das Verbot der NPD verhindert habe, als er deren Anwalt war. Während des Interviews sagte Mahler dem jüdischen Journalisten, dass die angebliche Vernichtung der Juden in Auschwitz eine Lüge sei. Aufgrund der Anzeige von Friedman wurde Mahler am 23. November 2007 zu sechs Monaten Haft ohne Kaution verurteilt.

Im Februar 2009 berichtete die internationale Nachrichtenagentur Associated Press, dass Horst Mahler, ein 73-jähriger Neonazi, der 1970 die Rote Armee Fraktion, eine linksextreme Terrorgruppe, gegründet hatte, zu sechs Jahren Gefängnis verurteilt worden war. Ihm wurde vorgeworfen, Holocaust-Leugnungsvideos im Internet veröffentlicht und CDs verteilt zu haben, die zu antijüdischem Hass und Gewalt aufriefen. Mahler, der aufgrund seiner Erfahrung als Anwalt wusste, dass er vom Gericht nichts zu erwarten hatte, verschwendete während des Prozesses keine Zeit, um sich zu entschuldigen oder eine Strafmilderung zu erwirken, sondern begann seine Intervention mit der Einreichung einer Klage gegen sich selbst. Als Richter Martin Rieder, der dem Gericht in München vorstand, ihn hörte, bezeichnete er seine Worte als „nationalistisches Gequäke". Laut Associated Press warf Richter Rieder ihm vor, „das Gericht zu benutzen, um seine Hassbotschaft zu verbreiten". In seiner einstündigen Rede bekräftigte Mahler, dass „der Holocaust die größte Lüge der Geschichte" sei, und fand bewundernde Worte für den englischen katholischen Bischof Richard Williamson, der kürzlich in einem Interview im schwedischen Fernsehen die Vernichtung der Juden geleugnet hatte.

Rieder war über die Arroganz und den Trotz Mahlers so empört, dass er in seinem Urteil vom 21. Februar 2009 die Strafe um ein Jahr über das gesetzliche Höchstmaß von fünf Jahren erhöhte. Zur Begründung erklärte der Richter, der Angeklagte sei „stur und nicht umerziehbar". Das Simon-Wiesenthal-Zentrum in Jerusalem erklärte zu dem Urteil: „Es unterstreicht die Botschaft, dass es keine Toleranz für die Leugnung des Holocausts gibt, und erinnert die Gerichte ernsthaft daran, dass sie sich nicht von Leugnern benutzen lassen dürfen, um ihre Lügen zu verbreiten." Drei Wochen später, am 11. März 2009, verlängerte ein Potsdamer Gericht das Urteil um vier Jahre und neun Monate, was angesichts des fortgeschrittenen Alters Mahlers einer lebenslangen Haftstrafe gleichkam. Erneut hatte Mahler den Holocaust geleugnet und viele der Deutschland zugeschriebenen Kriegsverbrechen in Frage gestellt.

Horst Mahler hatte sich entschlossen, vor dem Münchner Gericht Anklage gegen sich selbst zu erheben, um ein Zeichen für die sich in Deutschland formierende Bewegung des zivilen Ungehorsams zu setzen. Viele seiner Unterstützer waren sich jedoch darüber im Klaren, dass er außerhalb des Gefängnisses nützlicher wäre. „Warum tust du das?", hatten sie ihn gefragt, ohne zu verstehen, was sie missbilligten. Um ihnen zu antworten, gelang es Mahler, vor seiner Inhaftierung einen Text für die öffentliche Meinung zu schreiben. Darin, der als eine Art politisches Testament gilt, versuchte er deutlich zu machen, dass es nicht nur um das Recht auf Meinungsäußerung, sondern auch um das Recht auf Überleben geht:

> „Wenn man wie ich erkennt, dass die Religion des Holocausts die Hauptwaffe für die moralische und kulturelle Zerstörung der deutschen Nation ist, dann wird klar, dass es um nicht mehr und nicht weniger geht als um das kollektive Recht auf Selbstverteidigung, d.h. um das Recht Deutschlands zu überleben. Glaubt die Welt wirklich, dass wir Deutschen uns als Volk unterwürfig vernichten lassen, dass wir passiv zulassen, dass unser nationaler Geist kampflos ausgelöscht wird? Welcher Jurist kann schon behaupten, dass Selbstverteidigung ein krimineller Akt ist? Als Volk und als kollektive Einheit haben wir eine nationale und geistige Natur. Der sicherste Weg, Deutschland als geistiges Gebilde zu vernichten, ist die Zerstörung unserer nationalen Seele und unserer Identität, so dass wir nicht mehr wissen, wer oder was wir sind. Die Zerstörung unserer nationalen Seele ist genau das Ziel unseres Feindes, der von uns verlangt, dass wir sein Holocaust-Dogma unhinterfragt akzeptieren und aufhören zu betonen, dass sein phantastischer Holocaust nie stattgefunden hat. Dafür gibt es keine Beweise! Wenn wir erst einmal begriffen haben, dass wir von der Vernichtung bedroht sind, werden wir keinen Zweifel mehr daran haben, wer unser Feind ist: Es ist der alte

Völkermörder. Wenn wir das verstanden haben, werden wir seine Lügen und Falschdarstellungen nicht mehr passiv hinnehmen."

Wie man sieht, rief Mahler entschlossen zum Widerstand als existenzielle Notwendigkeit für Deutschland auf. Ein Teil des Textes war der Erläuterung des jahrelangen bewaffneten Kampfes der Roten Armee Fraktion (RAF) gewidmet. Mahler erklärte, dass er und seine Kameraden damals gegen „das System" kämpfen wollten und dass sie glaubten, was „das System" ihnen in den Schulen über den Holocaust beigebracht hatte. Er gibt zu, dass sie sogar die von den Amerikanern verbreitete antideutsche Propaganda „gekauft" haben. Zu dieser Erkenntnis gelangte er 2001, als er als Anwalt Frank Rennicke verteidigen musste, einen patriotischen Liedermacher, der wegen Holocaust-Leugnung angeklagt und verurteilt worden war. Mit der Übernahme von Rennickes Verteidigung begann er eine Untersuchung, die ihn auf den Weg zu einem neuen Verständnis der historischen Fakten brachte. Sehen wir uns einen weiteren Auszug aus Mahlers politischem Testament an:

> „Es ist klar, dass die Sieger oder der Sieger des Zweiten Weltkriegs (der einzige wirkliche Sieger war das internationale Judentum) große Anstrengungen unternommen haben, um sicherzustellen, dass die Grundlage der jüdischen Herrschaft, in erster Linie der religiöse Kult des Holocaust, rechtlich unwiderlegbar sein würde. Dies war ihr Ziel, als sie die Bundesrepublik schufen, und es ist klar, dass der Oberste Gerichtshof schon vor langer Zeit eine Rechtsprechung übernommen hat, die darauf ausgerichtet ist, den Holocaust aufrechtzuerhalten. Der Auftrag, den Holocaust zu schützen, liegt sowohl dem Grundgesetz als auch der Bundesrepublik zugrunde. Dies ist die Grundlage für die Beherrschung Deutschlands durch seine Feinde. Der deutsche Außenminister Joschka Fischer hat dies sehr deutlich gemacht, als er den Holocaust und die Unterstützung Israels als die Daseinsberechtigung der Bundesrepublik bezeichnete."

In seinen Schriften appellierte Mahler an seine Landsleute, Widerstand zu leisten und den Stolz auf das Deutschsein wiederzuerlangen. Er bekräftigte seine Überzeugung, dass das, was er getan hatte, das Beste war, was er tun konnte, und räumte ein, dass er, allein kämpfend und auf sich selbst angewiesen, nichts anderes tun konnte als „die Wahrheit immer wieder zu wiederholen", da er im Internet ein Versprechen hinterlassen hatte, dass er „niemals aufhören würde, diese Wahrheit zu wiederholen". Was die elf Jahre Gefängnis angeht, die ihm bevorstehen, räumte er ein, dass mit seinen dreiundsiebzig Jahren alles möglich sei, was er mit einem Satz aus dem Matthäus-Evangelium begründete: „Wer nicht bereit ist, sein Kreuz auf sich zu nehmen, ist meiner nicht würdig." Mahler zeigte schließlich seine Hoffnung auf die Kraft und Stärke der Kirche. Obwohl er beklagte, dass ihre Führung von den Juden korrumpiert und unterminiert worden sei, war er zuversichtlich, dass sie „der Fels sein könnte, an dem das Schiff der großen Lüge zerschellen und untergehen könnte." Der Text endete mit der Überzeugung, dass nur die Wahrheit die Freiheit bringen werde:

> „Ich wollte ein Beispiel geben. Ich habe oft gesagt, dass unsere Revolution die einfachste ist, die je gemacht werden konnte. Wir brauchen nur ein paar Tausend Menschen, die aufstehen und die Wahrheit klar aussprechen, wie Bischof Williamson es getan hat und wie ich es versucht habe, zusammen mit anderen, die verfolgt wurden, weil sie die Wahrheit gesagt und die *Vorlesungen* von Germar Rudolf *über den Holocaust* verbreitet haben. Der endgültige Sieg der Wahrheit ist unvermeidlich, ebenso wie die Niederlage des globalen zionistischen Imperiums."

Wenn man die absolute Kontrolle von Nationen und Völkern durch die Wirtschaft, die Medien und kooptierte Politiker betrachtet und sieht, was in den Gerichten in Deutschland und anderen europäischen Ländern geschieht, erscheint die Idee einer Revolution, der „einfachsten aller Zeiten", von Tausenden von Menschen, die die Wahrheit herausschreien, nicht richtig. Man muss zugeben, dass die Gerichte eines Landes nur mit absoluter Macht gezwungen werden können, so zu verfahren, wie es in der Bundesrepublik Deutschland geschieht. Wie auch immer man es betrachtet, es ist abartig, wenn ein Angeklagter vor Gericht sagt, dass er nicht lügt, dass er Beweise dafür hat, dass er die Wahrheit sagt, dass er sie zeigen will, und wenn die Richter antworten, dass sie diese Beweise nicht sehen wollen, weil er den Holocaust geleugnet hat. Die Perversion erreicht wahnwitzige Ausmaße, wenn man bedenkt, dass der Verteidiger, wenn er versucht zu beweisen, dass sein Mandant die Wahrheit sagt, gewarnt wird, dass sein Handeln illegal ist, dass er entmündigt wird und dass er ins Gefängnis kommt. Der Richter, der Sylvia Stolz die Verteidigung von Ernst Zündel entzog, sagte ihr, er könne verstehen, dass ein Angeklagter sich so verhalte, wie Zündel es getan habe, aber es sei dann die Pflicht des Anwalts, seinem Mandanten zu sagen, dass das, was er tue, illegal sei. Das ist die monströse Formel für Holocaust-Justiz.

Zwei Jahre nach der Inhaftierung von Horst Mahler organisierten Kevin Käther, ein junger deutscher Revisionist, der seinem Beispiel folgen wollte, und sein Anwalt Wolfram Nahrath eine Demonstration vor dem Gefängnis in Brandenburg, etwa achtzig Kilometer von Berlin entfernt, wo Mahler inhaftiert war. Ziel war es, seine Freilassung, die von Sylvia Stolz und die Aufhebung des Paragraphen 130 des Strafgesetzbuches zu fordern. Auch Käther hatte sich vor Gericht schuldig bekannt und war, obwohl er 2010 zu 20 Monaten Haft verurteilt worden war, überraschend auf Bewährung freigelassen worden. Am 26. März 2011 versammelten sich rund dreihundert Menschen auf dem Gefängnisparkplatz, darunter Revisionisten, die aus Frankreich, Belgien, Großbritannien, Österreich, der Schweiz, Japan und anderen Teilen Deutschlands angereist waren.

Rechtsanwalt Nahrath wandte sich an die Demonstranten, um ihnen mitzuteilen, dass die Veranstaltung von 12.00 Uhr bis 16.00 Uhr genehmigt sei, und verlas dann einen bewegenden Text, in dem er Mahler als Idealisten und Freiheitskämpfer bezeichnete. Anschließend verlas er einen bewegenden Text, in dem er Mahler als Idealisten, als Freiheitskämpfer bezeichnete. Wolfram Nahrath prangerte die Scheinheiligkeit der so genannten Demokratien an, die die Unterdrückung der Menschenrechte in China verurteilen, während sie ihre eigenen Dissidenten wegen Gedankenverbrechen inhaftieren. Als Beispiel für die Doppelmoral erinnerte er daran, dass der Friedensnobelpreis an den chinesischen Dissidenten Liu Xiaobo verliehen wurde, während Horst Mahler eine unmenschliche Strafe für einen Mann seines Alters verbüßte. Dr. Rigolf Hennig und Ursula Haverbeck, beide von der Europäischen Aktion, sprachen ebenfalls. Haverbeck, die kürzlich zu achtzehn Monaten Haft verurteilt wurde, obwohl sie fast neunzig Jahre alt ist, sagte mit außerordentlicher Klarheit, dass Deutschland „tief verwundet" worden sei und dass die BRD (Bundesrepublik Deutschland) „nicht der Staat des deutschen Volkes" sei. Der britische Politiker Richard Edmonds sprach im Namen einer Gruppe britischer Revisionisten und bezeichnete das, was nicht nur in Deutschland, sondern in der Europäischen Union geschehe, als „skandalös" und „zynisch". Als letzte Rednerin ergriff Lady Michèle Renouf, ein bekanntes englisches revisionistisches Model, das die Website *Jailing Opinions* betreibt, das Wort.

Im Januar 2013 hatte Horst Mahler im Gefängnis ein Buch fertiggestellt, das nie veröffentlicht werden wird, das aber auf Deutsch im PDF-Format gelesen werden kann: *Das Ende der Wanderschaft. Gedanken über Gilad Atzmon und die Judenheit"*. Das Werk entstand nach der Lektüre eines Buches, das ein Freund dem Gefängnis geschickt hatte: *The Wandering Who?*, ein 2011 veröffentlichtes Werk von Gilad Atzmon, einem antizionistischen jüdischen Dissidenten, der in London im Exil lebt[4]. Mahlers Buch bestand aus einer Reihe historischer Betrachtungen zum Inhalt von Atzmons Buch, dem er im Vorwort vom 3. Januar 2013 herzlich für seine Ehrlichkeit und seinen Mut dankte: „Möge Gott ihm ein langes Leben, Gesundheit und Schaffenskraft schenken. Die Welt braucht Gilad Atzmon - und wissen Sie: Es braucht nicht nur einen Gilad Atzmon, sondern viele Gilad Atzmons. Zwei Jahre später, am 11. Juni 2015, setzte die Bundesprüfstelle für jugendgefährdende Medien das Buch von Horst Mahler auf die Liste der jugendgefährdenden Bücher. Zu den Personen, die am 11. Juni um 11.30 Uhr vor dem Vorstand der Behörde erschienen, um dafür zu plädieren, Mahlers Werk nicht zu verbieten, gehörten der Pfarrer Friedrich Bode und Gerard Menuhin, Sohn des berühmten jüdischstämmigen Geigers Yehudi Menuhin und

---

[4] Wir könnten einen langen Artikel über Gilad Atzmon schreiben, denn er verdient es, bekannt und anerkannt zu werden. Der 1963 in Tel Aviv geborene Gilad Atzmon erlebte den Libanonkrieg 1982 als Tsahal-Soldat und wurde ein Freund des palästinensischen Volkes und ein Aktivist für dessen Sache. Im Jahr 1994 emigrierte er nach Großbritannien und nahm 2002 die britische Staatsbürgerschaft an. Nach seinem Philosophiestudium an der Universität von Essex wurde er durch seine Aktivitäten als Jazz-Saxophonist bekannt. Wegen seiner Kritik am Zionismus und seiner revisionistischen Ansichten zum Holocaust gilt er als Antisemit, und viele seiner zionistischen Gegner werfen ihm vor, „ein Jude zu sein, der sich dafür hasst, Jude zu sein". Seine Diskografie umfasst inzwischen mehr als ein Dutzend Titel, darunter die 2004 erschienene CD *Exile*, die von der BBC zum Album des Jahres gekürt wurde. Es ist ein bewegendes Werk, in dem sich fast alle Titel, darunter *Jenin*, *Al Quds* und *Land of Canaan*, auf das Leiden des palästinensischen Volkes beziehen. Zwei Palästinenser, der Musiker Dhafer Youssef und die Sängerin Reem Kelani, haben zusammen mit Gilad Atzmon an diesem Album gearbeitet. Bevor er *The Wandering Who* veröffentlichte, hatte Atzmon bereits zwei andere Bücher geschrieben. Das vorliegende Werk ist eine Untersuchung der zeitgenössischen jüdischen Identitätspolitik und Ideologie. Zu den zahlreichen Themen, die kritisch beleuchtet werden, gehören der Hass jüdischer Rassisten auf Nichtjuden und die Rolle, die die Religion beim Holocaust spielte.

Autor des Buches *Tell the Truth and Shame the Devil*, in dem er den Holocaust für eine große historische Lüge hält.

Ende Juni 2015, nur wenige Tage nach dem Verbot des Buches, schrieb Horst Mahlers Sohn Axel Mahler einen Brief an den Pfarrer Friedrich Bode, um ihm mitzuteilen, dass sein Vater in einem kritischen Zustand auf der Intensivstation liege. Vier Jahre waren seit der Demonstration in Brandenburg für Horst Mahler vergangen, und die „Revolution von Tausenden, die die Wahrheit herausschreien", hatte immer noch nicht stattgefunden. Den deutschen Behörden, die auch nichts von der verzweifelten Gefängnissituation des revisionistischen Dissidenten wussten, bedeuteten ein paar Hundert natürlich nichts. Axel Mahler erklärte Bode in seinem Brief, dass die Zuckerkrankheit seines Vaters nicht angemessen behandelt worden sei und dass er an einer schweren Infektion leide, die ihn um sein Leben fürchten lasse. Deshalb erwäge man, „rechtliche Schritte gegen die Justizbehörden wegen seiner Inhaftierung einzuleiten".

Am 4. Juli 2015 schrieb Ursula Haverbeck an Prof. Dr. Andreas Voßkuhle vom Bundesgerichtshof und forderte ihn in einem sehr strengen und kritischen Ton auf, das Leiden des Juristen und Philosophen Horst Mahler zu berücksichtigen und die deutsche Justiz nicht länger dem Diktat Israels, vertreten durch den „Zentralrat der Juden in Deutschland", zu unterwerfen. Mit großem Mut und Risikobereitschaft bezeichnete sie den Holocaust als „die größte und hartnäckigste Lüge der Geschichte" und schrieb: „Ein Untat ohne Tatort ist keine Tatsache". Abschließend plädierte Ursula Haverbeck für schnelles Handeln, bevor es zu spät sei. Am 14. Juli 2015 meldete die Presse, dass Horst Mahler der linke Fuß amputiert worden war und dass er sich nach der Operation in einem stabilen Zustand befand. Nach der Operation blieb Mahler inhaftiert. Zunehmend verzweifelt, entschloss er sich schließlich im Oktober 2015, in einem verzweifelten Brief um Hilfe zu bitten:

> „Liebe Freunde, lange Zeit habe ich gezweifelt, ob ich um Hilfe bitten soll. Aber jetzt ist mein Leben in Gefahr. Mein linkes Bein wurde amputiert und die Ärzte versuchen, weitere Amputationen zu verhindern. Endlich hat sich ein Anwalt bereit erklärt, mich vor Gericht zu verteidigen. Da ich jedoch finanziell ruiniert bin, kann ich ihn mir nicht leisten. Außerdem muss der Vollzug meiner Bewährung finanziert werden. Sollte ich aus dem Gefängnis entlassen werden, wären einige

Renovierungsarbeiten an meinem Haus erforderlich, um das Leben eines Invaliden zu ermöglichen.

Bitte helfen Sie mir, ich danke Ihnen im Voraus!

Horst Mahler".

Wenige Tage nach der Veröffentlichung dieser Petition veröffentlichten einige Medien am 6. Oktober 2015 die Nachricht, dass Horst Mahler, der bald achtzig Jahre alt wurde, aus dem brandenburgischen Gefängnis entlassen wurde, wo er fast sieben Jahre lang wegen eines Gedankenverbrechens inhaftiert war.

Am 6. April 2017 erhielt Mahler im Alter von 81 Jahren die Mitteilung der Staatsanwaltschaft, dass er am 19. April zur Verbüßung der restlichen dreieinhalb Jahre (1.262 Tage) seiner Strafe ins Gefängnis zurückkehren werde. Angesichts dieser Aussicht hielt Horst Mahler am 16. April einen Vortrag, in dem er zum letzten Mal das jüdische Komplott anprangerte. Nachdem er ein kurzes Video aufgenommen hatte, in dem er erklärte, warum er nicht ins Gefängnis zurückkehren wolle, traf er am 19. April eine riskante Entscheidung: Er floh in das Ungarn von Viktor Orbán, um „Asyl in einem souveränen Staat" zu suchen. Dort wurde er am 15. Mai in Sopron verhaftet. Die Budapester Staatsanwaltschaft berief sich auf einen Europäischen Haftbefehl, um die Verhaftung zu rechtfertigen. Am 6. Juni ordnete ein Budapester Gericht seine Auslieferung an, und eine Woche später setzte ihn die Polizei des „souveränen Staates" in ein Flugzeug nach Deutschland. Wie wir aus einem Bericht von Frau Michèle Renouf erfahren haben, war Mahler Ende Oktober 2018 in Lebensgefahr. Nachdem er in seiner Zelle zusammengebrochen war, wurde er mit einer Lungenentzündung und einem Nekroseprozess in die Haftabteilung des Städtischen Krankenhauses Brandenburg eingeliefert.

Sylvia Stolz, die kompromisslose Anwältin

Was mit der Anwältin Sylvia Stolz geschah, ist im Laufe der Schilderung der Schicksale von Zündel und Mahler deutlicher geworden. Auf jeden Fall ist das, was dieser mutigen Frau widerfahren ist, einen eigenen Platz in unserer *Outlaw History* wert. Wir beginnen ihr unglückliches „Abenteuer" im Dezember 2005, als sie als Verteidigerin im Prozess gegen Dr. Rigolf Hennig auftrat, einen Oberstarzt der Reserve, dem vorgeworfen wurde, in der von ihm selbst herausgegebenen Zeitung „*Reichsboten*" die „Bundesrepublik" verunglimpft zu haben. Hennig wurde vorgeworfen, die Legitimität der Bundesrepublik zu leugnen. Am Montag, den 12. Dezember, bedrohte Staatsanwalt Vogel in arroganter Weise die Verteidigerin Sylvia Stolz. Vogel warnte sie, dass sie, wenn sie ihre Verteidigung fortsetze, Gefahr laufe, wegen Volksverhetzung und Verachtung der „Bundesrepublik" angeklagt zu werden, und dass er nicht zögern werde, sie zu verfolgen. Statt sich einschüchtern zu lassen, bedankte sich die Anwältin bei Vogel, denn, so sagte sie ihm, „durch seine Haltung bestärkt er seine These, dass der Prozess ein Schauprozess sei". Stolz vertrat die Ansicht, dass nicht deutsches Recht, sondern der Wille einer ausländischen Macht angewandt werde.

Im Laufe des Prozesses, der sich bis fast Ende Dezember 2005 hinzog, bewies Sylvia Stolz lobenswerte Kompetenz, indem sie Texte von jüdischen Intellektuellen wie Harold Pinter, der gerade den Nobelpreis für Literatur erhalten hatte, und Gilad Atzmon, den wir bereits vorgestellt haben, zitierte. Atzmon hatte gerade am 2. Dezember 2005 in Bochum einen Vortrag gehalten, in dem er öffentlich erklärt hatte, die Geschichte des Zweiten Weltkriegs und des Holocausts sei „eine von den Amerikanern und den Zionisten initiierte absolute Fälschung". Stolz zitierte auch Texte aus Germar Rudolfs *Vorlesungen über den Holocaust* und sagte voraus, dass dieses Werk „die Holocaust-Religion im Keim ersticken" werde. Am Ende wurde Dr. Hennig wegen Verunglimpfung der Bundesrepublik zu sechs Monaten Gefängnis verurteilt.

Fast zeitgleich mit dem Prozess gegen den Sanitätsoberst Rigolf Hennig hatte das Mannheimer Gericht, das Ernst Zündel verhandeln sollte, bereits mit vorbereitenden Vorverhandlungen begonnen. Sylvia Stolz, deren Erfahrung und Sachkenntnis in Fragen des Nationalismus und der Verfolgung von Revisionisten bekannt war, gehörte zu dem Team von Anwälten, das für die Verteidigung von Zündel ausgewählt worden war und zu dem auch Jürgen Rieger und der Österreicher Herbert Schaller gehörten. Sylvia Stolz wurde von dem Rechtsanwalt Horst Mahler unterstützt. Die erste Anhörung fand am Dienstag, dem 8. November 2005, statt. Mehr als dreißig Journalisten und etwa achtzig Zündel-Anhänger, darunter einige aus Kanada, Frankreich, dem Vereinigten Königreich und der Schweiz, versammelten sich im Mannheimer Gerichtsgebäude, das für seine antirevisionistische Euphorie bekannt ist.

Kaum hatte der Vorsitzende Richter Ulrich Meinerzhagen Name, Geburtsdatum, Beruf und Anschrift des Angeklagten verkündet, ging er auf das Anwaltsteam von los, um die Verteidigung anzugreifen. Er verlas das Urteil eines Berliner Amtsgerichts, das Horst Mahler die Ausübung seines Berufs untersagt hatte. Meinerzhagen zitierte ausgiebig aus Mahlers revisionistischen Äußerungen und Kommentaren zur Judenfrage und zum Reich. Er verlangte daraufhin, ihn als Assistenten von Rechtsanwalt Stolz abzulösen, der sofort darauf hinwies, dass es dafür keinen Grund gäbe. Der Richter beharrte darauf, dass er Mahlers Einfluss auf die Verteidigung als beträchtlich einschätzte, worauf Stolz antwortete, dass es ihm überlassen sei, welche Schriften er zu seiner Verteidigung heranziehe, und dass dies allein in seiner Verantwortung liege. Der Richter drohte, Mahler gewaltsam zu entfernen und einen Tag in Haft zu nehmen. Rechtsanwalt Rieger ergriff daraufhin das Wort und erklärte dem Richter, dass solche Angriffe auf die Verteidigung nicht einmal im Gulag vorkommen. Sylvia Stolz beharrte darauf, dass sie auf den Beistand von Rechtsanwalt Mahler nicht verzichten würde, doch ohne weitere Worte befahl der Richter den Polizisten, ihn abzuholen. Als Stolz sah, dass sie nichts mehr tun konnte, entschied sie sich, ihren Assistenten selbst zu entfernen, was es ihr ermöglichte, im Publikum zu sitzen, das sichtlich schockiert war. Meinerzhagen drohte daraufhin, den Saal zu räumen.

Es folgten weitere einschüchternde Warnungen an das Anwaltsteam: Der vorsitzende Richter machte deutlich, dass jede „Aufstachelung zum Hass" mit aller Härte verfolgt würde, und drohte den Anwälten direkt mit der Anwendung von Paragraph 130 des Strafgesetzbuchs. Dann wies er darauf hin, dass er „pseudowissenschaftliche Ansichten nicht anhören werde, da der Holocaust eine historisch belegte Tatsache sei". Diese Aussage löste einen Aufschrei und Gelächter im Publikum aus. Doch damit war es nicht getan, denn Richter Meinerzhagen hatte sich gerade erst warmgelaufen. Er ging sofort wieder zum Angriff über und sagte, er sei sich nicht sicher, ob Sylvia Stolz für Zündels Verteidigung geeignet sei, da sie sich wahrscheinlich der Verletzung des Paragraphen 130 schuldig machen würde. Zündel machte deutlich, dass er sich von Frau Stolz vertreten lassen wolle. Das Gericht beschloss daraufhin, die Sitzung zu vertagen, um über die Angelegenheit zu beraten.

Nach eingehender Beratung hob das Gericht die Bestellung von Stolz als Zündels erstem Anwalt auf. Dr. Meinerzhagen fügte dann hinzu, dass auch Jürgen Rieger kein geeigneter Anwalt für den Angeklagten sei, da seine revisionistischen Ansichten bekannt seien und zu befürchten sei, dass er in dieser Sache unangemessen vorgehen würde. Um das gesamte Verteidigungsteam zu Wort kommen zu lassen, wandte sich der Richter dann an Dr. Schaller, den er aufgrund seines Alters, das keine Gewähr für seine Eignung biete, ebenfalls für ungeeignet hielt. Jedem wurde klar, dass der vorsitzende Richter die Absicht hatte, das hervorragende Anwaltsteam von Ernst Zündel zu eliminieren, um andere seiner Wahl zu ernennen. Natürlich versuchten die Anwälte, sich nicht einschüchtern zu lassen. Nachdem Sylvia Stolz als Zündels Hauptverteidigerin gerügt worden war, fragte Richter Meinerzhagen, wie der Angeklagte den Fall zu lösen gedenke. Zündel erklärte, dass er auf seinen dritten Wahlverteidiger (Ludwig Bock, der bei der Verhandlung nicht anwesend war) verzichten und Sylvia Stolz seinen Platz einnehmen würde[5]. Bei dieser Gelegenheit wurde die Mittagspause als Vorwand genutzt, um die Sitzung zu unterbrechen.

Am Nachmittag verlas Rechtsanwalt Rieger einen Text, in dem er das Gericht aufforderte, die diskriminierende Haltung aufzugeben. Im Anschluss daran erklärte Sylvia Stolz, dass der Verteidigung öffentlich gedroht werde, nichts vom Gericht Verbotenes zu sagen, und dass dies eine Unverschämtheit sei, die nur das Ergebnis eines kranken Geistes sein könne. Stolz beantragte daraufhin, die Öffentlichkeit von künftigen Sitzungen auszuschließen, da das Gericht damit drohe, die Verteidigung wegen Verstoßes gegen Paragraph 130 des Strafgesetzbuches zu belangen (dieser Paragraph ist nur anwendbar, wenn die „Straftat" in der Öffentlichkeit begangen

---

[5] Da wir keine Juristen sind, sind wir nicht befugt, die Funktionsweise der deutschen Gerichte zu erklären. Es scheint jedenfalls so zu sein, dass das deutsche Recht vor den Landgerichten vorschreibt, dass der Angeklagte einen Anwalt mit besonderen, vom Gericht genehmigten Befugnissen hat und drei weitere Anwälte seiner Wahl haben kann. Im Fall des Prozesses gegen Ernst Zündel war es Sylvia Stolz, die über diese besonderen rechtlichen Befugnisse verfügte, die vom vorsitzenden Richter außer Kraft gesetzt wurden.

wird. Durch den Ausschluss der Öffentlichkeit wollte die Verteidigung „verbotene Gedanken" vor dem Gericht äußern können, ohne eine Strafverfolgung zu riskieren). Der Anwalt fügte hinzu, wenn das Gericht die Öffentlichkeit der Verhandlung wünsche, bestehe für das Verteidigungsteam die große Gefahr der Verfolgung. Daraufhin vertagte das Gericht die Verhandlung auf Dienstag, den 15. November 2005.

Für die objektive Presse und die Öffentlichkeit bestand kein Zweifel daran, dass der vorsitzende Richter Meinerzhagen versucht hatte, die Verteidigung von Ernst Zündel zu zerstören. Darüber hinaus hatte der Richter mit der Bedrohung der Anwälte, bevor diese überhaupt mit ihrer Verteidigung begonnen hatten, gegen grundlegende Regeln des Gerichtsverfahrens verstoßen. Sylvia Stolz hatte eine brillante Strategie entwickelt, indem sie die ganze Zeit über eine ruhige Haltung und ein korrektes Auftreten bewahrte. Sollte das Gericht entscheiden, dass der Prozess nicht öffentlich sein sollte, würden die Richter mit den Beweisen konfrontiert werden, die in Germar Rudolfs *Vorlesungen über den Holocaust* und Horst Mahlers Antrag auf „Anhörung zur Judenfrage" enthalten waren, was für das Gericht eine Belastung darstellen könnte, da es erklären müsste, warum ein Geheimprozess abgehalten wurde. Im Falle einer öffentlichen Verhandlung drohte den Verteidigern eine strafrechtliche Verfolgung, was das Mannheimer Gericht in den Augen der Öffentlichkeit und der Juristen in aller Welt blamieren würde.

Um 10.00 Uhr am 15. November 2005 hatten sich etwa hundert Anhänger von Ernst Zündel vor dem Gebäude versammelt. Es waren jedoch weniger Journalisten und nur zwei Kameras anwesend. Um 10.40 Uhr wurde der Zugang zum Saal gewährt, und er war voll besetzt. Zündels Eintritt wurde mit Applaus begrüßt. Sobald der Richter erschien, sagte er, dass er weder Beifall noch Gerüchte dulden werde und warnte, dass er die Polizei angewiesen habe, diejenigen, die gegen seine Regeln verstießen, zu entfernen und ihre Namen zu notieren. Anschließend stellte er fest, dass die Behauptung, das Gericht habe eine diskriminierende Haltung eingenommen, unbegründet sei, und erklärte, dass es für die Angeklagten keinen Grund gebe, an den Richtern zu zweifeln. Zweitens bekräftigte er seine Ablehnung von Sylvia Stolz und wiederholte die in der vorangegangenen Sitzung genannten Gründe. Meinerzhagen betonte, dass Frau Stolz nicht geeignet sei, weil sie keinen geordneten Ablauf garantieren könne, was zu Konflikten zwischen Angeklagtem und Verteidigung führen würde. Der vorsitzende Richter lehnte den Antrag von Frau Stolz ab, die Öffentlichkeit von der Verhandlung auszuschließen. Er erklärte, dass die Öffentlichkeit nur dann ausgeschlossen werden könne, wenn sie eine Gefahr darstelle, was nicht der Fall sei. Vielmehr sei es die Verteidigung, die den Prozess gefährde, weil sie beabsichtige, die Öffentlichkeit aufzuhetzen. Meinerzhagen fügte hinzu, es sei zu erwarten, dass die Verteidigung bei Abwesenheit der Öffentlichkeit aufrührerische Anträge und Eingaben machen würde. Ohne eine Wahl zu treffen, kündigte der Richter als nächstes an, dass er die Verhandlung aussetzen werde, da das Gericht Frau Stolz ersetzen müsse und der neue Anwalt Zeit brauche, um sich mit dem Material vertraut zu machen. In der Zwischenzeit solle der Angeklagte im Gefängnis bleiben, was er angesichts der Schwere seines Verbrechens für gerecht halte. Zu allem Überfluss behauptete Dr. Meinerzhagen, dass der Prozess wegen der Verteidigung vertagt worden sei.

Jürgen Rieger war damit nicht einverstanden und erklärte, der Richter habe die Verteidigung nicht über seine Absicht informiert, das Verfahren auszusetzen, wozu er verpflichtet gewesen wäre. Rieger behauptete, dass die Verteidigung keine Gelegenheit gehabt habe, eine Stellungnahme zu dieser Entscheidung vorzubereiten. Der Richter erwiderte, dass die Verteidigung sehr wohl informiert worden sei, was eine eklatante Lüge war. Nach einem verfahrensrechtlichen Streit über die zu treffenden Entscheidungen fand Sylvia Stolz die Zeit, das Gericht zu bitten, ihr zu erlauben, eine Erklärung über ihre Vertretung abzugeben; Meinerzhagen erwiderte jedoch, dass dies nicht angebracht sei. Stolz erwiderte dem Richter, dass seine Haltung unangemessen und unangebracht sei. „Die Verhandlung ist vertagt", beharrte der Richter. „Ich hatte noch keine Gelegenheit, mich zu äußern", beschwerte sich der Anwalt. „Das ist mir egal! Die Verhandlung ist vertagt!"

In etwas mehr als einer Stunde hatte der vorsitzende Richter die Angelegenheit geregelt. Natürlich reagierte die Öffentlichkeit mit Empörung und es wurden Protest- und Missfallensrufe laut, wie „das ist ein Karneval", „Skandal" und dergleichen. Außerhalb des Gerichtssaals trafen sich Zündels Anwälte und enge Freunde, um die Geschehnisse zu bewerten, und kamen zu dem Schluss, dass der Prozess im Februar oder März 2006 fortgesetzt werden würde und dass der Richter die Verteidigung weiterverfolgen würde, sobald er sein Verfahren eröffnet hätte. Diese Ereignisse fielen mit der Ankunft von Germar Rudolf auf dem Frankfurter Flughafen zusammen, wo er verhaftet und sofort in das Stuttgarter Gefängnis gebracht wurde.

Wie von den Anwälten vorausgesagt, wurde der Prozess im Februar 2006 wieder aufgenommen. Am Donnerstag, dem 15. Februar, lehnte Ulrich Meinerzhagen drei Anträge der Verteidigung ab, sich wegen Befangenheit oder Tendenz abzulehnen. Sylvia Stolz drohte er mit einer Anklage, sollte sie den Holocaust in Frage stellen. In der Sitzung am 16. Mai kam es zu einer heftigen Konfrontation zwischen Stolz und Meinerzhagen. Der Anwalt unterbrach die Sitzung mehrmals und stellte eine Reihe von Einwänden und neuen Anträgen. Er bestritt, dass sie das Gericht beleidigt und versucht habe, den Prozess zu sabotieren, was der Richter ihr vorgeworfen hatte. Konkret sagte Meinerzhagen, sie habe den Verdacht, dass Stolz „die Absicht hatte, das Gerichtsverfahren unmöglich zu machen, indem er den Prozess zum Scheitern brachte". Er kündigte zudem an, bei der zuständigen Anwaltskammer eine Beschwerde einzureichen, um Maßnahmen gegen sie zu ergreifen. Statt sich zu fügen, antwortete Stolz, sie sei „nicht bereit, sich seinem Willen zu beugen", und beschuldigte Meinerzhagen, sie „mundtot" machen zu wollen, und wandte sich dabei an den Saal voller Zündel-Anhänger. Die Situation wurde äußerst angespannt, als die Anwältin die Aufforderung des Richters, sich zu entschuldigen, ignorierte. Meinerzhagen verurteilte drei Zündel-Anhänger zu Geldstrafen, weil sie verbotene Strophen der deutschen Nationalhymne gesungen hatten, und schickte einen weiteren wegen Beleidigung für vier Tage ins Gefängnis. Rechtsanwalt Ludwig Bock ergriff daraufhin das Wort und teilte dem Gericht mit, dass er die Urheberschaft Dutzender von der Staatsanwaltschaft vorgelegter Erklärungen und Texte, hauptsächlich von der *Zündelseite*, prüfen müsse. Der vorsitzende Richter vertagte den Prozess erneut für drei Wochen, damit die Anwälte die Veröffentlichungen in der *Zündelsite* analysieren konnten.

Am 9. März 2006 begannen die Sitzungen erneut und die Konfrontation, die Sylvia Stolz ruinieren und ihre Karriere als Anwältin beenden sollte, fand schließlich statt. Auf dem Höhepunkt ihrer Empörung erklärte Stolz, dass das Gericht „ein Instrument der Fremdherrschaft" sei und bezeichnete Juden als „Volksfeinde". Der Richter beantragte die Rücknahme des Verfahrens gegen Silvya Stolz und vertagte die Verhandlung erneut. Am 31. März nahm das Oberlandesgericht Karlsruhe Sylvia Stolz aus dem Verfahren, weil sie das Verfahren rechtswidrig behindert hatte, „mit dem einzigen Ziel, den Prozess zu sabotieren und zur Farce zu machen". Trotz dieses Urteils setzte sich Stolz am 5. April über das Karlsruher Urteil, das sie als nicht rechtskräftig ansah, hinweg und erschien vor dem Mannheimer Landgericht. Richter Meinerzhagen forderte sie auf, den Gerichtssaal zu verlassen, doch sie weigerte sich, dies zu tun. Zwei Polizistinnen mussten sie hinausdrängen, woraufhin die Anwältin rief: „Widerstand! Das deutsche Volk revoltiert!" Einige von Zündels Unterstützern verließen ebenfalls den Gerichtssaal. Zum x-ten Mal unterbrach der vorsitzende Richter den Prozess, der erst im Juni 2006 fortgesetzt werden sollte.

Die Verurteilung zu dreieinhalb Jahren Haft und fünf Jahren Berufsverbot erfolgte im Januar 2008. Sylvia Stolz wurde von einem Mannheimer Gericht verurteilt, das feststellte, dass sie bei der Verteidigung von Ernst Zündel zum Rassenhass aufgestachelt hatte. In dem Urteil hieß es, die Angeklagte habe den Holocaust geleugnet und erklärt, die Vernichtung der europäischen Juden während des Zweiten Weltkriegs sei „die größte Lüge der Geschichte". Sylvia Stolz verbüßte ihre Haftstrafe in drei verschiedenen Einrichtungen. Als sich am 26. März 2011 dreihundert Menschen vor der brandenburgischen Justizvollzugsanstalt versammelten, in der Horst Mahler seine Strafe verbüßte, zeigten die meisten Transparente die gleiche Solidarität für Sylvia Stolz, deren baldige Freilassung damals mit Spannung erwartet wurde.

Als sie am Mittwoch, den 13. April 2011, um 9.00 Uhr das Gefängnis von Aichach in Bayern verließ, wartete eine große Gruppe von internationalen Anwälten für Meinungsfreiheit und Unterstützern aus Frankreich, Italien und Großbritannien am Haupttor auf sie, um ihre Freilassung mit Blumen und Geschenken zu feiern. Unter ihnen war auch Michèle Renouf, die erneut aus England angereist war, um sich mit der revisionistischen Anwältin zu solidarisieren. Sylvia Stolz kam unter Beifall heraus, beladen mit einer großen Anzahl schriftlicher Dokumente, die sie in den Jahren ihrer Gefangenschaft sorgfältig gesammelt und geordnet hatte. Nachdem sie das Material in einen Lieferwagen geladen hatten, fuhren alle gemeinsam zu einer nahe gelegenen Gaststätte, wo Günter Deckert den großen Saal für die Feier reserviert hatte.

Am 24. November 2012, zwanzig Monate nach ihrer Freilassung, hielt Sylvia Stolz in Chur, der Hauptstadt des Schweizer Kantons Graubünden, einen Vortrag mit dem Titel: *Sprechverbot-Beweisverbot-Verteidigunsverbot. Die Wirklichkeit der Meinungsfreiheit* (*Meinungsverbot-Beweisverbot-Verteidigungsverbot. Die Wirklichkeit der Meinungsfreiheit*). Dies war die 8. Konferenz der „Anti-Zensur-Koalition" (AZK). Der Organisator der Konferenz, Ivo Sasek, stellte Sylvia Stolz als eine Person vor, die besonders qualifiziert sei, zu diesem Thema zu sprechen, und verwies auf ihre Erfahrungen mit dem Prozess gegen Ernst Zündel, seine Verhaftung vor dem Gerichtshof und seine Verurteilung. Der Vortrag endete mit den Worten: „Willkommen Sylvia Stolz. Wenn Sie dort nicht sprechen durften, dann lassen wir Sie hier sprechen. Wir vertrauen darauf, dass Sie Ihre Grenzen kennen. Ich bin sicher, dass Sie das tun.

Nachdem er sich bei Ivo Sasek und den mehr als zweitausend Zuhörern für ihren herzlichen Empfang bedankt hatte, hielt Stolz eine gut strukturierte, ruhige Rede, die er an keiner Stelle ablas und die er mit eloquenten Pausen würzte. Seine Stimme, die sehr warm und sanft wie die eines Kindes ist, behielt während seiner gesamten Rede, die in ihrer juristischen Terminologie rigoros, äußerst vernünftig und absolut überzeugend war, einen ruhigen und gelassenen Ton bei. Der Vortrag, der in deutscher Sprache gehalten wurde, kann auf You Tube mit englischen Untertiteln angesehen werden. Aus Platzgründen können wir ihn natürlich nicht in Gänze wiedergeben, aber wir werden einige Umrisse wiedergeben. In ihrem Vortrag gab Sylvia Stolz den Zuhörern einen sehr schönen Gedanken von Johann Gottfried von Herder mit auf den Weg, der ihrer Meinung nach das Wesen aller Menschen verkörpert: „An die Wahrheit glauben, das Schöne fühlen und das Gute lieben".

Die Grundsätze, die die Arbeitsweise eines jeden Gerichts, das diesen Namen verdient, bestimmen sollten, nahmen den ersten Teil des Vortrags ein: die Rechte der Angeklagten und die Pflichten des Gerichts, ihre Schutzlosigkeit zu vermeiden und die Wahrheit durch Beweise zu ermitteln . In Bezug auf die Notwendigkeit, Beweise vorzulegen, zog er einen Vergleich mit den Beweisen, die Gerichte normalerweise in Mordfällen verlangen, d.h. Ort und Zeitpunkt der Tat, die vom Täter verwendeten Waffen, mögliche Fingerabdrücke, Fundort der Leiche des Opfers, gerichtsmedizinische Untersuchungen zur Feststellung der Todesursache usw. Stolz betonte jedoch, dass in keinem der „Holocaust-Leugnungs"-Fälle jemals einer dieser spezifischen Beweise nachgewiesen oder vorgelegt wurde:

> „Es gibt keine Angaben zum Tatort, zur Mordmethode, zur Anzahl der Opfer, zum Tatzeitraum, zu den Tätern und zu den Leichen. Wir haben keine physischen Spuren des Mordes. Die Zeugenaussagen geben keine Auskunft, es gibt keine Dokumente oder ähnliche Beweise. Die Absicht, das gesamte Judentum oder einen Teil davon während des nationalsozialistischen Regimes auszurotten, ist nirgends bewiesen. Es gibt keine Dokumente, die vorherige Entscheidungen, Pläne oder Befehle belegen. Bei Prozessen gegen Holocaust-Leugner werden diese Dinge nicht erwähnt. Wir finden auch keine Hinweise auf andere Urteile, in denen diese Dinge genannt werden. Genau das ist das Problem. Solange das Gericht die Tatorte, an denen die angeblichen Massenmorde stattgefunden haben sollen, nicht festhält, solange das Gericht nicht mindestens ein bestimmtes Beweisstück behauptet, solange können diese Massenmorde einfach nicht bewiesen werden."

An anderer Stelle las Sylvia Stolz den Zuhörern einen peinlichen Auszug aus dem Urteil des Frankfurter Auschwitz-Prozesses vor. Darin, so die Anwältin ironisch, könne man eine Präzisierung von Details des Holocausts erwarten. Dies sind die Worte des Gerichts:

> „Dem Gericht fehlen fast alle Beweismittel eines normalen Mordprozesses, die notwendig sind, um sich ein wahrheitsgetreues Bild von den Fakten zum Zeitpunkt des Verbrechens zu machen. Es gab keine Leichen der Opfer, keine Autopsieberichte, keine Gutachten zu Todesursachen und Todeszeitpunkt, keine Beweise zu den Mördern, zu den Tatwaffen usw. Eine Verifizierung der Zeugenaussagen war nur in seltenen Fällen möglich..... Daher hat sich das Gericht zur Aufklärung der Verbrechen der Angeklagten fast ausschließlich auf die Aussagen der Zeugen verlassen...".

Aus eigener Erfahrung beklagte Stolz, dass im Gegensatz dazu, wenn Beweise im Namen eines Holocaust-Leugners vorgelegt werden und das Gericht feststellen soll, dass dies und jenes wahr ist, weil es durch Sachverständigengutachten bestätigt wurde, das Gericht die Beweise nicht zulässt und die Anwälte der Holocaust-Leugnung bezichtigt werden. Sylvia Stolz beklagte, dass die europäische Öffentlichkeit nichts über die Behandlung von Angeklagten wisse, über die Drohungen und Strafen, denen Anwälte ausgesetzt seien, nur weil sie ihre Arbeit machten, und über die Art und Weise, wie die

Rechtspflege an deutschen Gerichten abgebrochen werde. Als Beispiel nannte er seinen eigenen Fall, als ein bayerisches Gericht beschloss, ihm die Zulassung zu entziehen:

> „Ich legte Beweise für die angebliche 'Offensichtlichkeit' des Holocausts vor. Erneut wurden die Beweise nicht zugelassen, mit der Begründung, dass das Gericht angesichts der verfügbaren Bücher und Fotos keinen Zweifel an der 'Offensichtlichkeit' des Holocausts habe. Sowohl ich als auch mein Anwalt forderten das Gericht auf, darzulegen, welche Bücher und welche Fotos ihnen diese Gewissheit über die „Offensichtlichkeit" des Holocausts vermittelten. Diese Anträge wurden abgelehnt, weil: „der Holocaust und die Gewaltverbrechen der Nationalsozialisten an den Juden offensichtlich waren". Wir erhielten also keine Antwort auf die Frage, welche Materialien die Grundlage für die Feststellung des Gerichts bildeten. Alles, was wir erhielten, waren allgemeine Hinweise auf 'Zeitungen, Radio und Fernsehen, Enzyklopädien, Wörterbücher und Geschichtsbücher'."

Nachdem sie die enttäuschendsten Momente ihrer Erfahrung mit Richter Meinerzhagen während des Prozesses gegen Ernst Zündel in Erinnerung gerufen hatte, beendete Sylvia Stolz den Vortrag, indem sie auf den Satz von Herder zurückkam, mit dem sie ihre Rede begonnen hatte. Dies waren ihre letzten Worte:

> „Ich möchte nun auf den Satz zurückkommen, mit dem ich diesen Vortrag begonnen habe. An die Wahrheit zu glauben, das Schöne zu fühlen und das Gute zu lieben' beinhaltet die Fähigkeit, Lügen zu erkennen und zu benennen, die Fähigkeit, das Unmenschliche zu erkennen, die Fähigkeit, Ungerechtigkeit zu erkennen und zu benennen. Es geht auch um Charaktereigenschaften, was in unserem Alter von besonderer Bedeutung ist. Das Wissen um unsere Unsterblichkeit, um unsere Beständigkeit und Unbestechlichkeit. Mit diesem Charakter sollten wir in der Lage sein, eine Welt für die vielen Kinder, die heute hier waren, zu gestalten. Eine Welt, in der wir ungestraft die Wahrheit sagen dürfen."

Im Januar 2013 reichte der jüdische Rechtsanwalt Daniel Kettiger aus Bern bei der Staatsanwaltschaft Graubünden Strafanzeige gegen Sylvia Stolz ein. Kettiger warf Stolz vor, gegen Artikel 261 des Schweizerischen Strafgesetzbuches verstossen zu haben, der sich auf ein Schweizer Rassengesetz bezieht. Auch Ivo Sasek, der Organisator der AZK-Veranstaltung, wurde von diesem Anwalt, einem kompromisslosen Verfechter der Zensur, angezeigt. Die Tatsache, dass Stolz während der Konferenz gesagt hatte, der Holocaust sei vor Gericht nie bewiesen worden, weil die Beweise nie vorgelegt worden seien, war Grund genug für eine Strafanzeige gegen sie. Am 25. Februar 2015 wies ein Münchner Gericht die Argumente von Sylvia Stolz und ihrem Anwalt Wolfram Nahrath zum Recht auf freie Meinungsäußerung in der Schweiz zurück und verurteilte die Anwältin wegen des im November 2012 in Chur gehaltenen Vortrags zu zwanzig Monaten Haft. Stolz und ihr Anwalt legten Berufung ein und zogen vor das Bundesverfassungsgericht, das am 15. Februar 2018 ein rechtskräftiges Urteil fällte. Die Einzelheiten der Beschwerde beim Bundesverfassungsgericht werden im Abschnitt über die Gebrüder Schaefer erläutert, den wir in diese Ausgabe aufgenommen haben. Am Morgen des 23. Mai 2019 wurde Sylvia Stolz in ihrer Wohnung verhaftet und zur Verbüßung einer achtzehnmonatigen Haftstrafe inhaftiert. Zum Zeitpunkt der Abfassung dieses Artikels befindet sie sich immer noch im Gefängnis, und wir hoffen, dass diese bewundernswerte Frau ihre zu Unrecht entzogene Freiheit zum zweiten Mal wiedererlangen wird.

Günter Deckert, ein beständiges Symbol für die Meinungsfreiheit

Der NPD-Vorsitzende Günter Deckert verlor 1988 wegen seines politischen Engagements seine Stelle als Gymnasiallehrer. Im November 1990 nahm er an einer Veranstaltung zur Vorstellung von Fred Leuchter teil, auf der er erklärte, der Holocaust sei ein Mythos, der von einer ausbeuterischen Gruppe verbreitet werde, die eine historische Lüge benutze, um Deutschland mundtot zu machen. Im Jahr 1991 saß er bei einem Vortrag in Weinheim (Deutschland) mit dem Historiker David Irving an einem Tisch. Diese Ereignisse brachten ihm eine Strafanzeige ein und 1992 wurde er zu einem Jahr Gefängnis verurteilt. Deckert war gezwungen, gegen das Urteil Berufung einzulegen, und im März 1994 ordnete das Landgericht Mannheim, das damals noch nicht das Gericht war, das wir bei der Verfolgung von Ernst Zündel und Sylvia Stolz erlebt haben, eine Wiederaufnahme des Verfahrens mit der Begründung an, die Vorinstanz habe nicht alle erforderlichen Tatsachen nachgewiesen.

Im Sommer 1994 begann der Prozess erneut, in dem zwei der drei Richter des Tribunals, Wolfgang Müller und Rainer Orlet, Worte der Sympathie für Deckert fanden. Müller bezeichnete ihn als „intelligenten Menschen mit Charakter", der aus tiefer Überzeugung gehandelt habe. Richter Rainer Orlet erklärte seinerseits, Deckert habe „berechtigte Interessen" geäußert, indem er die endlosen politischen und wirtschaftlichen Ansprüche der Juden auf Deutschland fünfzig Jahre nach Ende des Zweiten Weltkriegs in Frage stellte. In einem sechsundsechzigseitigen Bericht erinnerte Orlet daran, dass in Deutschland Menschen für ihre Meinungsäußerungen verfolgt werden, während „Massenverbrecher anderer Nationen ungestraft bleiben". Der Richter fügte hinzu, Deckert sei „kein Antisemit" und habe auf das Gericht einen guten Eindruck als „verantwortungsbewusste Person von gutem Charakter" gemacht. Dennoch befand das Gericht Deckert für schuldig und bestätigte seine einjährige Haftstrafe, die er jedoch nicht antreten musste, da ihm die Möglichkeit eingeräumt wurde, auf Bewährung zu bleiben, solange er nicht wieder rückfällig wird.

Wie üblich war das Protestgeschrei der jüdischen Lobbygruppen automatisch groß. Im Zentrum der Kritik stand der Richter Rainer Orlet, dessen Äußerungen als Holocaust-Leugner gelten. Justizminister Thomas Schäuble erkannte schnell an, dass die Äußerung des Richters „ein Schlag ins Gesicht der Opfer des Holocaust" sei. Der Deutsche Richterbund hingegen bezeichnete sie als „Fehlentscheidung". Daraufhin wurde ein Parallelverfahren eingeleitet, das zum freiwilligen Rücktritt von Richter Orlet führte, der sich damit einer zwangsweisen Entfernung aus dem Amt entzog. Am 23. Januar 1995 forderte der baden-württembergische SPD-Fraktionsvorsitzende Ulrich Maurer die Entlassung von Richter Orlet, weil er im Juni 1994 ein skandalöses Urteil über Günter Deckert geschrieben hatte. Diese Disziplinarmaßnahme war die einzige Möglichkeit, Orlet aus der 6. Großen Strafkammer des Landgerichts Mannheim zu entfernen. Minister Schäuble musste sich von der CDU den Vorwurf der Doppelmoral und der Doppelmoral anhören.

Am 9. März 1995 veröffentlichte die *Berliner Zeitung* einen Bericht, dass Richter Rainer Olmert selbst auf der Anklagebank landen könnte. Die Zeitung kommentierte, dass die Entlassung von Rainer Orlet vor dem Bundesverfassungsgericht der erste Fall der Entlassung eines Richters in der Geschichte der Bundesrepublik Deutschland sein würde. Die Kampagne führte nicht nur zum freiwilligen Rücktritt des Richters, sondern auch zur Wiederaufnahme des Verfahrens gegen Günter Deckert im April. Im Dezember 1995 wurde Deckert wegen „gefährlicher politischer Brandstiftung" zu einer Freiheitsstrafe von zwei Jahren in die Justizvollzugsanstalt Bruchsal (Baden-Württemberg) eingewiesen.

Während der Verbüßung dieser zweijährigen Haftstrafe wurde Günter Deckert erneut vor Gericht gestellt, weil er aus dem Gefängnis einen Brief an Michel Friedman, den Vizepräsidenten des Zentralrats der Juden in Deutschland, geschrieben hatte. Darin forderte er ihn angeblich auf, Deutschland zu verlassen. Dieser Brief führte zu einer neuen Anklage wegen Aufstachelung zum Rassenhass. In einem neuen Prozess in Mannheim wurde Deckert am 12. April 1997 zu einer zusätzlichen Haftstrafe von zwei Jahren und drei Monaten verurteilt. Sein Anwalt, Ludwig Boch, wurde zu einer Geldstrafe von 9.000 Mark verurteilt, weil er in seiner Verteidigung die Auffassung vertrat, dass der Holocaust eine von Juden erfundene „Legende" sei. David Irving schrieb daraufhin einen Protesttext an den *Daily Telegraph*, in dem er sich als Freund Deckerts bezeichnete und die anhaltenden Angriffe auf die Meinungsfreiheit in Deutschland anprangerte.

Nachdem er zwei Jahre hinter Gittern verbracht hatte, wurde Deckert nicht freigelassen, sondern trat am 31. Oktober 1997 seine neue Haftstrafe an. Der internationale Aufschrei war in der Öffentlichkeit kaum wahrnehmbar, obwohl bei den deutschen Botschaften in mehreren Ländern Briefe eingingen, in denen die Freilassung des politischen Gefangenen Günter Deckert gefordert wurde. Am 10. Dezember 1998 begründete beispielsweise Rainer Dobbelstein, ein hoher deutscher Beamter in London, in einem Antwortschreiben an den empörten Londoner Milton Ellis, dass das Abhören der Korrespondenz von Günter Deckert aufgrund seiner extremistischen Ansichten gesetzlich gerechtfertigt sei.

Im Oktober 2000 wurde der „gefährliche Neonazi" aus der Haftanstalt Bruchsal entlassen, in der er fast fünf Jahre verbracht hatte. Gerade als es schien, dass der revisionistische Kämpfer das Schlimmste hinter sich hat, wurde er 2012, im Alter von zweiundsiebzig Jahren, erneut zu einer Haftstrafe verurteilt. Was hatte Günter Deckert diesmal verbrochen? Im Jahr 2007 hatte er *Auschwitz* ins Deutsche übersetzt. *The First Gassings, Rumours and Reality*, ein Buch von Carlo Mattogno, das 1992 auf Italienisch und 2002 auf Englisch erschien. Im Jahr 2008 führte die Gedankenpolizei auf Anordnung des Mannheimer Staatsanwalts Grossmann eine

Hausdurchsuchung bei ihm durch. Es war der zwölfte „Sonderbesuch", wie sie einem Freund in einem Brief vom März 2012 mitteilte. Sie nahmen ihren Computer und zwei Exemplare von Mattognos Buch mit. Im Sommer 2009 akzeptierte ein Gericht in Weinheim, der Stadt, in der Deckert lebte, die Anklage. Die Anklage lautete auf „Förderung und Aufstachelung der Öffentlichkeit durch Leugnung des Holocaust und Verunglimpfung des Andenkens an die Toten". Am 28. Juli 2010 wurde Deckert ohne Anwalt vor Gericht gestellt. Ein Einzelrichter verurteilte ihn zu einer Freiheitsstrafe von vier Monaten, gewährte ihm aber eine Bewährungsfrist von drei Jahren und eine Geldstrafe von 600 Euro. Außerdem hatte er die Kosten zu tragen. Sowohl Staatsanwalt Grossmann, der sechs Monate gefordert hatte, als auch Deckert selbst legten gegen das Urteil Berufung ein. Unter kam der Fall noch einmal vor das berühmte Mannheimer Landgericht. Das Wiederaufnahmeverfahren begann am 14. November 2011 und endete am 2. Februar 2012 mit einem Urteil, das Deckert zu sechs Monaten Haft verurteilte. In dem oben erwähnten Brief erklärt Deckert seiner Freundin Folgendes

> „Der Prozess dauerte so lange, weil ich meine Taktik änderte, um dem Gericht verständlich zu machen, warum ich für den Revisionismus war. Ich bot alle Argumente und Beweise an, die vor Gericht vorgebracht werden konnten, ohne erneut angeklagt zu werden. Zunächst schien es, dass Richter Roos zögerte, eine Person wegen der Veröffentlichung und Verbreitung eines Buches zu verurteilen. Aber schließlich griff er den Vorschlag von Staatsanwalt Grossmann auf, der sagte, dass die Möglichkeit, das Buch über das Internet zugänglich zu machen, die Voraussetzungen des Paragraphen 130 erfülle."

Am 2. Februar 2012 wurde das Urteil verkündet und am 6. Februar wurde die sechsmonatige Haftstrafe bekannt gegeben. Nach Erhalt des Urteils erklärte Deckert mutig: „Eine Gefängnisstrafe wird mich nicht zum Glauben zwingen." Er kündigte an, dass er Berufung beim Gericht in Karslruhe einlegen werde; die Berufung wurde jedoch abgelehnt. Am 23. November 2012 schließlich teilte ihm die Staatsanwaltschaft Mannheim mit, dass er am 17. Dezember um 15 Uhr in Untersuchungshaft genommen werden sollte. Deckert protestierte vehement, da er Weihnachten mit seiner Familie verbringen wollte. Ausnahmsweise zeigte man Verständnis und verschob seine Einweisung auf den 2. Januar 2013. Dies bestätigte eine beschämende Tatsache: Kaum jemand protestierte und die Medien prangerten es nicht an, dass ein ehrlicher und anständiger

Mensch in Deutschland für die Übersetzung eines Geschichtsbuchs verurteilt werden konnte. Hier sind die Worte von Günter Deckert:

> „Freunde, Kameraden und Kämpfer für die Wahrheit über die Geschichte des Zweiten Weltkriegs, die Zeit ist gekommen! Obwohl über meine Verfassungsbeschwerde noch nicht entschieden ist, muss ich bald ins Gefängnis, um meine fünfmonatige Strafe zu verbüßen. Ich muss mich am 2. Januar 2013 im Gefängnis melden. Meine Entlassung wird am 2. Juni erfolgen.... Was mich nicht umbringt, macht mich stärker! In diesem Sinne meine besten Grüße und kameradschaftliche Loyalität an unsere Angehörigen und unser Volk. Ich wünsche allen ein gutes Jahr 2013 voller Erfolg und bestmöglicher Gesundheit."

Als Sylvia Stolz am 13. April 2011 aus dem Gefängnis in Aichach entlassen wurde, hatte Günter Deckert für sie ein Festessen in einem bayerischen Wirtshaus organisiert. Im Februar 2013 wollte sich Stolz, die sicherlich wusste, dass ein jüdischer Anwalt sie wegen ihres Vortrags in der Schweiz angezeigt hatte, mit ihrer Freundin solidarisieren und veröffentlichte einen langen Artikel, dessen englische Übersetzung *El terror de opinar (Der Schrecken, eine Meinung zu äußern) lauten* könnte. Darin nahm er den Text des Urteils auseinander und zeigte technisch alle Ungereimtheiten des juristischen Prozesses auf, der gegen Deckert geführt wurde, dessen Wehrlosigkeit durch die Verfahrensfehler aufgedeckt wurde, die in allen Holocaust-Leugnungsprozessen üblich sind.

Udo Walendy, inhaftiert wegen Veröffentlichung revisionistischer Texte

Der 1927 in Berlin geborene Udo Walendy, der sich seinem 90. Geburtstag nähert, hatte noch vor Kriegsende Zeit, in der Armee seines Landes zu dienen. Nach dem Krieg studierte er Publizistik und Politikwissenschaft in Berlin, wo er an der Veröffentlichung revisionistischer Bücher beteiligt war. Im Jahr 1956 schloss er sein Studium der Politikwissenschaft ab und arbeitete eine Zeit lang als Referent beim Deutschen Roten Kreuz. Bereits 1964 veröffentlichte er sein eigenes Buch *Wahrheit für Deutschland - Die Schuldfrage des Zweiten Weltkriegs*. 1965 gründete er seinen eigenen Verlag, den „Verlag für Volkstum und Zeitgeschichsforschung". 1974, zehn Jahre nach dem Erscheinen von *„ Wahrheit für Deutschland"*, gründete Udo Walendy die Zeitschrift *„Historische Tatsachen"*, eine seriöse Zeitschrift, die sich der konsequenten Aufarbeitung von Fakten über den Nationalsozialismus und das Dritte Reich widmet, die von der offiziellen Geschichtsschreibung lieber ignoriert werden. In der Ausgabe 31 der Zeitschrift untersuchte er beispielsweise die ersten sowjetischen Berichte über Auschwitz, die am 1. und 2. Februar in der *Prawda* abgedruckt wurden und in denen nichts über Verbrennungsgruben, Gaskammern, Schuh- und Brillenstapel, Zahnprothesenstapel oder Haarstapel gesagt wird.

Die rechtlichen Probleme von Udo Walendy begannen 1979, als die Regierung sein Buch als gefährliches oder jugendgefährdendes Material auf die schwarze Liste setzte. Walendy führte einen langwierigen Rechtsstreit, der fünfzehn Jahre andauern sollte. Schließlich entschied das Bundesverfassungsgericht 1994, dass die Rechte des Autors verletzt wurden, da das Buch aus wissenschaftlicher Sicht vertretbar sei. Ein Beweis für den Wert dieses Werkes ist, dass *The Barnes Review* es 2013 neu auflegte und ein Jahr später, am 1. September 2014, Castle Hill Publishers, Germar Rudolfs Verleger im Vereinigten Königreich, einen aktualisierten und korrigierten Nachdruck des Buches, wiederum aus dem Deutschen übersetzt, veröffentlichte. Ebenfalls 1979 hielt Walendy den ersten Vortrag des 1978 gegründeten Institute for Historical Review (IHR). Ab 1980 war er Mitglied des Redaktionsbeirats des *Journal of Historical Review*, der renommierten Publikation des Instituts. In den Vereinigten Staaten lernte er Arthur R. Butz persönlich kennen, dessen bahnbrechendes Werk er ins Deutsche übersetzte und anschließend herausgab. Das Buch wurde bald darauf von den deutschen Behörden verboten. 1988 sagte Udo Walendy in Toronto im zweiten Prozess gegen Ernst Zündel aus. Zu seinen revisionistischen Aktivitäten gehört auch seine enge Zusammenarbeit mit dem belgischen Online-Magazin *VHO* (*Vrij Historisch Onderzoek*), in dem viele der von ihm auf Deutsch veröffentlichten Bücher zu finden sind.

Die Verfolgung dieses altgedienten Publizisten und revisionistischen Historikers machte einen qualitativen Sprung nach vorn, als am 7. Februar 1996 ein Trupp von zwanzig Polizisten eine Razzia in seiner Wohnung und seiner Firma durchführte. Ohne das „Datenschutzgesetz" zu beachten, beschlagnahmten sie Dokumente, Disketten und heruntergeladene Kopien von Computerdateien und nahmen Udo Walendy zur Abnahme von Fingerabdrücken mit. Kurz darauf stellten zwei deutsche Gerichte fest, dass Artikel in der von ihm herausgegebenen Zeitschrift „*Historische Tatsachen*" zum Hass aufstachelten. Am 17. Mai 1996 verurteilte das Landgericht Bielefeld Walendy zu fünfzehn Monaten effektiver Freiheitsstrafe, obwohl er nicht vorbestraft war. Das Gericht lehnte es ab, den wissenschaftlichen Wert der fraglichen Werke zu berücksichtigen. Ein halbes Jahr später, im November 1996, verurteilte ihn ein Dortmunder Gericht wegen des Besitzes von zwölf Exemplaren von *Mein Kampf* zu einer Geldstrafe von 20.000 Mark. Ohne jeden Beweis stellte das Gericht fest, dass Walendy die Verbreitung dieser Exemplare des in Deutschland verbotenen Hitler-Buches vorbereitete: „Die geplante Verbreitung der Bücher", so das Gericht, „zeugt von einer extremen und damit besonders gefährlichen Gesinnung. Die Bücher sind Propaganda für die Zerschlagung der Rechts- und Verfassungsordnung der Bundesrepublik Deutschland und die Errichtung eines nationalsozialistischen Unrechtssystems.... Dies ist mit aller Schärfe zu verurteilen".

Ein Jahr später, im Mai 1997, beendete ein anderes Gericht in Herford die Arbeit und verurteilte Walendy zu einer zusätzlichen vierzehnmonatigen Freiheitsstrafe. Richter Helmut Knöner befand, Walendy habe nicht wissentlich Lügen veröffentlicht, aber auch keine alternativen Interpretationen angeboten. Das Gericht zitierte eine Passage aus einer Ausgabe der *Historischen Tatsachen*, in der Walendy zustimmend über Fred Leuchters Forschungen zu den „Gaskammern" in Auschwitz berichtete. In dem Urteil heißt es, das Zitat aus Leuchters Text „entbehrt des kritischen Sinns und wiederholt die angeblichen Erkenntnisse des 'Experten'. Der Angeklagte machte sich diese zu eigen". Das Gericht kritisierte auch, dass Walendy in der Ausgabe Nr. 66 der Zeitschrift einen am 13. Juni 1946 in den *Basler Nachrichten* erschienenen Artikel mit dem Titel „Wie hoch ist die Zahl der jüdischen Opfer" wiedergegeben hatte, der die auferlegte Zahl von sechs Millionen in Misskredit brachte. Das Herfod-Gericht wollte nicht berücksichtigen, dass es sich dabei nicht um den Standpunkt des Redakteurs, sondern um denjenigen der Verfasser der Texte handelte. Bekanntlich weisen viele Zeitungen in ihrem Meinungsteil darauf hin, dass der Redakteur nicht für die in den veröffentlichten Artikeln geäußerten Meinungen verantwortlich ist. Walendy erklärte dem Gericht, dass er, um sicherzustellen, dass die von ihm in *Historische Tatsachen* veröffentlichten Artikel nicht gegen das Gesetz verstoßen, die Texte routinemäßig der Aufsicht von vier

Juristen unterstellt. Das Gericht wies die Stellungnahmen der vier Juristen als irrelevant zurück.

Bereits 1999, inmitten einer Kampagne juristischer Schikanen, wurde das Eigentum an seinem Verlag auf seine Frau übertragen. Als ob die Inhaftierung nicht schon genug wäre, wurde 2001 ein weiterer Versuch unternommen, *Wahrheit für Deutschland* zu zensieren, Walendys Buch, das 1994 vom Bundesverfassungsgericht für gut befunden worden war. Da die Chancen auf eine Aufhebung des Urteils des Bundesverfassungsgerichts gering waren, gaben die Regierungsbehörden den Plan schließlich auf.

Ursula Haverbeck. Die unanständige Verurteilung einer ehrwürdigen alten Frau

Ursula Haverbeck wurde 2015 zu zehn Monaten Gefängnis verurteilt, weil sie den Holocaust geleugnet hatte, ohne Rücksicht auf ihr Alter von 88 Jahren. Diese abwegige und beschämende Verurteilung legt die Knechtschaft und das Elend der Bundesrepublik Deutschland für jeden offen, der es sich ansehen möchte. Jeder ehrliche Mensch muss diesen Missbrauch eines Staates verurteilen, der seinen Sinn für Anstand schon lange verloren hat. Doch anstatt die empörende Verurteilung zu kritisieren, servierten die Medien ihren Lesern die Nachricht so, als sei sie logisch, da es sich um „eine Nazi-Oma" handele. In Wirklichkeit, so sagte der verurteilende Richter aus einer obszönen moralischen Überlegenheit heraus, „hat es keinen Sinn, mit jemandem zu diskutieren, der die Fakten nicht akzeptieren kann". Doch auch wenn die Richterin es aufgrund ihrer Begrenztheit und Kurzsichtigkeit nicht wahrnehmen konnte, ist Ursula Haverbeck eine große Dame und als solche unter Revisionisten anerkannt. Trotz ihres ehrwürdigen Alters drückt sie sich mit erstaunlicher Intelligenz und Klarheit aus. In ihren Texten, Reden und Interviews gibt es keine einzige Ungereimtheit, sie sind vollkommen kohärent.

Ursula Haverbeck wurde 1928 in Berlin geboren. Als der Weltkrieg 1945 endete, war sie ein siebzehnjähriger Teenager. Sie erlebte den Luftterror, die barbarischen Vergewaltigungen durch die kommunistischen Armeen, Eisenhowers Todeslager, die Pogrome und ethnischen Säuberungen an Deutschen in ganz Europa, die

Hungersnot durch den Morgenthau-Plan... Ihr 1999 verstorbener Ehemann, Werner Georg Haverbeck, war Professor, Intellektueller und Historiker,, der zahlreiche Werke aller Art verfasste. Er hatte in der Führung der NSDAP mitgearbeitet und als Soldat an der Ostfront gekämpft. Ursula Haverbeck ist ebenfalls eine sehr gelehrte Frau, die Pädagogik, Philosophie, Geschichte und Sprachwissenschaft studiert hat und somit über mehrere Universitätsabschlüsse verfügt. Die beiden gründeten 1963 das „Collegium Humanum", das eine Vorreiterrolle in der Umweltbewegung einnahm. In den letzten Jahrzehnten des 20. Jahrhunderts waren sie sehr aktiv in der Verteidigung der deutschen Sprache und Kultur und im Kampf für den Erhalt der Natur. Von 1983 bis 1989 war Ursula Haverbeck Präsidentin der deutschen Sektion des Weltverbandes zum Schutz des Lebens.

Im Jahr 2000 erhielten Ursula Haverbeck und andere Forscher, die sich bereits auf ihre revisionistischen Aktivitäten konzentriert hatten, Zugang zu Originaldokumenten der nationalsozialistischen Regierung über Auschwitz, die von der UdSSR bei Kriegsende beschlagnahmt worden waren. Diese befinden sich heute in den Händen des Instituts für Zeitgeschichte und können für 124 Euro von der Öffentlichkeit eingesehen werden. Sie und andere Historiker haben einige dieser relevanten Dokumente an verschiedene deutsche Ministerien und die Justiz weitergeleitet. Obwohl sie um eine offizielle Untersuchung gebeten haben, haben sie nie eine Antwort erhalten. Aus diesen Unterlagen geht hervor, dass Auschwitz kein Vernichtungslager, sondern ein Arbeitslager für die Rüstungsindustrie war und dass es Anordnungen gab, die Gesundheit der Häftlinge so weit wie möglich zu erhalten.

In diesen Jahren lernte sie Horst Mahler kennen und beteiligte sich am 9. November 2003 an der Gründung des „Vereins zur Rehabilitierung der wegen Bestreitens des Holocaust Verfolgten", dessen Leiterin sie war. Zündel, Faurisson, Rudolf, Töben, Stäglich, Honsik, Graf und andere prominente Revisionisten traten diesem Verein bei, der 2008 vom Innenministerium verboten wurde. Die ersten Sanktionen für ihre revisionistischen Aktivitäten erfolgten aufgrund von Artikeln, die in der *Stimme des Gewissens,* einer Publikation des Collegium Humanum, veröffentlicht wurden: 2004 wurde sie zu einer Geldstrafe von 5.400 Euro und 2005 zu einer weiteren von 6.000 Euro verurteilt. In beiden Fällen wurde die Publikation von den Behörden beschlagnahmt.

Im Jahr 2008 wurde das Collegium Humanum verboten: Charlotte Knobloch, Vorsitzende des Zentralrats der Juden in Deutschland, hatte öffentlich zum Verbot des Collegium Humanum und seiner Publikation *Stimme des Gewissens* aufgerufen. Haverbeck reagierte mit einem offenen Brief, in dem er Knobloch empört aufforderte, sich nicht in Angelegenheiten einzumischen'', die nicht in ihre Zuständigkeit fielen. In Anspielung auf die chasarische Abstammung der aschkenasischen Juden forderte er Knobloch auf, nach Asien zurückzukehren, wenn ihm das Leben in Deutschland nicht gefalle. Diese und ähnliche Äußerungen führten zur Erstattung einer Strafanzeige. Im Juni 2009 verurteilte das Amtsgericht Bad Öynhausen Haverbeck wegen Beleidigung von Charlotte Knobloch zu einer Geldstrafe von weiteren 2.700 Euro.

Ursula Haverbeck hat eine Initiative ergriffen, die vielleicht die Härte erklärt, mit der sie anschließend behandelt wurde. Am 20. November 2014 erstattete sie Strafanzeige gegen den Zentralrat der Juden in Deutschland, dem sie die Verfolgung Unschuldiger vorwarf, was in der Nachkriegszeit beispiellos war. Die Anzeige stützte sich auf Paragraf 344 des Strafgesetzbuchs und betraf die Strafverfolgung unschuldiger Deutscher wegen Holocaust-Revision. Der Straftatbestand der falschen Strafverfolgung wird mit bis zu zehn Jahren Haft geahndet; bereits im Dezember 2014 wurde die Klage jedoch abgewiesen und das Ermittlungsverfahren eingestellt. Dagegen prüfte die Staatsanwaltschaft die Möglichkeit, Haverbeck wegen falscher Anschuldigungen zu belangen.

Am 23. April 2015 ereignete sich das erstaunliche Ereignis, das zur Verurteilung von Ursula Haverbeck zu zehn Monaten Haft führte. Unverständlicherweise strahlte die 1950 gegründete ARD in ihrem *Panorama-Magazin* ein im März aufgezeichnetes historisches Interview mit der Grande Dame des Revisionismus aus. Die Sendung war eines der beunruhigendsten Ereignisse in Deutschland seit dem Zweiten Weltkrieg. Es sei darauf hingewiesen, dass die ARD, eine Arbeitsgemeinschaft öffentlich-rechtlicher Rundfunkanstalten mit 23.000 Mitarbeitern, nach der BBC die zweitgrößte Fernsehanstalt der Welt ist. Millionen von Zuschauern waren zu Hause schockiert über die beispiellosen Äußerungen von Ursula Haverbeck. Noch nie hatte ein deutscher öffentlich-rechtlicher Sender jemandem erlaubt, die Wahrheit über den Zweiten Weltkrieg auch nur anzudeuten. Es ist klar, dass die ARD eine millionenschwere Klage riskierte, weil sie eine Sendung ausstrahlte, in der sie das Verbrechen beging, den Holocaust als eine vom Bonner Regime geförderte Lüge in den Händen der kriminellen transnationalen jüdischen Finanzbesatzung anzuprangern. Wir wissen nicht, welche Folgen die Ausstrahlung des Interviews für die *Panorama-Journalisten* und die ARD-Leitung hatte. Das interessiert uns jedenfalls weniger, denn der Inhalt der Aussagen ist von Interesse. Angela Merkel hatte im Januar 2013 erklärt, Deutschland trage „ewige Verantwortung für die Verbrechen des Nationalsozialismus, für die Opfer des Zweiten Weltkriegs und vor allem für den Holocaust." Auf der Grundlage dieser Worte kann kein halbwegs gebildeter Mensch bestreiten, dass die Deutschen seit Kriegsende dem eisernen Griff des Zionismus unterworfen sind. Das ist genau das, was die große Dame anprangerte.

Das Interview, von dem im Folgenden ein Auszug wiedergegeben wird, ist auf You Tube mit englischen Untertiteln verfügbar. Es beginnt mit den Worten: „Sie haben behauptet, der Holocaust sei die größte und hartnäckigste Lüge der Geschichte". Nachdem er die Arbeiten von Professor Faurisson zitiert hat, bekräftigt Haverbeck seine Behauptung und weist darauf hin, dass es sich um eine universelle Lüge handelt, die auf der ganzen Welt verbreitet ist. Er erwähnt dann Beweise für die Nichtexistenz von Gaskammern, dass Zyklon-B ein Desinfektionsmittel war und beharrt darauf, dass der Holocaust die größte Lüge ist, die je verbreitet wurde. Der Interviewer erinnert ihn daran, dass dies ein Schlag ins Gesicht ist, da jeder weiß, dass der Holocaust stattgefunden hat und sechs Millionen Menschen getötet wurden. „Können Sie noch einmal kurz erklären, warum der Holocaust für Sie die größte Lüge der Geschichte ist?" Haverbeck bekräftigt, dass es die hartnäckigste und diejenige ist, die den größten Einfluss hatte und immer noch hat. Er erklärt, dass man statt Antworten Verurteilungen bekommt und fügt hinzu: „Wenn man ein Gesetz braucht, das den Holocaust vorschreibt und Strafen androht, wenn jemand frei nachforscht, dann gibt es ein Problem, nicht wahr? Die Wahrheit braucht kein Gesetz.

Im weiteren Verlauf des Interviews geht es um das schreckliche Leid der deutschen Generation, zu der Ursula Haverbeck gehört: Sie erinnert daran, dass fünfzehn Millionen Deutsche, darunter auch sie selbst, aus ihrer Heimat vertrieben wurden. Sie prangert die Morde, Vergewaltigungen und anderen Verbrechen an, an die sich in Europa niemand mehr erinnert. In diesem thematischen Zusammenhang weist die große Dame die von den Behörden angegebene Zahl von 25.000 Toten in Dresden kategorisch zurück und nennt eine verifizierte Zahl von 235.000 Opfern. Sie schließt mit der Feststellung, dass nur die Wahrheit alle versöhnen kann. Der 1994 verabschiedete Paragraph 130 des Strafgesetzbuches, der mit Artikel 5 des Grundgesetzes über die Freiheit der Meinungsäußerung und die Freiheit der Untersuchung unvereinbar ist, ist das nächste Thema. Haverbeck lässt die bekannten Absurditäten Revue passieren und erwähnt die chemische Studie von Germar Rudolf, seine Verurteilung und die von Mahler: „Das muss jeden anständigen Menschen zutiefst empören", schließt sie mit wachsender Erregung.

Trotz der offensichtlichen Rührung des Achtzigjährigen besteht der Interviewer darauf: „Sie behaupten also öffentlich, dass es den Holocaust nie gegeben hat?" „Ja, natürlich, das ist richtig", antwortet Haverbeck, der sich sofort daran erinnert, dass die Befehle in den Konzentrationslagern streng waren, dass die Kommandanten ihre Grenzen nicht überschreiten durften und dass zwei von ihnen sogar hingerichtet wurden. „Ich verstehe also", unterbricht der Journalist, „dass es zwar Konzentrationslager gab, aber kein Massenvernichtungsprogramm, wie wir es heute verstehen". Haverbeck erklärt daraufhin die Bedeutung der industriellen Aktivitäten in Auschwitz und legt Beweise vor, darunter die Leuchter- und Rudolf-Berichte, die sie zu dem Schluss kommen lassen, dass es nie Gaskammern gab, denn „Auschwitz war kein Vernichtungslager, sondern ein Arbeitslager." Die alte Frau schwenkt Texte und Dokumente, die beweisen, dass sie nicht lügt, was zu einer weiteren Frage führt: „Wenn es so viele Dokumente gibt, warum sprechen Sie dann nicht darüber?" Antwort: „Das können Sie selbst beantworten. Weil es nicht erwünscht ist. „Für wen?" „Für diejenigen, die die Lüge aufgestellt haben". Es folgt ein Gespräch über die Veröffentlichung und Verheimlichung von Materialien und verbotenen oder zensierten Texten, das in der Klage gipfelt, dass die Umkehrung des Unterrichts, den die Deutschen ein halbes Jahrhundert lang in den Schulen erhalten haben, ein ernstes Problem darstellt. Haverbeck erklärt, dass es keine Ausrottung der Juden gab, sondern Verfolgung, Deportation und Umsiedlung. Das haben die Zionisten selbst gewollt", fügt er hinzu, „und deshalb haben sie sogar kollaboriert. Die Zionisten wollten einen

Staat haben.... Sie hatten das gleiche Ziel: Sie wollten ihren eigenen Staat, und vor allem wollten sie die deutschen Juden, weil sie die klügsten waren. Die Fälschung des Tagebuchs von Anne Frank, die Lüge, dass Deutschland die Ursache für die beiden Weltkriege war, Eli Wiesels Schwindel über die Konzentrationslager, die Erkenntnis, dass die Leichenberge in Bergen-Belsen an Typhus, Hunger und Krankheiten gestorben waren, sind weitere Themen des 49-minütigen Gesprächs. An dieser Stelle erinnert sich Haverbeck: „Am Ende des Krieges waren wir alle am Verhungern. Meine Mutter wog nur noch 40 Kilo. Wir waren alle skelettiert...'' Der Interviewer fragt: „Glauben Sie, dass Sie die Mehrheit der Deutschen davon überzeugen könnten, dass der Holocaust, wie wir ihn kennen, nicht stattgefunden hat, dass er nie stattgefunden hat?'' Haverbeck antwortet, dass es jemand tun muss, „weil sie sonst ewig sinnlos leiden werden. Und leiden tun sie. Und man sagt ihnen, dass sie es tun müssen. Dieser Schuldkomplex ist tief verwurzelt. Und dann kommen noch die Forderungen hinzu: Gebt uns mehr U-Boote, gebt uns mehr von diesem, macht das, und so weiter und so fort. Das ist alles eine Funktion unserer Vergangenheit...''

Das Gespräch findet in der großen Bibliothek von Ursula Haverbeck statt. Das Thema Hass kommt zur Sprache. Dann erwähnt die große Dame den *Talmud* als Beispiel für den ultimativen Ausdruck des jüdischen Hasses auf Nichtjuden: „Sie müssen nur den *Talmud* lesen. Ich habe hier'', sagt sie und dreht den Kopf, „alle zwölf Bände in der neuesten und maßgeblichen Übersetzung, eine Ausgabe von 2002...''. Der Dialog endet mit einer Warnung: „Das, was Sie sagen, dass Sie glauben, insbesondere, dass der Holocaust nicht stattgefunden hat, wie Sie behaupten, könnte Sie das Gefängnis kosten. Antwort: „Nun, wenn die Leute denken, das sei das Beste, was ich tun kann, dann ist das eben ein Risiko, das ich eingehen muss.... Das ist der Preis, den ich zahlen muss. Ich denke immer an Schiller, das Feld von Waldstein: 'Aufstehen, meine Kameraden, zu den Pferden, zu den Pferden!.... Und wenn ihr nicht euer Leben riskiert, werdet ihr niemals das Leben als Preis erhalten.',,

Als Folge der Äußerung der soeben zusammengefassten Ideen wurde die Grande Dame des Revisionismus im Juni 2015 verhaftet. Auf Anordnung der Staatsanwaltschaft drang das niedersächsische Landeskriminalamt in die Wohnung von Ursula Haverbeck und drei weiteren Historikerkollegen ein, um nach Beweisen für ihre

Gedankenverbrechen zu suchen. Die Aktion fand nachts statt. Eine bewaffnete Gruppe politischer Polizisten trat die Tür ein und stürmte hinein. Man kann sagen, dass das Haus dem Erdboden gleichgemacht wurde, da die meisten Bücher und anderen Gegenstände bei der Suche nach Dokumenten oder anderen Beweisen, die Ursula Haverbeck wegen Aufstachelung zum Hass und Leugnung des Holocausts belasten könnten, auf dem Boden landeten. Die gleiche Szene spielte sich auch in den Wohnungen der anderen drei Revisionisten ab, deren Bücher und Dokumente von der Polizei beschlagnahmt wurden. Rätselhaft an der ganzen Angelegenheit ist, dass die ARD-Programmleitung die Ausstrahlung des Interviews zuließ, zumal der Journalist die revisionistische Historikerin darauf hinweist, dass sie für ihre Äußerungen im Gefängnis landen könnte. Die Verhaftung von Ursula Haverbeck war von Anfang an absehbar.

Am 11. November 2015 wurde sie vom Landgericht Hamburg zu zehn Monaten Haft verurteilt, weil sie die Frage gestellt hatte, ob Juden in Auschwitz vergast wurden. Die Angeklagte erschien zur Verhandlung ohne Anwalt und verteidigte sich gut gelaunt. Etwa fünfzig Personen, die sie begleiteten, versuchten, im Gerichtssaal Platz zu nehmen, aber eine Gruppe von „Aktivisten" hatte zuvor die Plätze besetzt, um Ursulas Freunde fernzuhalten, von denen viele aus Platzmangel draußen bleiben mussten. Ihr wurde vorgeworfen, dem Fernsehmagazin *Panorama* ein Interview gegeben zu haben, in dem sie erklärte, Auschwitz sei kein Vernichtungslager, sondern ein Arbeitslager gewesen und der Massenmord an Juden habe nicht stattgefunden. Haverbecks Worte an den Richter waren: „Ich stehe zu allem, was ich gesagt habe". An den Staatsanwalt gewandt fragte er: „Wie wollen Sie als Anwalt den Vorwurf von beweisen, dass Auschwitz ein Vernichtungslager war?" Sein Antrag, dass ein revisionistischer Historiker aussagen und den Beweis erbringen solle, dass in Auschwitz niemand vergast worden sei, wurde von Richter Jönsson mit den Worten abgelehnt, es sei sinnlos, mit jemandem zu streiten, der die Fakten nicht akzeptiert.

Dieser Richter ignorierte in seiner Arroganz mühelos die Tatsache, dass die Nichtanerkennung der Tatsachen in die andere Richtung ging, es die deutschen Gerichte sind, die sich systematisch weigern, sie zu prüfen und Beweise und Belege für das angeklagte Verbrechen zurückweisen. Richter Jönsson setzte die Gewissheit des Holocausts mit dem Beweis gleich, dass die Erde rund ist: „Ich muss auch nicht den Beweis antreten, dass die Welt rund ist". Nachdem er heuchlerisch sein Bedauern darüber zum Ausdruck gebracht hatte, dass die alte Frau all ihre Energie darauf verwendet hatte, „Hass zu schüren", entschied der Richter schließlich, dass „es eine verlorene Sache" sei. Die Staatsanwaltschaft vertrat die Auffassung, dass die Angeklagte ihr „fanatisches Wahndenken" nicht geändert habe, so dass sie trotz ihres fortgeschrittenen Alters zu einer effektiven Freiheitsstrafe von zehn Monaten verurteilt werden sollte. Der Richter stimmte dem zu.

Im Jahr 2016 haben wir daher unseren Bericht über die Verfolgung der Grande Dame aufgegeben, als sie im November 2015 vom Richter Björn Jönsson des Landgerichts Hamburg zu einer zehnmonatigen Haftstrafe verurteilt wurde. Wir fügen nun hinzu, dass zwei weitere Verurteilungen folgten: eine im Jahr 2016, weil sie Briefe an einen Bürgermeister und eine Zeitung geschrieben hatte, in denen sie den Holocaust leugnete, und eine weitere im August 2017 wegen Aufstachelung zum Hass. Am 23. April 2018 sollte sie zu einer Haftstrafe verurteilt werden. Ursula tauchte nicht auf. Auf Drängen des Internationalen Auschwitz-Komitees, das die Polizei drängte, „intensiv" nach ihr zu suchen, wurde sie am Montag, dem 7. Mai, in ihrem Haus in Vlotho festgenommen. Obwohl sie 89 Jahre alt und in ärztlicher Behandlung war, wurde sie zur Verbüßung einer zweijährigen Haftstrafe in das Gefängnis Bielefeld-Senne eingeliefert. Die Grausamkeit und Unmoral der Bundesrepublik, eines „demokratischen" Staates, der nicht mehr ganz junge Menschen für ihre Ideen einsperrt, ist beispiellos. Im März 2019 bereitete sich unsere Heldin, inzwischen 90 Jahre alt, darauf vor, das Wahlplakat von Die Rechte für das Europäische Parlament zu leiten. Am 8. November desselben Jahres saß Ursula Haverbeck 91 Jahre im Gefängnis und hoffte, dass die deutsche Justiz ihren Antrag auf Erlass der verbleibenden Monate ihrer Strafe prüfen würde, ein Zugeständnis, das für die meisten Gefangenen in Deutschland üblich ist. Am 12. Dezember 2019 berichtete die Associated Press, dass ein deutsches Gericht entschieden hat, dass die ältere Frau nicht freigelassen werden soll. Sofern die Umstände dies nicht verhindern, wird Ursula Haverbeck bis zum 7. Mai 2020 im Gefängnis bleiben.

Monika und Alfred Schaefer: „Tut mir leid, Mama, dass ich mich beim Holocaust geirrt habe".

Es ist notwendig, auf den Prozess gegen Sylvia Stolz zurückzukommen, um über die Verfolgung und Inhaftierung der Brüder Schaefer zu berichten, eine weitere beschämende und bedauerliche Angelegenheit. Als wir den Fall der unverbesserlichen Anwältin verließen, schrieben wir, dass das Landgericht München sie am 25. Februar 2015 wegen ihres Vortrags in Chur (Schweiz) im November 2012 zu einer zwanzigmonatigen Haftstrafe verurteilt hatte. Das Urteil enthielt die Begriffe „Volksverhetzung" und „Beleidigung". Letzteres bezog sich darauf, dass Sylvia Stolz trotz ihres Ausschlusses von der Anwaltschaft die Prozessunterlagen unter dem Namen „Rechtsanwältin" unterzeichnet hatte. Am 3. Mai 2016 hob der Bundesgerichtshof das Urteil des Münchner Gerichts in Bezug auf die Berücksichtigung des „Missbrauchs" auf. Er bestätigte jedoch die Verurteilung des Landgerichts München in vollem Umfang. Dementsprechend hatte das Landgericht München gemäß der Entscheidung des BGH das gesamte Urteil als Ganzes zu prüfen, nicht aber das Urteil. Am 15. Februar 2018 gab das Landgericht München das Ergebnis seiner Überprüfung bekannt, das zu einer Herabsetzung der Strafe um zwei Monate auf eineinhalb Jahre führte.

Im Januar 2018 hatte vor dem Münchner Landgericht die Verhandlung zum Abschluss des Prozesses gegen Sylvia Stolz begonnen. Unter den Zuhörern waren auch die Geschwister Alfred und Monika Schaefer, die zu einem Verwandtenbesuch nach Deutschland gereist waren. Am 3. Januar, kaum eine Stunde nach Beginn der Sitzung, beantragte der Staatsanwalt überraschend eine Unterbrechung, die genutzt wurde, um Monika Schaefer zu verhaften. Derselbe Staatsanwalt kam in Begleitung von drei angeblich bewaffneten Polizeibeamten, die ihr Handschellen anlegten und sie gegen ihren Willen aus dem Gerichtssaal schleppten. B'nai Brith Canada hatte die deutschen Behörden alarmiert, und diese hatten sie seit ihrer Einreise beobachtet. Offensichtlich protestierte Monika. Sie sagte, sie sei eine freie Person, eine kanadische Staatsbürgerin, die nichts Unrechtes getan habe. Daraufhin sagte der Staatsanwalt zu ihr, und ich zitiere: „Wenn Sie frei bleiben wollten, hätten Sie in Kanada bleiben sollen". Ohne weitere Erklärungen wurde sie in einem Hochsicherheitsgefängnis in München inhaftiert, wo sie sechs Monate lang ohne Gerichtsverfahren in Isolationshaft verblieb und zunächst weder Korrespondenz noch Besuche von Familie und Freunden empfangen konnte. Unserer Meinung nach bestätigt ein solches skandalöses Vorgehen einmal mehr die eigentliche Perversion des deutschen Justizsystems und seine unverhohlene Unterwerfung unter den Zionismus und die Holocaust-Lobby (jüdisches Justizsystem).

Betrachtet man nun das Motiv für die plötzliche Verhaftung von Monika Schaefer in München, wächst die Bestürzung und Fassungslosigkeit. Eineinhalb Jahre vor ihrer Verhaftung, im Juni 2016, stellte Monika, eine kultivierte Frau, die Sprachen spricht und virtuos Geige spielt, ein von ihrem Bruder aufgenommenes Video ins Netz, das in revisionistischen Kreisen berühmt geworden ist. Sein Titel: „Sorry, Mama, ich habe mich beim Holocaust geirrt". Darin entschuldigt er sich bei seiner Mutter dafür, dass er sie mit Schuldgefühlen beschämt hat, die allen Deutschen von Kindheit an durch Erziehung und Propaganda eingeimpft wurden. Nachdem sie erzählt hat, dass ihre Eltern nach Kanada ausgewandert sind (ihre Mutter 1951 und ihr Vater 1952), wo sie geboren wurde, erklärt Monika in dem Video, dass sie sich als Kind für ihre Herkunft schämte und erinnert sich daran, dass sie, als sie eines Tages in Tiroler Tracht zur Schule ging, gehänselt wurde und „Heil Hitler" rief. Sie äußerte daraufhin den Wunsch, sich bei ihren inzwischen verstorbenen Eltern zu entschuldigen, weil sie ihnen ihre Vergangenheit vorgeworfen und sie für ihre Untätigkeit verantwortlich gemacht habe. Monika erinnert sich in dem Video daran, dass ihre Mutter sie traurig ansah und ihr versprach, dass sie nie etwas gewusst hätten. Sie erklärt schließlich, dass sie erst 2014 zu verstehen begann, warum ihre Mutter nichts wusste, als sie entdeckte, dass der Holocaust, wie sie es ausdrückt, „die größte, bösartigste und hartnäckigste Lüge der Geschichte" ist. Das Video endet mit der Feststellung, dass es widersprüchlich ist, ein Krankenhaus in einem Vernichtungslager zu haben und die Existenz der Gaskammern zu leugnen. Bevor er sich mit einer beschwingten Melodie auf seiner Geige verabschiedet, wendet er sich an den Geist seiner Mutter und entschuldigt sich noch einmal. Das ist alles. Zweifelsohne ein schreckliches Verbrechen.

Bis 2014 hatte Monika Schaefer Positionen inne, die politisch als links galten. Insbesondere kandidierte sie in Yellowhead County (Alberta) für die Grüne Partei. Es scheint, dass sie bei den Wahlen 2006, 2008 und 2011 erfolglos auf den Listen der Grünen kandidierte.

Sobald Monikas Ansichten über den Holocaust bekannt wurden, verurteilte die Grüne Partei von Alberta (GPA) diese natürlich sofort „aufs Schärfste" und leitete ein Verfahren ein, um sie so schnell wie möglich aus der Partei auszuschließen, was im August 2016 auch geschah. In ihrem Antwortschreiben auf ihren Ausschluss warf Monika Schaefer ihnen ihr Schweigen zu den Anschlägen vom 11. September 2001 vor und ließ sie wissen, dass sie erkannt habe, dass „die Grünen Parteien von derselben verborgenen Macht kontrolliert zu werden scheinen, die auch die anderen dominierenden Parteien kontrolliert." Neben anderen Empfehlungen forderte er sie auf, sich mit dem *Leuchter-Bericht* zu befassen, sich ein wenig um das palästinensische Volk zu kümmern und die Meinungsfreiheit zu respektieren.

Nach der Verhaftung und Inhaftierung seiner Schwester konnte Alfred Schaefer seine Empörung nicht unterdrücken und startete eine internationale Kampagne der Denunziation. Im Januar 2018 gab er Jonas E. Alexis ein ausführliches Interview für die Online-Publikation *Veterans Today. Journal for the Clandestine Services*, in dem er sich sehr locker gab. Unter anderem erklärte er, dass man in der Geschichte zurückgehen muss, um zu verstehen, was heute geschieht. Hier ein Zitat aus einem seiner Kommentare: „Der Hauptgrund für die Schaffung des Holocaust-Mythos war, die Aufmerksamkeit von den Völkermorden abzulenken, die Juden hinter dem Eisernen Vorhang unter dem Deckmantel des Kommunismus und Bolschewismus geplant, angezettelt und verübt haben. Er fuhr fort: „Die Juden wissen, warum sie alle Medien kontrollieren müssen. Sie sind das Fenster, durch das wir unsere Wahrnehmung der Realität und der Welt ausarbeiten. Sie sind das Instrument, durch das wir alles interpretieren. Die Menschen werden mit den Ideen gefüttert, die dem in ihrer Agenda festgelegten Plan dienen. Das gilt heute genauso wie in der Vergangenheit für das Schüren von Kriegen und Revolutionen". Natürlich geriet Alfred Schaefer mit solchen öffentlichen Äußerungen in das Fadenkreuz der Holocaust-Propagandisten, die schnell ihre Verfolgung aufnahmen. Das störte ihn nicht im Geringsten, und er produzierte weiterhin Videos und prangerte die Situation seiner Schwester an. Die Prozesse gegen Alfred Schaefer, der die deutsche Staatsbürgerschaft besitzt und sich statt für eine Rückkehr nach Kanada für einen Verbleib in Deutschland entschieden hat, waren vorprogrammiert. Ende Januar 2018 begannen die Durchsuchungen in seiner Wohnung. Am 23.

Januar kamen etwa zehn Polizeibeamte zu ihm nach Hause und beschlagnahmten Computer und Mobiltelefone von ihm und seiner Frau.

Am 1. Februar 2018, knapp einen Monat nach der Verhaftung seiner Schwester, erhielt Alfred Schaefer eine Vorladung, sich am 25. desselben Monats auf einer Polizeistation zu melden. Angeblich sollte er zu einer Rede befragt werden, die er am 25. November 2017 in Bretzenheim anlässlich einer Gedenkfeier für die eine Million deutscher Soldaten gehalten hatte, die in Eisenhowers neunzehn Todeslagern ums Leben gekommen waren (im dritten Band von *Verbotene Geschichte*, Kapitel X, widmen wir den Ereignissen in den Todeslagern im Jahr 1945 zehn Seiten). In dem Bewusstsein, dass man ihn verhaften wollte, um ihn wie seine Schwester Monika ins Gefängnis zu stecken, schickte Alfred einen Brief an die Polizei. Darin teilte er mit, dass seine Worte in Bretzenheim in englischer Sprache im Internet veröffentlicht wurden und dass er selbst eine deutsche Fassung zur Verfügung stellen würde, falls sie diese benötigten. Zum Inhalt seiner Rede erklärte er, dass er über seinen Vater, Otto Schaefer, einen Kriegsgefangenen in einem der Rheinlager, gesprochen habe. In dem Brief empfahl er der Polizei die Lektüre des Buches „*Andere Verluste*" von James Bacque, das, wie wir bereits im oben erwähnten Kapitel X unserer Arbeit gesagt haben, eine unverzichtbare Quelle ist, um sich über den Völkermord an den Kriegsgefangenen (PWTE) zu informieren. Wir geben wörtlich die Worte wieder, die auf seinen Vater und die Anklage gegen die Juden anspielen: „Er musste jeden Tag mit ansehen, wie junge Männer, die gesund waren, als sie in den Lagern ausgesetzt wurden, auf die schrecklichste Weise starben. Sie waren wie Vieh in einem riesigen Lager eingepfercht, ohne Schutz vor der Witterung, ohne Nahrung und nicht einmal Wasser. Das massenhafte Verhungernlassen dieser Deutschen war ein bewusster Plan. Die Juden wollten so viele Deutsche wie möglich ausrotten. Ihre Absicht, genau das zu tun, ist von ihnen selbst in Publikationen wie *Deutschland muss zugrunde gehen*, geschrieben von dem Juden Theodor Kaufmann, gut dokumentiert. Mein Vater, der 1976 mit dem kanadischen Orden ausgezeichnet wurde, verdankt sein Leben einem Lagerwächter, der ihm zur Flucht verhalf...".

Obwohl klar war, dass Alfred Schaefer „Straftaten" anhäufte und zusammen mit seiner Schwester Monika in München wegen

Volksverhetzung angeklagt werden würde, stand er zuvor vor dem Landgericht Dresden vor Gericht. Dort wurde ihm im April 2018 der Prozess gemacht, weil er zusammen mit Gerd Ittner am 11. Februar 2017 an einer Kundgebung am Zwingerteich teilgenommen hatte, wo sich etwa 200 Menschen versammelten, um des 72. Jahrestages der Bombardierung Dresdens zu gedenken. Jahrestag der Bombardierung Dresdens. Laut Anklageschrift hatte Schaefer behauptet, Dresden sei kein militärisches Ziel der Alliierten gewesen und es hätten sich nur Frauen, Kinder und Flüchtlinge aus den Ostgebieten in der Stadt aufgehalten. Vor Gericht sagte Schaefer, er sei dankbar für die Anklageschrift, weil sie es ihm ermögliche, die Wahrheit ans Licht zu bringen. Vor den Richtern prangerte er u.a. die Kriminalisierung des deutschen Volkes und die Macht der internationalen Bankiers an. Er bestritt auch die Verbrechen, die dem Nationalsozialismus zugeschrieben werden. Das Gericht verurteilte ihn wegen „Volksverhetzung" zu einer Geldstrafe von 5.000 Euro. Im Mai wurde das Urteil mit der Begründung veröffentlicht, dass der Angeklagte zwar den Holocaust nicht erwähnt, aber die Verbrechen der Nazis verharmlost habe. Gerd Ittner und ein dritter Redner in Zwingerteich wurden ebenfalls angeklagt.

Alfred Schaefer wurde immer wieder verhaftet, durfte aber Deutschland nicht verlassen, obwohl er sich zweimal wöchentlich auf einer Polizeistation melden musste. Am 6. Juli, als der Prozess gegen ihn und seine Schwester Monika, in dem es Alfred gelungen war, eine Reihe von Videos zu projizieren, bereits begonnen hatte, kamen fünf bewaffnete Polizisten um 14.00 Uhr zu seiner Wohnung, wo sie ihm vor den Augen seiner Frau und Lady Michaels Handschellen anlegten. Dort legten sie ihm im Beisein seiner Frau und der anwesenden Frau Michèle Renouf Handschellen an und nahmen ihn in Gewahrsam. Am 2. Juli 2018 hatte schließlich der Prozess in München begonnen. Die Anklage war erhoben worden, weil die beiden Brüder Videos produziert und ins Internet gestellt hatten, in denen sie den Holocaust leugnen. Monika, eine 59-jährige kanadische Staatsbürgerin, wurde in sechs Fällen wegen „Aufstachelung zum Hass" angeklagt, während ihr Bruder Alfred, 63, in 14 Fällen wegen „Aufstachelung zum Hass" angeklagt wurde.

Lady Renouf war in München, um die Brüder Schaefer zu begleiten und zu unterstützen. In einer Chronik des ersten Prozesstages erklärt sie selbst, dass ihr Anwalt Wolfram Nahrath, der an diesem Tag auch Monika Schaefer verteidigte, ihr riet, das Gerichtsgebäude nicht zu betreten, geschweige denn den Gerichtssaal, da sie befürchtete, dass dieselbe Strategie, die bei der Verhaftung von Monika angewandt wurde, auch gegen sie eingesetzt werden könnte. Im Februar 2018 hatte Lady Renouf an der Gedenkstätte für den Völkermord in Dresden teilgenommen und wurde in Deutschland wegen ihrer Rede wegen „Volksverhetzung" angeklagt. Lady Renouf, die die folgenden Informationen vom Anwalt von Sylvia Stolz erhalten hat, berichtet, dass es Alfred gelang, seine Schwester zu umarmen, als sie in Handschellen im Gerichtssaal erschien. Sie winkte mit dem Arm nach römischer Art und nahm eine trotzige Haltung ein. Die Richter Hofmann und Federl sahen darin eine Beleidigung und eine Missachtung des Gerichts, aber er sagte ihnen, dass er sie und die Bundesrepublik Deutschland für illegitim halte. Daraufhin wurde er von den Richtern gewarnt, dass er zu einer hohen Geldstrafe verurteilt werden würde, wenn er seine beleidigende Haltung beibehielte. Als Alfred Schaefer mit seinem Eröffnungsplädoyer begann, forderte Richter Hofmann ihn auf, es zusammenzufassen, was die Verteidiger veranlasste, eine zweistündige Unterbrechung zu beantragen, um die Ablehnung der Richter zu formulieren, da sie der Ansicht waren, dass die Rechte des Angeklagten durch den Versuch, sein Recht auf Verteidigung zu verhindern, eindeutig verletzt wurden,. Die Anwälte von Alfred und Monika Schaefer beantragten, den vorsitzenden Richter Hofmann wegen seiner Voreingenommenheit gegenüber Alfred Schaefer aus dem Prozess zu nehmen. Der vorsitzende Richter selbst entschied, dass das Verfahren unter seiner Leitung bis zum 4. Juli fortgesetzt würde, wenn die Angelegenheit geprüft würde. Natürlich wurde der Antrag abgelehnt.

In der Nachmittagssitzung beschwerte sich der Richter über den Umfang der Themen, die Alfred Schaefer in seinem Schriftsatz behandeln wollte, und strich zwölf Seiten. Trotzdem dauerte die Lesung vier Stunden. Schaefer argumentierte mit historischen und aktuellen Vorwürfen für die Abweisung des Verfahrens gegen ihn und seine Schwester. Kaum war er fertig, verkündete der Richter, dass der Angeklagte wegen Missachtung der richterlichen Autorität für zwei Tage in Polizeigewahrsam bleiben müsse. Die Verhandlung war bereits beendet, als Sylvia Stolz, die im Publikum saß, rief: „Das ist Terror! Der Richter fragte sie, was sie meine, wenn sie die Regeln des Gerichts als „Terror" bezeichne. Sie antwortete: „Ich bin an den

Worten zerbrochen". Rechtsanwalt Wolfram Nahrath hatte seine Robe bereits ausgezogen, als die Sitzung zu Ende war. Dennoch beharrte der Richter, anstatt zu verstehen, dass der Protest nach dem Ende der öffentlichen Anhörung vorgebracht worden war, darauf, dass Sylvia Stolz die Gerichtsverhandlung gestört hatte, und ordnete statt der üblichen Geldstrafe eine zweitägige Haftstrafe wegen Missachtung des Gerichts an.

Die Studie dauerte den ganzen Sommer 2018 und endete im Herbst Ende Oktober. Leserinnen und Leser, die den Prozess im Detail verfolgen möchten, werden auf den Newsletter des Adelaide Institute verwiesen, der eine Fülle von Informationen enthält. Wir werden nur einige wichtige Gedanken aus den letzten Plädoyers der Brüder Schaefer vor dem Münchner Gericht hervorheben, so dass wir uns bereits in den letzten Tagen befinden, als das Urteil verkündet wurde.

Wie Rechtsanwalt W. Nahrath in seinem Schlussplädoyer am 22. Oktober anprangerte, sei Alfred Schaefer von der Staatsanwaltschaft als „Feind der Menschlichkeit" behandelt worden. Alfred intervenierte am 25. Oktober. Er bekräftigte sofort seine Überzeugungen. Er ist der Meinung, dass es unwürdig wäre, seine Meinung aufzugeben, wenn man moralisch sicher ist, im Recht zu sein. Dann ging er auf die gegen ihn erhobenen Vorwürfe ein, wobei er vom Richter unterbrochen wurde, um ihn darauf hinzuweisen, dass er kein Recht habe, in seiner Erklärung weitere Beleidigungen zu begehen. In jedem Fall schwebte die Möglichkeit in der Luft, dass er sich mit seinen Äußerungen weitere Verstöße zuziehen könnte, wie z. B. als er sich auf die *Protokolle der Weisen von Zion* bezog, ein Tabuthema, das den Richter dazu veranlasste, eilig nachdrückliche Notizen zu machen.

In seiner vierstündigen Rede unterließ es Alfred Schaefer jedoch nicht, den Vorwurf zu erheben, einige Juden hätten den 11. September 2001 organisiert, dessen Folgen die Angriffe auf Afghanistan, den Irak und den so genannten „Krieg gegen den Terror" waren. Er bedauerte, dass der *Leuchter-Report*, der während des Prozesses vorgestellt wurde, ins Lächerliche gezogen wurde. Er verwies auf die berühmte Rede von Benjamin Friedman, *A jewish Defector Warns America*, die dem Gericht ebenfalls vorgelegt worden war. Er klagte an, dass alles auf Lügen basiere, die unerbittlich als

Wahrheit durchgesetzt würden. Er erinnerte auch kurz an Ursula Haverbeck und fragte das Gericht, wie eine 89-jährige Frau inhaftiert werden könne. „All dies geschieht", sagte er augenzwinkernd, „im Namen der Menschenrechtsorganisation B'nai Brith". Als er versuchte, die Einwanderungsfrage zu erörtern, warnte ihn der Richter erneut, dass seine Aussagen belastend sein könnten. Die Sitzung wurde kurz darauf vertagt, so dass Alfred Schaefer seinen Vortrag am Morgen des 26. Oktobers beendete. Er berichtet sofort von seiner Enttäuschung und der seiner Schwester über die Figur Noam Chomsky, die für sie anfangs eine Ikone war. Gegen Ende seiner Rede sagte er, er sei bereit, wie eine Biene zu stechen und für sein Volk zu sterben. Er sei bereit, für das, was er gesagt habe, ins Gefängnis zu gehen, und er habe keine Angst, für die Wahrheit einzustehen. An diesem Punkt blickte Alfred zu den Sitzen im Saal, wo seine Frau saß, und die Rührung war offensichtlich, so sehr, dass er für einen Moment zu versuchen schien, die Tränen zurückzuhalten. Abschließend forderte er Lösungen für die Probleme der Welt und brachte seinen Wunsch nach Frieden zum Ausdruck. Sein letzter Appell lautete: „Denken wir an die künftigen Generationen".

Am 26. Oktober um 12.35 Uhr war Monika Schaefer an der Reihe, die ihr Plädoyer im Stehen halten wollte. Sie erinnerte sich an ihre Verhaftung im selben Gebäude und an die Worte des Staatsanwalts an sie. Dann fuhr sie fort, ihre Vergangenheit zu schildern. Er wies darauf hin, dass er 2011, als er Mitglied der Grünen Partei war, einen Bericht mit seinen Recherchen zum 11. September 2001 an das kanadische Parlament geschickt habe, der ignoriert worden sei. Er wies darauf hin, dass die Grünen 2014 von ihm verlangten, einen Brief über den zionistischen Angriff auf den Gazastreifen, der Tausende von Toten und Verletzten zur Folge hatte, zurückzuziehen, und betonte, dass sie ihn auch aufforderten, sich öffentlich zu entschuldigen. Sie sagte dem Gericht, dass dies „unmöglich" sei, weil sie sich „nur von der Wahrheit leiten lassen könne". Nach dieser Enttäuschung, so sagte sie dem Gericht, habe sie verstanden, warum die Grüne Partei den Zionismus verteidigte. Sie erkannte auch, dass die Menschen, bei denen sie sich entschuldigen musste, ihre Eltern waren, und so beschloss sie, „Sorry Mom..." aufzunehmen. Daraufhin habe sie die Diffamierung und Ausgrenzung erlebt, unter der „Menschen, die das Tabu brechen", leiden. Sie erinnerte sich an ihre Leidenschaft für die Geige, die sie während der Monate der Inhaftierung begleitete, und daran, dass sie in Schulen, auf Hochzeiten und freiwillig in Altersheimen spielte und unterrichtete. Monika sagte dem Gericht, dass sie gerade wegen ihrer Bekanntheit gesellschaftlich vernichtet werden sollte. Sie prangerte die Hasskampagne gegen sie an und nannte viele Beispiele: Sie wurde auf der Straße geschlagen, ihre Autoreifen wurden aufgeschlitzt, sie wurde mit Kies beworfen, sie wurde von Jugendlichen auf der Straße bespuckt, sie wurde aus der Alberta Fiddlers' Union ausgeschlossen... Nach diesen Tatsachen fragte sie das Gericht: „Wer schürt den Hass gegen wen?" Monika bedauerte die Tatsache, dass die kanadische Regierung dem Konsul verboten hatte, dem Prozess beizuwohnen, um herauszufinden, was mit einer kanadischen Staatsbürgerin geschah. Abschließend versicherte sie, dass sie sich ihrer deutschen Herkunft nicht mehr schäme, dass sie stolz auf ihre Eltern und Vorfahren sei. Statt einer Welt, die auf Lügen basiert", schloss sie, „brauchen wir eine aufklärende Erziehung.

Nach einer Unterbrechung verkündete der Richter am Abend desselben Tages um 17.30 Uhr das Urteil, in dem es hieß, die beiden Brüder hätten Hass verbreitet. Sie hätten das Verbrechen der Volksverhetzung gegen Menschen jüdischer Religion und gegen Ausländer begangen. Alfred und Monika Schaefer wurden für schuldig befunden. Alfred wurde wegen elf Straftaten der „Volksverhetzung" zu drei Jahren und zwei Monaten Gefängnis verurteilt. Monika wurde wegen vier Vergehen der „Volksverhetzung" zu zehn Monaten Haft verurteilt. Der Richter kam zu folgendem Schluss: „Die Videos wurden in krimineller Absicht erstellt, da sie wussten, dass pseudowissenschaftliche Beweise geeignet sind, den Rechtsfrieden zu stören und Hass gegen Minderheiten zu schüren". Was die Plädoyers der Angeklagten betrifft, so wurde festgestellt, dass sie nichts mit den Tatsachen zu tun haben. Bei dem Angeklagten Alfred Schaefer", so das Urteil, „muss der Hass bereits die Seele verzehrt haben. Er mag behaupten, sich für die deutsche Geschichte zu interessieren, aber das darf nicht in einen solchen Hass ausarten". Der Richter deutete an, dass Alfred Schaefer sich möglicherweise einem neuen Prozess stellen müsse, da einige der Dinge, die er gesagt oder getan habe (der römische Gruß), nach dem Strafgesetzbuch strafbar sein könnten.

Da Monika Schaefer bereits zehn Monate lang inhaftiert war, konnte sie ihre Freiheit wiedererlangen und schließlich nach Kanada zurückkehren, wo ihr Alltag nicht mehr derselbe sein würde. Im

Januar 2019 weigerte sich beispielsweise in einem Fotokopierladen, in dem sie Stammkundin war, der Inhaber, sie zu bedienen, zeigte auf die Tür und forderte sie auf, das Geschäft zu verlassen. Nach einer kurzen Diskussion, in der Monika um Erklärungen bat, sagte die Frau ihr, dass sie eine Person, die sie hasse, nicht bedienen wolle. Was ihren Bruder Alfred betrifft, der in einem Münchner Gefängnis inhaftiert ist, so haben wir vor Abschluss dieser Zeilen zuletzt gehört, dass er am 28. Januar 2019 wegen weiterer gegen ihn erhobener Vorwürfe erneut vor Gericht gestellt werden sollte.

Reinhold Elstner, der Revisionist, der sich bei lebendigem Leib verbrannte

In der Bundesrepublik Deutschland werden jährlich etwa zweitausend Menschen wegen Meinungsdelikten verhaftet, und niemand kümmert sich darum, weil sie nur „Neonazis" sind. Wir könnten auf mit anderen ehrlichen Revisionisten fortfahren, die für kein anderes Verbrechen, als frei zu denken, hinter Gittern landeten, wie Dirk Zimmermann, der 2007 Kopien von *Vorlesungen über den Holocaust* an drei lokale Persönlichkeiten schickte: den Oberbürgermeister von Heilbronn, einen evangelischen und einen katholischen Geistlichen. Nachdem er die Bücher verschickt hatte, reichte er eine Klage gegen sich selbst ein und wurde 2009 zu neun Monaten Gefängnis verurteilt. Ein weiterer Fall ist der von Gerhard Ittner, der 2015 von einem Münchner Gericht verurteilt wurde. Zuvor, im Jahr 2005, war er zu zwei Jahren und neun Monaten verurteilt worden, was zu seiner Flucht nach Portugal führte, wo er im April 2012 festgenommen und im September ausgeliefert wurde. Drei Jahre später, im November 2015, verurteilte ihn das Landgericht Nürnberg-Fürth wegen der Gewohnheitsdelikte erneut zu achtzehn Monaten Haft. Zum Zeitpunkt der Verurteilung befand er sich bereits seit einem Jahr in Untersuchungshaft und wurde entlassen. Im Februar 2017 nahm er zusammen mit Alfred Schaefer am Jahrestag der völkermörderischen Bombardierung Dresdens teil, wofür gegen ihn erneut wegen „Volksverhetzung" ermittelt wurde. Am 12. Mai 2018, seinem 60. Geburtstag, verhafteten ihn drei Polizisten in Bretzenheim ohne Haftbefehl und ohne ihn zu identifizieren. Wenige Tage später wurde er in die Justizvollzugsanstalt Nürnberg eingeliefert, wo er sechs Monate in Untersuchungshaft saß, ohne einem Gericht vorgeführt zu werden. Am 10. November desselben Jahres wurde er entlassen. Alles deutet darauf hin, dass die Verfolgung von Gerd Ittner weitergehen wird. Diese wenigen Zeilen, geschrieben für *Thought Criminals*, sind eine Hommage an seinen Mut.

Die Aufzählung weiterer Beispiele würde unsere Arbeit unnötig in die Länge ziehen. Wir wollen daher mit einem extremen, allgemein unbekannten Fall enden, dem von Reinhold Elstner, dem wir den letzten Platz als Höhepunkt der Revisionistenverfolgung in Deutschland vorbehalten haben. Am 25. April 1995 begab sich der 75-jährige pensionierte Chemiker, Ingenieur und Wehrmachtsveteran auf die Treppe der Feldherrenhalle in München, übergoss sich mit einer brennbaren Flüssigkeit und zündete sich an. Die Menschen, die ihn sahen, versuchten, ihn zu retten, um sein Leben zu retten, aber zwölf Stunden später war Elstner tot. Die Gründe für diese unglückliche Tat sind in einem Text erläutert, den er vor seinem Selbstmord geschrieben hat und in dem er sein Opfer erklärt. Wir geben ihn in memoriam wieder.

> „Deutsche in Deutschland, in Österreich, in der Schweiz und in der Welt, bitte wacht auf!
>
> Fünfzig Jahre endloser Diffamierung, ständiger hasserfüllter Lügen, der Dämonisierung eines ganzen Volkes sind genug.
>
> Fünfzig Jahre unglaubliche Beleidigungen deutscher Soldaten, permanente milliardenschwere Erpressungen und „demokratischer" Hass sind mehr als man ertragen kann.
>
> 50 Jahre zionistische Rache der Justiz sind genug.
>
> Fünfzig Jahre, in denen versucht wurde, durch die Kriminalisierung von Eltern und Großeltern eine Kluft zwischen den Generationen der Deutschen zu schaffen, sind zu lang.
>
> Es ist unfassbar, dass wir in diesem Jubiläumsjahr mit einer Flut von Lügen und Verleumdungen überschwemmt werden. Da ich bereits 75 Jahre alt bin, kann ich nicht mehr viel tun; aber ich kann mir noch das Leben nehmen, indem ich mich selbst verbringe, eine letzte Aktion, die den Deutschen als Signal dienen kann, zur Vernunft zu kommen. Sollte durch meine Tat ein einziger Deutscher aufwachen und den Weg zur Wahrheit finden, dann wäre mein Opfer nicht vergebens gewesen.
>
> Ich fühlte, dass ich keine andere Wahl hatte, als ich feststellte, dass es jetzt, nach 50 Jahren, wenig Hoffnung gibt, dass die Vernunft siegt. Als jemand, der nach dem Krieg aus seiner Heimat vertrieben wurde, hatte ich immer eine Hoffnung, die gleiche Hoffnung, die den Israelis nach 2000 Jahren gewährt wurde, nämlich dass die vertriebenen Deutschen das Recht haben würden, in ihre Heimat zurückzukehren. Was ist aus dem Selbstbestimmungsrecht von 1919 geworden, als Millionen von

Deutschen gezwungen wurden, unter fremder Herrschaft zu leben? Unter diesen Fehlern haben wir bis heute zu leiden, und ich kann sagen, dass die Deutschen dafür nicht verantwortlich gemacht werden können.

Ich bin ein deutscher Schwede, ich habe eine tschechische Großmutter und andererseits tschechische und jüdische Verwandte, von denen einige in Konzentrationslagern wie Buchenwald, Dora und Theresienstadt inhaftiert waren. Ich habe weder der Nazi-Partei noch einer anderen Gruppe angehört, die auch nur im Geringsten mit dem Nationalsozialismus zu tun hatte. Wir hatten immer die besten Beziehungen zu unseren nicht-deutschen Verwandten und halfen uns gegenseitig, wenn es nötig war. Während des Krieges war unser Lebensmittelgeschäft mit Bäckerei für die Verteilung von Lebensmitteln an französische Kriegsgefangene und Arbeiter aus dem Osten, die in der Stadt lebten, zuständig. Alles wurde richtig gemacht, und so war sichergestellt, dass unser Geschäft bei Kriegsende nicht geplündert wurde, denn die französischen Kriegsgefangenen bewachten es bis zu ihrer Repatriierung. Unsere Verwandten, die in den Konzentrationslagern inhaftiert waren, kehrten bereits am 10. Mai 1945 (zwei Tage nach Ende der Feindseligkeiten) nach Hause zurück und boten ihre Unterstützung an. Besonders hilfreich war unser jüdischer Onkel aus Prag, der das von den Partisanen angerichtete Blutbad an den verbliebenen Deutschen in der tschechischen Hauptstadt miterlebt hatte. Das Entsetzen über diese kaltblütigen Morde stand ihm noch in den Augen. Offensichtlich ein Grauen, das er selbst als ehemaliger Reichsgefangener während seiner Gefangenschaft nicht erlebt hatte.

Ich war Soldat in der Wehrmacht des großen Deutschen Reiches und kämpfte vom ersten Tag an an der Ostfront. Dazu kommen noch einige Jahre Sklavenarbeit in der UdSSR als Kriegsgefangener.

Ich erinnere mich gut an die Reichskristallnacht 1938, weil ich an diesem Tag ein weinendes jüdisches Mädchen fand, ein Mädchen, mit dem ich studiert hatte. Aber ich war noch viel schockierter, als ich in Russland sah, wie alle Kirchen entweiht wurden, wie sie als Ställe und Waffenläden genutzt wurden; ich sah grunzende Schweine, blökende Schafe und das Klappern von Gewehren an heiligen Orten. Das Schlimmste war für mich, als ich sah, wie Kirchen in Museen des Atheismus verwandelt wurden. Und all dies geschah mit aktiver Duldung der Juden, jener kleinen Minderheit, von der so viele Mitglieder Stalins kriminelle Schergen waren. Die prominentesten von ihnen gehörten dem Kaganowitsch-Clan an, sieben Brüder und Schwestern, die solche Massenverbrecher waren, dass die angeblichen SS-Mörder im Vergleich dazu als harmlos gelten können.

Nach der Rückkehr aus den russischen Gefangenenlagern in meine „Heimat" (welch ein Hohn, gegenüber einem Gefangenen, der aus dem Land seiner Vorfahren vertrieben worden ist, von „Heimat" zu sprechen!) hörte ich zum ersten Mal von den Grausamkeiten der Konzentrationslager, aber zunächst nichts von Gaskammern oder der

Ermordung von Menschen durch den Einsatz von Giftgas. Im Gegenteil, man erzählte mir, dass es in Konzentrationslagern wie Theresienstadt und Buchenwald (Dora) sogar Bordelle für die Häftlinge auf dem Gelände des Lagers gab. Anlässlich der „Auschwitz-Prozesse" erklärte dann Herr Broszat vom Institut für Zeitgeschichte, dass die berühmte Zahl von sechs Millionen nur eine symbolische Zahl ist. Obwohl Herr Broszat auch erklärte, dass es in den auf deutschem Boden errichteten Lagern keine Gaskammern zur Ermordung von Menschen gab, wurden die angeblichen Kammern jahrelang den Besuchern in Buchenwald, Dachau, Mauthausen und anderen gezeigt. Lügen, nur Lügen bis zum heutigen Tag.

Das alles wurde mir sehr klar, als ich Dutzende von Büchern las, die von Juden und so genannten Antifaschisten geschrieben wurden. Darüber hinaus konnte ich auf meine eigenen Erfahrungen in Russland zurückgreifen. Ich lebte zwei Jahre lang in der Krankenhausstadt Porchov, wo bereits im ersten Winter die Gefahr einer Typhusepidemie bestand und alle Krankenhäuser und Erstversorgungseinrichtungen mit dem entlaust wurden, was wir damals „K.Z." nannten. Gas', genauer gesagt 'Zyklon-B'. Dort lernte ich, wie gefährlich der Umgang mit diesem giftigen Gas war, auch wenn ich nicht zu den Teams gehörte, die die Gebäude ausräucherten. Jedenfalls hatte ich seitdem keine andere Wahl, als alle Werke über die Konzentrationslager zu studieren, in denen märchenhafte Geschichten über die Gaskammern erzählt werden. Das muss der wahre Grund sein, warum alle Berichte der Opfer über die Konzentrationslager von den Gerichten als Wahrheit angesehen werden und nicht bewiesen werden müssen.

Im Jahr 1988 strahlte das deutsche Fernsehen einen Bericht über Babi Yar (eine Schlucht in der Nähe von Kiew) aus, in dem berichtet wurde, dass die SS 36.000 Juden zu Tode gesteinigt hatte. Drei Jahre später schrieb eine Dame namens Kayser einen Bericht für die Münchner Zeitung *TZ*, in dem sie behauptete, diese Juden seien erschossen und ihre Leichen in tiefen Schluchten verbrannt worden. Darauf angesprochen, wies Frau Kayser auf eine Buchhandlung in Konstanz hin, die das Buch *Die Shoah von Babi Yar* verkauft. An dem Tag, an dem das Buch bei mir eintraf, zeigte das deutsche Fernsehen einen Bericht aus Kiew über die Ergebnisse einer ukrainischen Kommission: In Babi Jar lagen die Leichen von 180.000 Menschen, die alle auf Befehl Stalins (vor 1941) ermordet wurden. Die Deutschen waren in keiner Weise verantwortlich. Dennoch finden sich überall auf der Welt Gedenkstätten in Babi Jar, die den Deutschen die Schuld an den Massakern geben (Clinton besuchte Babi Jar am 10. Mai 1995 und spielte vor einer Menora auf die Deutschen als Schlächter an).

Denn, wie Herr Broszat sagte, wurden wir über die Geschehnisse in Dutzenden von Konzentrationslagern getäuscht. Ich bin nicht bereit, die Geschichten zu glauben, die über die angeblichen Geschehnisse in den Lagern in Polen erzählt werden. Ich glaube auch nicht den Nachkriegsbeschuldigungen, die die Deutschen als besonders aggressiv darstellen. Immerhin war es Deutschland, das von 1871 bis 1914 den Frieden bewahrte, während England und Frankreich, die führenden Demokratien, den größten Teil Afrikas eroberten und ihre Kolonien in Asien ausbauten. Zur gleichen Zeit kämpften die Vereinigten Staaten in Mexiko gegen Spanien, und Russland führte Krieg gegen die Türkei und Japan. In dieser Hinsicht halte ich die US-Regierung für besonders zynisch, denn es war das Land, das in diesem Jahrhundert zweimal den Ozean überquerte, um Deutschland anzugreifen und uns zur „Demokratie" zu führen. Man muss bedenken, dass dies eine Regierung war, deren Nation die Ureinwohner ausgerottet hat und die bis heute ihre farbige Bevölkerung als Bürger zweiter Klasse behandelt.

Während meiner Jahre fand ich freundliche und hilfsbereite Juden nicht nur unter meinen Verwandten, sondern auch unter den Kriegsgefangenen in Russland. In Gorki half mir ein jüdischer Lehrer wieder auf die Beine, als ich an einer Rippenfellentzündung und schweren Augenproblemen litt. Aber ich habe auch viel Schlechtes über diese kleine Minderheit gehört. Hat Churchill nicht im *Londoner Sunday Herald* (8. Februar 1920) Folgendes geschrieben?

Von den Tagen des Spartakus Weishaupt bis hin zu Marx, Trotzki, Bela Kun, Rosa Luxemburg und Emma Goldmann gibt es eine Weltverschwörung, die darauf abzielt, unsere Zivilisation zu zerstören und unsere Gesellschaft durch Ereignisse von entsetzlicher Gier und durch die Verwirklichung des unmöglichen Traums von der Gleichheit aller zu verändern. Diese Verschwörung, die unerbittlich alle bestehenden Institutionen untergräbt, war in der Lage, eine Bande von skrupellosen Menschen aus der Unterwelt der großen Städte Europas und Amerikas zu beschäftigen, um die Macht in Russland zu ergreifen und sich selbst zu Herren dieses riesigen Reiches zu machen. Die Rolle, die diese atheistischen Juden bei der Errichtung des Bolschewismus gespielt haben, braucht nicht überbewertet zu werden.

Ich glaube, ich bin berechtigt, den Träger des angesehenen Karls-Preises zu zitieren. Im 18. Jahrhundert schrieb Samuel Johnson: „Ich weiß nicht, was wir mehr fürchten sollten, eine Straße voller Soldaten, die zu plündern bereit sind, oder ein Zimmer voller Schriftsteller, die zu lügen gewohnt sind".

Wenn wir unsere Erfahrungen nach 1918 und nach 1945 betrachten, wissen wir Deutschen, wen wir am meisten zu fürchten haben!

München, 25. April 1995

Reinhold Elstner".

2. Die wichtigsten Opfer der Verfolgung in Frankreich

François Duprat, ermordet von jüdischen Terroristen

Das Gesetz, das den Holocaust-Revisionismus in Frankreich verbietet, ist das Gayssot-Gesetz, auch bekannt als Fabius-Gayssot-Gesetz, das am 13. Juli 1990 verabschiedet wurde. Zwei Juden, der kommunistische Abgeordnete Jean Claude Gayssot und der wohlhabende Sozialist Laurent Fabius, waren die Väter dieser Erfindung, die es seither ermöglicht, diejenigen strafrechtlich zu verfolgen, die die Existenz bestimmter Verbrechen gegen die Menschlichkeit in Frage stellen, nämlich diejenigen, die in der Londoner Charta definiert sind, die als Grundlage für die Verurteilung der Naziführer in den berüchtigten Nürnberger Prozessen diente. Wie üblich hat die jüdische Lobby unter dem Deckmantel der angeblichen Verteidigung der Menschenrechte erreicht, dass in Frankreich wie in Deutschland Ermittler wegen Gedankenverbrechen verfolgt und der Meinungsfreiheit beraubt werden. Bereits vor der Verabschiedung dieses Gesetzes wurden Revisionisten mit Zwangsmaßnahmen belegt. Paul Rassinier, einer der Väter des Geschichtsrevisionismus, musste seit der Veröffentlichung von „*Die Lüge des Odysseus*" bis zu seinem Tod im Jahr 1967 alle Arten von Verleumdungen und Ausgrenzungen sowie mehrere Gerichtsverfahren über sich ergehen lassen (*Geschichte verboten*).

Ein weiterer Vorreiter des Geschichtsrevisionismus in Frankreich war François Duprat, der im Juni 1967 in der Zeitschrift *Défense de l'Occident* einen Artikel mit dem Titel „Das Geheimnis der Gaskammern" veröffentlichte. Später las Duprat das Buch „*Did Six Million Really Die?*" von Richard Harwood, dessen Veröffentlichung Ernst Zündel so viel Ärger bereiten sollte, und beteiligte sich an dessen Veröffentlichung und Vertrieb in Frankreich. François Duprat, 1941 in Ajaccio geboren, gilt als einer der Ideologen des französischen Nationalismus und der Gründung des Front National. Einer seiner Mentoren war Maurice Bardèche, der neben Paul Rassinier den Holocaust-Revisionismus propagierte. Beeinflusst von Bardèche schlug Duprat die Auflösung des zionistischen Staates vor und unterstützte die Volksfront zur Befreiung Palästinas. Duprat förderte die Übersetzung und Veröffentlichung grundlegender holocaustrevisionistischer Texte. Dank ihm wurden Thies Christophersens *Die Auschwitz Lüge* und Arthur Robert Butz' *The Hoax of the Twentieth Century* in Frankreich in Umlauf gebracht.

Am 18. März 1978 um 8.40 Uhr tötete eine Bombe François Duprat, der im Alter von 37 Jahren der erste Mensch war, der wegen seiner Unterstützung des Holocaust-Revisionismus ermordet wurde. Seine Frau Jeanine, die ihn begleitete, wurde schwer verletzt und verlor, obwohl sie ihr Leben retten konnte, ihre Beine und war gelähmt. Duprat fuhr seine Frau zur Schule in Caudebe-en-Caux, wo sie als Lehrerin tätig war. Das Auto hielt an einer Tankstelle, um Zeitungen zu kaufen, und die Täter nutzten die Gelegenheit, um eine Bombe im Unterboden des Fahrzeugs zu platzieren. Als sie ihre Fahrt fortsetzten, wurde das Auto in die Luft gesprengt. Die Ermittlungen ergaben, dass es sich um einen ausgeklügelten Sprengsatz handelte, der nur von Fachleuten hergestellt worden sein konnte. Zwei Gruppen bekannten sich zu dem Anschlag, um sich gegen die „Shoah-Leugnung" zu wehren: das selbsternannte Kommando des Gedenkens und die Jüdische Revolutionäre Gruppe. Die zionistischen Organisationen in Frankreich verurteilten den Mord jedoch in der Öffentlichkeit, und es wurde eine Rauschkampagne gestartet, um das Verbrechen ultralinken und/oder rivalisierenden nationalistischen Gruppen zuzuschreiben. Die Beerdigung von Duprat in der Kirche Saint-Nicolas-du Chardonnet in Paris war ein großes Ereignis.

Niemand wurde verhaftet und das Verbrechen blieb ungesühnt. Heute gibt es kaum noch Zweifel daran, dass der Mord an Duprat das Werk des Mossad war. Dank der Veröffentlichung Buches *„By Way of Deception"* des ehemaligen Agenten Victor Ostrovsky im Jahr 1990 erhielt die internationale Öffentlichkeit Zugang zu aufschlussreichen Details darüber, wie der israelische Geheimdienst so genannte „jüdische Verteidigungsgruppen" in verschiedenen Ländern ausbildet und bewaffnet. Ostrovsky erklärt in seinem umstrittenen Buch, dass junge Menschen aus anderen Ländern für verschiedene geheimdienstliche Schulungen nach Israel gebracht werden. In Europa ist der „Tagar", ein Ableger der zionistischen Betar-Bewegung, die wichtigste terroristische Gruppe. Tagar/Betar, mit Hauptsitz in Paris, hat enge Verbindungen zur israelischen Regierung und wird daher bei verdeckten Operationen des Mossad eingesetzt. Es ist mehr als wahrscheinlich, dass diese Tagar mit der Ermordung Duprats in Verbindung steht, da sie für zahlreiche kriminelle Angriffe auf Personen verantwortlich gemacht wird, die als „Feinde" betrachtet werden, darunter auch Holocaust-Revisionisten.

Roger Garaudy, der Philosoph, der an den Pranger gestellt wurde, weil er Israel anprangerte

Zu Beginn dieser Zeilen über den Philosophen Roger Garaudy werden wir von einigen Zweifeln geplagt. Sein Leben, ein paradigmatisches Beispiel für den Eklektizismus, war so reich und vielfältig, dass man versucht ist, denjenigen, die diesen Gelehrten, der während seines langen Lebens von fast hundert Jahren ununterbrochen geschrieben hat, nicht kennen, etwas davon zu erklären. Unsere Beschränkungen ergeben sich natürlich aus den Inhalten, mit denen wir uns befasst haben. Was uns in seinem umfangreichen Werk von mehr als fünfzig Aufsätzen im Wesentlichen interessiert, ist das, was den Geschichtsrevisionismus betrifft. Aus diesem Grund werden wir uns hauptsächlich auf das Buch konzentrieren, das die so genannte „Affaire Garaudy" auslösen sollte, *Les Mythes fondateurs de la politique israélienne*[6]. Dieser im Dezember 1995 veröffentlichte Essay entstand wahrscheinlich aus einer moralischen Notwendigkeit heraus, als Kompromiss, da Garaudy mit der Palästinenserin Salma Farouqui verheiratet war und 1982 zum Islam übergetreten war. Aus Platzgründen werden wir dennoch einige Absätze über seinen Lebensweg schreiben. Dies wird uns helfen zu verstehen, wie Garaudy dazu kam, die Perversion des zionistischen Staates anzuprangern.

Im Frühjahr 2013 besuchten wir das Museum der drei Kulturen im Calahorra-Turm in Córdoba, einer muslimischen Festung, deren Nutzung 1987 von der Stadtverwaltung an die Stiftung Roger Garaudy abgetreten wurde. Zehn Jahre später, im September 1997, wurde der Torre de la Calahorra, der sich gegenüber der Moschee, auf der anderen Seite der römischen Brücke über den Guadalquivir befindet, in das Register der Museen der Autonomen Gemeinschaft

---

[6] *Les Mythes fondateurs de la politique israélienne*, Omnia Veritas Limited, www.omnia-veritas.com. auch auf Deutsch erhältlich *Die Gründungsmythen der israelischen Politik*.

eingetragen. Dort hatten wir die Gelegenheit, mehrere ins Spanische übersetzte Werke von Garaudy zu erwerben, darunter seine Memoiren, die er im Alter von 75 Jahren zu schreiben begann: *Mi vuelta al siglo en solitario*. Wir werden daher einige Momente des intellektuellen, ethischen und religiösen Wandels dieses synthetischen und versöhnlichen Denkers mit seiner eigenen Stimme schildern. Seine Metamorphosen führten ihn vom militanten Kommunismus über den Katholizismus zum Islam und damit vom vermeintlichen marxistischen Atheismus zu einem tiefen Glauben an Gott.

Garaudy wurde 1913 in Marseille geboren. Seine Großmutter mütterlicherseits war Spanierin, eine Menorquinerin, die 1848 nach Algier verbannt wurde. Im Vorwort zu seinen Memoiren schreibt er: „Die große Suche meines Lebens bestand gerade darin, einen Sinn darin zu finden. Und auch in der Geschichte". In seinen Zwanzigern suchte er diesen Sinn im Marxismus und trat 1933 der Kommunistischen Partei Frankreichs bei. Nachdem er in Algerien Gefangener von Vichy-Frankreich war, erlebte er 1945 die Befreiung in Paris. Er schrieb einige aufschlussreiche Worte über die Situation in Frankreich: „In einem Land, in dem die große Mehrheit sowohl die Besatzung als auch das Vichy-Regime akzeptiert hat, wird jetzt die Illusion eines einmütigen und heroischen Widerstands geschaffen. Im Jahr 1945 gab es in Frankreich mehr Widerstandskämpfer als Einwohner". Da die Kommunistische Partei im internen Widerstand vorherrschend war, wurde ihr Prestige in Macht umgewandelt. Garaudy wurde 1945 als Abgeordneter in die erste verfassungsgebende Versammlung gewählt. Danach begann er seine Karriere als Abgeordneter der PCF, gefolgt von „vierzehn verlorenen Jahren im Parlament", wie er selbst sagt. Ende Oktober 1956, nach der Verstaatlichung des Suezkanals durch Nasser, erlebte Garaudy als Vizepräsident der Versammlung die Vorkriegsstimmung und die Vorbereitungen für die anglo-französische Intervention in Ägypten.

In diesen Jahren begannen seine Zweifel und er formulierte die bedeutsame Dichotomie zwischen „verantwortungsvollen Kommunisten und verantwortungsvollen Kommunisten", die 1970 zu seinem Ausschluss aus der Partei führen sollte. Er sprach sich zunehmend für einen Dialog zwischen Christen und Marxisten aus und berief sich dabei auf die Figur des Paläontologen und Philosophen Pater Teilhard de Chardin. In den 1960er Jahren riefen seine

Ansichten gegen den Atheismus und seine ständigen Begegnungen mit christlichen Theologen und Philosophen oft negative Reaktionen bei vielen Genossen hervor. Kein Schöpfer", schrieb er, „kann Gott leugnen. Er ist sich seiner Gegenwart bewusst. Auch wenn er es nicht sagt..." Man kann sagen, dass Garaudy der große Anreger der christlich-marxistischen Dialoge in Europa und Amerika war. 1969 schrieb er als Antwort auf die Frage „Wer ist Christus für Sie?" schöne Worte über Jesus und über die Christen:

> „... Ein Feuer ist entzündet worden: es ist der Beweis für den Funken oder die erste Flamme, die es entfacht hat. Dieses Feuer war vor allem ein Aufstand der Mittellosen, ohne den das 'Establishment' von Nero bis Diokletian sie nicht so hart verfolgt hätte. Für diese Menschen (die Christen) wird die Liebe kämpferisch, subversiv; sonst wäre Er (Christus), der Erste, nicht gekreuzigt worden. Bis zu diesem Augenblick haben alle Weisheiten über das Schicksal und über die mit der Vernunft verwechselte Torheit nachgedacht. Er, das Gegenteil des Schicksals, hat ihre Torheit aufgezeigt. Er, die Freiheit, die Schöpfung, das Leben. Er ist derjenige, der die Geschichte defatalisiert hat".

Ein Jahr, bevor er diese Worte schrieb, hatte sich in seinem Leben bereits das ereignet, was er als „Wendepunkt der Träume" bezeichnete: Nach dem Fiasko vom Mai 1968 marschierten am 20. August Truppen des Warschauer Pakts unter Führung der UdSSR in die Tschechoslowakei ein und brachen den so genannten „Prager Frühling" ab. Garaudy verurteilt die Intervention vorbehaltlos, aber die Partei prangert seine „Disziplinlosigkeit" an. Am 6. Februar 1970 wurde er aus der PCF ausgeschlossen.

Die neue Phase von Roger Garaudy war geprägt von seinen Reisen um die Welt. In seinem Bestreben, die Existenz Gottes zu ergründen, musste er sehen, wie Gott im Alltag und in den künstlerischen Ausdrucksformen anderer Kulturen und Zivilisationen konzipiert ist. Zu diesem Zweck reiste er nach Indien, China und Japan. 1979 veröffentlichte er *„Appel aux vivants", eines* seiner bekanntesten Bücher, das aus dem Französischen in sieben Sprachen übersetzt wurde, darunter Arabisch, Spanisch und Katalanisch, und. Die Tantiemen brachten ihm beträchtliche Gewinne und damit die Möglichkeit, die Vereinigung „Appel aux vivants" zu gründen, deren Ziel es war, eine Bewegung des gewaltlosen „Widerstands" gegen „die Besetzung der Institutionen und des Geistes durch die Ideologie des Wachstums und die Betäubung der Seelen" zu schaffen.

Am 17. Juni 1982 erschien in *Le Monde* ein Text von Garaudy, der einen Wendepunkt in seinem Leben markieren sollte. Wie er in *My Turn of the Century Alone* anprangert, wurde der Artikel dazu benutzt, „mich in den Kerker des Vergessens zu werfen". Jacques Fauvet, der Herausgeber der Zeitung, zu dem Garaudy gute Beziehungen unterhielt, erklärte sich bereit, eine bezahlte Seite zu veröffentlichen, in der er zusammen mit Pater Michel Lelong und Pastor Mathiot die israelischen Massaker im Libanon scharf kritisierte und deren Bedeutung erläuterte: „Wir haben gezeigt, dass es sich nicht um ein Versehen handelt, sondern um die innere Logik des politischen Zionismus, auf den sich der Staat Israel gründet". Garaudy erklärt in seinen Memoiren die Folgen des Textes und prangert an: „In anonymen Briefen und per Telefon erhielt ich bis zu neun Morddrohungen". Die LICRA (Internationale Liga gegen Rassismus und Antisemitismus) reichte eine Klage ein, um ein Verfahren wegen „Antisemitismus und Aufforderung zur Rassendiskriminierung" zu provozieren. Der Anwalt von Jacques Fauvet beharrte darauf, dass der Staat Israel nicht mit der jüdischen Gemeinschaft verwechselt werden dürfe; der Anwalt der LICRA versuchte jedoch zu beweisen, dass Garaudy ein Antisemit sei.

Glücklicherweise war dies alles nur ein Prolog zu dem, was Jahre später zur „Affaire Garaudy" werden sollte. Am 24. März 1983 entschied das Pariser Berufungsgericht, dass es sich um eine „rechtmäßige Kritik an der Politik eines Staates und der Ideologie, die sie inspiriert, und nicht um eine rassistische Provokation" handelt. Folglich wurde die Klage der mächtigen jüdischen Lobby in Frankreich abgewiesen, und die LICRA musste die Gerichtskosten tragen. Anstatt die Angelegenheit fallen zu lassen, legte die LICRA Berufung ein, doch das Urteil der Obersten Kammer des Pariser Gerichts fiel erneut zugunsten von Garaudy und den beiden Geistlichen aus, die den Artikel mitunterzeichnet hatten. Am 11. Januar 1984 erging ein Urteil, das das Urteil der Vorinstanz bestätigte und die LICRA erneut zur Zahlung der Kosten verurteilte . Die LICRA legte daraufhin erneut Kassationsbeschwerde ein. Dies dauerte fast vier Jahre. Schließlich, am 4. November 1987, verloren die Zionisten den Rechtsstreit. Das Gericht wies die Kassationsklage ab und verurteilte die Kläger zur Zahlung der Kosten. Die Niederlage der jüdischen Lobby wurde systematisch ignoriert. Selbst *Le Monde*, deren ehemaliger Herausgeber Fauvet in die Affäre verwickelt war, beschränkte sich auf eine unbedeutende Rezension. Neben den gerichtlichen Schikanen wurde gegen den Philosophen ein noch viel bedauernswerteres Verfahren eingeleitet:

> „Aber von diesem Moment an begannen die Medien mich zu ersticken: mein Zugang zum Fernsehen wurde blockiert und alle meine Artikel wurden abgelehnt. Bis zu diesem Zeitpunkt hatte ich vierzig Bücher in allen großen Verlagen veröffentlicht, von Gallimard bis Seuil, von Plon bis Grasset und Laffont. Sie waren in siebenundzwanzig Sprachen übersetzt worden. Von diesem Moment an waren alle Türen verschlossen: Einer meiner besten Verleger wurde von der Direktion angewiesen: „Wenn Sie ein Buch von Garaudy veröffentlichen, dürfen Sie kein amerikanisches Werk mehr übersetzen". Mich zu akzeptieren, wäre der Ruin des Hauses gewesen. Bei einem anderen Werk sagte ein anderer „Großer" (Verleger) zu seinem literarischen Direktor, der sich drei Monate lang mit Leidenschaft für das Buch eingesetzt hatte, um mir bei der Fertigstellung zu helfen: „Ich will Garaudy nicht in diesem Haus haben". Dies ist die Geschichte der Einmauerung eines Mannes".

Garaudy bezeichnet den Zeitraum 1982-1988 als „meine sechs Jahre der Wanderung in der Wüste". Der Versuch, ihn literarisch zu begraben, spiegelt genau die Pläne wider, die Adam Weishaupt und auch die *Protokolle der Weisen von Zion* zuvor skizziert hatten. Ersterer schrieb bereits Ende des 18. Jahrhunderts, dass sie die ihnen feindlich gesinnten Schriftsteller ruinieren müssten: „Wenn wir allmählich den ganzen Buchhandel in unseren Händen haben, werden wir dafür sorgen, dass sie (die feindlichen Schriftsteller) weder Verleger noch Leser haben." Im Zwölften Protokoll, in dem es um die Kontrolle der öffentlichen Meinung durch Nachrichtenagenturen, die Presse und Veröffentlichungen im Allgemeinen geht, heißt es: „Wir werden unsere Gegner sicher besiegen, weil sie infolge unserer Maßnahmen keine Zeitungen mehr zur Verfügung haben werden, in denen sie ihre Meinung kundtun können."

1982 heiratete Roger Garaudy die Palästinenserin Salma Farouqui, und zwei Wochen nach der Veröffentlichung der bezahlten Seite in *Le Monde*, die den Sturm auslöste, legte er am 2. Juli „bei vollem Bewusstsein und voller Verantwortung" in Genf vor Imam Buzuzu sein Bekenntnis zum muslimischen Glauben ab: „Gott allein ist Gott und Mohammed ist sein Prophet". Die Nachricht von seiner Konversion war eine gute Nachricht für die muslimischen Gemeinschaften im Westen, die ihm eine Einladung nach der anderen zukommen ließen. In einem Vortrag in Belfort mit dem Titel „Jesus, der Prophet des Islams", bei dem, wie er in seinen Memoiren zugibt,

„das Herz mehr von Jesus als von Mohammed spricht", zitiert er die Suren des Korans, in denen die Jungfräulichkeit Marias und Jesus als Prophet Gottes anerkannt werden: „Der Messias, Jesus, Sohn Marias, ist der Apostel Gottes. Er ist Sein Wort, das von Gott in Maria niedergelegt wurde. Er ist der Geist, der von ihm ausgeht". Garaudy stellt fest, dass Gott zu Mohammed sagte: „Bereue deine Sünden, vergangene und gegenwärtige", während der Koran Jesus und seine Mutter, die Jungfrau Maria, als die einzigen Menschen betrachtet, die nie gesündigt haben.

Fast zwangsläufig sah er in Spanien das historische Beispiel für den Dialog der Zivilisationen, den er predigte, und so landete er in Cordoba, wo sich die größte Moschee der Welt befindet. Eine Stadt, so der Philosoph, „die während der muslimischen Periode der spanischen Geschichte die größte Stadt Europas war, als Paris und London nur Kleinstädte waren. Sie wurde zu einem Zentrum der kulturellen Ausstrahlung". 1987 überließ ihm die Stadtverwaltung von Córdoba den Turm von Calahorra für neunundvierzig Jahre, um dort die Erinnerung an die Blütezeit Córdobas auszustellen: „Das war für mich der Beginn", schreibt Garaudy, „des wunderbaren Abenteuers, einen Traum zu verwirklichen".

Leider lösen Träume manchmal schreckliche Albträume aus, wie derjenige, den Garaudy 1996 erlebte, nachdem Ende 1995 in Frankreich das Buch *Les mythes fondateurs de la politique israélienne* erschienen war. Dieses Werk, das in Spanien unter dem Titel *Los mitos fundacionales del Estado de Israel*[7] veröffentlicht wurde, löste in Frankreich einen noch nie dagewesenen Sturm aus, denn nicht einmal die Bücher von Revisionisten wie Paul Rassinier, Arthur R. Butz oder Robert Faurisson haben in den Medien und in der „Intelligenz" so viel Lärm verursacht. In der ersten Hälfte des Jahres 1996 reißt die Kontroverse nicht ab, und die Affäre geht als „Affaire Garaudy" in die Geschichte ein. Zuvor hatte Garaudy erlebt, wie zwei seiner Bücher über die palästinensische Frage inoffiziell zensiert wurden, und zwar mit den üblichen Mitteln der jüdischen Interessengruppen: Einschüchterung und Erpressung. Garaudy wurde sich zunehmend der Rolle des Holocaust als Argument bewusst, um

---

[7] *Die Gründungsmythen der israelischen Politik*, Omnia Veritas Limited, www.omnia-veritas.com.

Kritik an Israel zum Schweigen zu bringen, und nahm das Angebot von Pierre Guillaume an, der 1980 die Buchhandlung „La Vielle Taupe" als auf revisionistische Bücher spezialisierten Verlag wiederbelebt hatte.

Robert Faurisson, der mehrfach angegriffen und mit dem Tode bedroht wurde und der die Gewalt dieser Medienstürme aus erster Hand kennt, schrieb am 1. November 1996 einen langen Artikel mit dem Titel „Bilan de l'affaire Garaudy-abbé Pierre (janvier-octobre 1996)" (Bilanz der Affäre Garaudy-Vater Pierre (Januar-Oktober 1996)). Professor Faurisson erklärt, dass Pierre Guillaume, um „die Strahlen des Fabius-Gayssot-Gesetzes" zu vermeiden, das Buch von Garaudy außerhalb des Handels als „vertrauliches Bulletin, das den Freunden der Vieille Taupe vorbehalten ist", verkauft hat. Faurisson behauptet, dass, abgesehen von religiösen und politischen Erwägungen, die Seiten, die den Zorn der jüdischen Organisationen in Frankreich und einem Großteil der westlichen Welt auslösten, die revisionistisch inspirierten Seiten im Herzen des Buches waren. In ihnen wurden für den Geschmack eines akribischen und präzisen Revisionisten wie Faurisson Nürnberg, die Endlösung, die angeblichen Gaskammern und schließlich der Holocaust hastig aufgearbeitet. In einem Auszug aus dem Artikel sagte Faurisson:

> „Aber so, wie es war, mit all seinen Unzulänglichkeiten, konnte Garaudys Buch die jüdischen Organisationen nur beunruhigen, die bereits eine übertriebene Tendenz hatten, überall Revisionisten auftauchen zu sehen, und die nun einen Mann entdeckten, dessen politische Ansichten - er war ein stalinistischer Apparatschik der orthodoxesten Art gewesen - in keiner Weise als faschistisch bezeichnet werden konnten. Auch R. Garaudy war zunächst Protestant, dann Katholik, bevor er in den 1980er Jahren Muslim wurde. In seinen verschiedenen Werken hatte er sich als Gegner jeglichen Rassismus gezeigt".

Die ersten Medien, die sich darüber aufregten, waren *Le Canard enchaîné* und *Le Monde*. Dann folgten die antirassistischen Organisationen, angeführt von der LICRA, die das Blatt anprangerten. Am 11. März 1996 versuchte Pierre Guillaume, eine öffentliche Ausgabe zu drucken, wie er es im Bulletin Vieille Taupe angekündigt hatte, aber seine übliche Druckerei weigerte sich, so dass Garaudy beschloss, das umgestaltete Werk heimlich selbst zu veröffentlichen. Am 15. April schrieb Henri Groues, genannt Pater Pierre, seinem Freund Garaudy einen langen Brief zur Unterstützung.

Am 18. April gab Garaudy in Begleitung seines Anwalts Jacques Vergès eine Pressekonferenz, auf der er die Namen einiger Persönlichkeiten nannte, die sich mit ihm solidarisch gezeigt hatten, darunter neben Pater Pierre auch Pater Michel Lelong und der Schweizer Essayist Jean Ziegler.

Angesichts der Heftigkeit der Angriffe versuchten alle, auch Garaudy, sich bald mit Argumenten zu entschuldigen, die ihre Positionen relativieren sollten, was Faurisson bedauert: „Es ist bedauerlich, dass Roger Garaudy und Pater Pierre nicht mehr Mut gezeigt haben. Seit dem Sturm der Medien in Frankreich sind sie auf dem Rückzug". Sowohl Professor Faurisson als auch Henri Roques, die es gewohnt sind, sich zu wehren, nahmen jedoch sofort öffentlich einen Vorschlag des Oberrabbiners Joseph Sitruk an, der am 27. April eine Debatte über die Shoah vorschlug. Am folgenden Tag zog der Rabbiner den Vorschlag zurück.

Am 29. April titelte die Zeitung *Liberation*: „Pater Pierre weigert sich, die Leugnungsthesen von Garaudy zu verurteilen". Dies war der Beginn einer allgemeinen Offensive: Die katholische Hierarchie erklärte, sie wolle nicht in die Kontroverse hineingezogen werden. Die Bischofskonferenz bedauerte die Haltung von Pater Pierre, bekräftigte, dass die Vernichtung der Juden eine unbestreitbare Tatsache sei, und prangerte den Skandal der Infragestellung der Shoah an. Die Angriffe wurden im Laufe des Monats Mai immer lauter. Am 9. Mai zum Beispiel brachte Jean-Luc Allouche, einer der Starjournalisten *der Liberation*, Garaudy und Pater Pierre mit Robert Faurisson in Verbindung, was beide zu vermeiden versucht hatten, und beschuldigte die drei, nur den Staat Israel delegitimieren zu wollen. In den Vereinigten Staaten beschuldigte am selben Tag, dem 9. Mai, ein gewisser Joseph Sobran in *The Wanderer*, einer katholischen Wochenzeitung in Ohio, Pater Pierre, „die Göttlichkeit Christi geleugnet zu haben".

Roger Garaudy seinerseits suchte und fand Unterstützung. Am 11. Mai *gab die Tribune Juive* bekannt, dass Garaudy die Veröffentlichung des Buches in den Vereinigten Staaten plane und dass Rabbi Elmer Berger einen Text für ihn geschrieben habe, den er als Vorwort verwenden wolle. Am 23. Mai berichtete *Liberation* über einen Leitartikel in *Al-Ahram*, einer Zeitung, die als inoffizielles Sprachrohr des ägyptischen Regimes gilt. Die Zeitung erklärte, sie sei stolz darauf, den Autor eines in Frankreich verfolgten Buches auf ihren Seiten begrüßen zu können, und prangerte die Medienkampagne gegen ihn an. Der Leitartikel warf *Liberation* vor, sich in den Dienst der zionistischen Propaganda zu stellen, und erinnerte daran, dass sie auf der anderen Seite das Recht von Salman Rushdie verteidigt hatte, den Islam anzugreifen. Am 29. Mai schließlich verkündete die Presse den Rückzug von Pater Pierre, der beschlossen hatte, sich in ein italienisches Kloster zurückzuziehen, wo er von Garaudy besucht wurde. Pater Pierre erklärte gegenüber dem *Corriere della Sera*, dass die Kirche in Frankreich interveniert habe, „um ihn unter dem Druck der Presse zum Schweigen zu bringen, inspiriert von einer internationalen zionistischen Lobby". Diese Worte lösten einen weltweiten Skandal aus.

Bereits im Juni veröffentlichte Garaudy eine Broschüre mit dem Titel *Derecho de respuesta. Antwort auf den medialen Lynchmord an Pater Pierre und Roger Garaudy*. Darin versuchte er, seine Ansichten über den Revisionismus zu klären und zu relativieren. Zu den Gaskammern betonte er, dass kein Gericht versucht habe, die Mordwaffe zu untersuchen, und erinnerte an die Existenz des *Leuchter-Berichts*. Er erkannte die Verfolgung der Juden an, sprach den Zionisten jedoch das Recht ab, Hitlers Verbrechen zu monopolisieren, und erinnerte daran, dass während des Zweiten Weltkriegs sechzehn Millionen Slawen ums Leben gekommen seien.. Mit Blick auf die Angriffe in der Presse schrieb er: „Die Journalisten sollen eines wissen: Die überwiegende Mehrheit der in die Nazilager Deportierten waren keine Juden, auch wenn alle Medien die These vertreten, dass nur Juden deportiert und vernichtet wurden.

Pater Pierre verließ im Juni Italien und ließ sich in der Schweiz nieder, von wo aus er am 18. Juni ein zwölfseitiges Fax mit dem Titel „Es lebe die Wahrheit" an einen Journalisten von *Le Monde* schickte. Zwei Tage später, am 20. Juni, erklärte Monsignore Daniel Lustiger, Kardinal-Erzbischof von Paris jüdischer Herkunft, in der Wochenzeitung *Tribune Juive*, dass er „die Kontroverse als eine ungeheure Katastrophe" erlebt habe. Der Erzbischof erteilte Pater Pierre eine öffentliche Rüge und sprach die Kirche von jeder Verantwortung frei. Monate später, am 26. September, erklärte der Erzbischof anlässlich einer Debatte an der Sorbonne über den Holocaust (die Shoah), dass „die Leugnung die gleiche Art von Lüge ist wie die des Mannes, der seinen Bruder tötet, um der Wahrheit zu entgehen". Sein Freund Elie Wiesel schloss sich dieser Aussage an und erklärte: „Leugner haben vielleicht keine Seele".

Die Offensive wurde schließlich im Sommer 1996 fortgesetzt. Am 16. Juli wird die bescheidene „Librairie du Savoir" im Quartier Latin angegriffen, die Georges Piscoci-Danesco gehört, einem rumänischen politischen Flüchtling, der revisionistische Werke, darunter auch die von Garaudy, verkauft. Er wird von Mitgliedern der Betar verwundet und die Buchhandlung wird dem Erdboden gleichgemacht, wobei etwa zweitausend Bände beschädigt werden. Der Schaden belief sich auf 250.000 Franken. Wie üblich blieben die Betar-Terroristen ungestraft, da sich die Polizei unter dem Schutz des Innenministeriums nicht einmal die Mühe machte, nach den Verbrechern zu suchen. Mehr als fünfzig von jüdischen Organisationen begangene Straftaten sind in Frankreich ungestraft geblieben. Ebenfalls im Juli zog Pater Pierre schließlich seine Aussage in einem Text zurück, der am 23. Juli in *La Croix* veröffentlicht wurde: „Ich habe beschlossen, meine Worte zurückzuziehen, indem ich mich wieder ganz auf die Meinung der kirchlichen Experten verlasse, und ich entschuldige mich bei all denen, die ich möglicherweise verletzt habe. Ich möchte Gott die alleinige Entscheidung über die Integrität der Absichten eines jeden überlassen".

Die Hexenjagd, die von den Medien im Allgemeinen betrieben wurde, hat zahlreiche Opfer hervorgebracht, insbesondere Personen, die verdächtigt wurden, das Sakrileg begangen zu haben, Revisionisten oder Leugner zu sein. Zu den beiden Hauptopfern. Robert Faurisson schrieb das Folgende:

> „Zwei Achtzigjährige, die glaubten, das Leben und die Menschen zu kennen, haben zu ihrer kindlichen Überraschung plötzlich entdeckt, dass ihr bisheriges Leben in Wirklichkeit einfach war. Die beiden mussten innerhalb weniger Tage eine außergewöhnliche Prüfung über sich ergehen lassen, nämlich die, die jüdische Organisationen gewöhnlich Personen auferlegen, die das Pech haben, ihren Zorn zu erregen. Es handelt sich dabei nicht um ein Komplott oder eine Verschwörung dieser Organisationen, sondern um eine Art angestammte Reaktion. Die Medien, die mit Hingabe für sie arbeiten, weil es sehr kostspielig sein kann, sich gegen sie zu stellen, wissen, wie man gegen „Antisemiten" mobilisiert, d.h. gegen Menschen, die, von wenigen Ausnahmen abgesehen, nicht Juden hassen, sondern von Juden gehasst werden. Der alttestamentarische Hass ist einer der furchtbarsten, die es gibt: nervös,

fiebrig, rasend, grenzenlos, er erstickt seine Opfer durch die Plötzlichkeit und Dauer seiner Gewalt. Es ist ein unstillbarer Hass, weil diejenigen, die unter ihm leiden, es sich nicht leisten können, das wahre Motiv zu enthüllen und so ihre Wut zumindest teilweise zu mildern. So wird Faurisson seit Monaten für seine „verharmlosende" Schätzung der Zahl der während des Weltkriegs getöteten Juden angegriffen. Aber das war nur ein Vorwand, das wahre Motiv lag woanders, nämlich in dem Sakrileg, die Existenz der Gaskammern in Zweifel zu ziehen. Die Offenlegung dieses Zweifels war jedoch gleichbedeutend mit dem Risiko, in der Öffentlichkeit Zweifel zu wecken oder zu verstärken. Daher die Notwendigkeit, über etwas anderes zu sprechen...".

Die von LICRA und MRAP (Mouvement contre le Racisme et l'Amitié entre les Peuples) eingereichten Beschwerden veranlassten den französischen Staat, Roger Garaudy wegen Verstoßes gegen das Gayssot-Gesetz anzuklagen. Der Prozess begann im Januar 1998. Er wurde in der arabischen und muslimischen Welt mit Spannung verfolgt, was zweifellos darauf zurückzuführen war, dass ein muslimischer Intellektueller vor Gericht stand. Vom Persischen Golf bis zum Nil bekundeten Hunderte, wenn nicht Tausende von Schriftstellern, Journalisten, Anwälten und Politikern öffentlich ihre Solidarität und ihren Protest gegen das Vorgehen der französischen Justiz. Natürlich waren der israelische Premierminister Benjamin Netanjahu und die üblichen amerikanischen zionistischen Gruppen schnell dabei, darauf hinzuweisen, dass Bücher wie die von Garaudy „die größte Bedrohung für Israel" darstellen. Das mit dem Fall befasste Pariser Gericht fällte das Urteil am 27. Februar und befand den Philosophen der „Leugnung eines Verbrechens gegen die Menschlichkeit" und der „rassistischen Diffamierung" für schuldig. Die Richter stellten klar, dass der „Antisemitismus" des Schriftstellers und nicht sein „Antizionismus" beurteilt wurde, und in dem Urteil heißt es, dass „er sich zwar in eine politische Kritik an Israel flüchtet, in Wirklichkeit aber die Juden als Ganzes in Frage stellt". Das Gericht verurteilte den Angeklagten zu einer Geldstrafe von 240.000 Franken und einer Freiheitsstrafe von sechs Monaten, die er nicht antrat. Es sei darauf hingewiesen, dass Roger Garaudy 1998 bereits 85 Jahre alt war, so dass es für einen angesehenen achtzigjährigen Intellektuellen ein Skandal gewesen wäre, in Frankreich wie in Deutschland wegen Gedankenverbrechen ins Gefängnis zu kommen. Am 13. Juni 2012 starb Garaudy im Alter von 99 Jahren in seinem Haus am Rande von Paris.

Robert Faurisson, die wesentliche Alma Mater des Revisionismus

Robert Faurisson ist eine der drei Hauptsäulen des Geschichtsrevisionismus, neben Ernst Zündel und Germar Rudolf. Die Quantität und Qualität der Werke von Professor Faurisson stellen ihn an die Spitze der revisionistischen Autoren. Es gibt kein Thema, über das er nicht geschrieben hat, denn er kennt sie alle, ohne Ausnahme. Darüber hinaus hat ihn sein kämpferisches Engagement für die intellektuelle und politische Herausforderung, die der Revisionismus verlangt, dazu veranlasst, auf die eine oder andere Weise in zahlreichen Gerichtsverfahren zur Verteidigung anderer von der „Justiz" in verschiedenen Ländern verfolgter Forscher zu intervenieren: von besonderer Bedeutung war sein Beitrag zu den beiden Prozessen gegen Ernst Zündel in Kanada. Sein Gesamtwerk ist in vier Bänden mit insgesamt mehr als 2.200 Seiten unter dem Titel *Écrits révisionnistes* zusammengefasst. In Anwendung des Gesetzes Fabius-Gayssot vom 13. Juli 1990 darf dieses Werk nicht verbreitet werden und wurde außerhalb der kommerziellen Kreisläufe privat veröffentlicht. Sein Inhalt ist daher gesetzlich verboten, da der Holocaust (die Shoah) in Frankreich nicht in Frage gestellt werden darf. Interessierte Leser, die der französischen Sprache mächtig sind, können es über das Internet abrufen. Aus der Einleitung des ersten Bandes haben wir die Konzeption des Geschichtsrevisionismus von Professor Faurisson übersetzt:

> „Revisionismus ist eine Frage der Methode und nicht der Ideologie
>
> Sie plädiert bei jeder Forschung für Rückkehr zum Ausgangspunkt, für eine Prüfung, gefolgt von einer erneuten Prüfung, einem erneuten Lesen und Schreiben, einer Bewertung, gefolgt von einer Neubewertung, einer Neuorientierung Prüfung, gefolgt von erneuter Prüfung, erneutem Lesen und Schreiben, Bewertung, gefolgt von Neubewertung, Neuorientierung, Revision, Neugestaltung; sie ist im Grunde das Gegenteil von Ideologie. Sie leugnet nicht, sondern zielt darauf ab, eine genauere Aussage zu treffen. Revisionisten sind keine „Leugner" oder „Negationisten"; sie bemühen sich zu suchen und zu finden, wo es anscheinend nichts zu suchen und zu finden gab.
>
> Revisionismus kann in Hunderten von Tätigkeiten des täglichen Lebens und in Hunderten von Bereichen der historischen, wissenschaftlichen oder literarischen Forschung ausgeübt werden. Er erfordert nicht notwendigerweise die Infragestellung erworbener Ideen, sondern führt oft zu deren Nuancierung. Sie zielt darauf ab, das Wahre vom Falschen zu

trennen. Die Geschichte ist im Wesentlichen revisionistisch; die Ideologie ist ihr Feind. Da die Ideologie nie so stark ist wie in Kriegs- oder Konfliktzeiten und da sie dann für ihre Propaganda Unwahrheiten in Hülle und Fülle produziert, wird der Historiker unter diesen Umständen seine Wachsamkeit verdoppeln müssen: indem er die Prüfung dessen, was ihm als „Wahrheiten" untergeschoben wurde, durch das Sieb der Analyse zieht. Er wird zweifellos feststellen, dass überall dort, wo der Krieg Millionen von Opfern gefordert hat, die ersten Opfer die überprüfbare Wahrheit waren: eine Wahrheit, die er zu suchen und wiederherzustellen versuchen wird.

Die offizielle Geschichte des Zweiten Weltkriegs enthält ein wenig Wahrheit, gepaart mit einer Menge Unwahrheiten".

Methodische Strenge und intellektuelle Redlichkeit kennzeichnen alle revisionistischen Schriften Faurissons, was eine Folge seiner akademischen Ausbildung und seiner außerordentlichen Arbeitsfähigkeit ist. Geboren am 25. Januar 1929 in Shepperton (England) als Sohn einer schottischen Mutter und eines französischen Vaters, vervollständigte er nach einigen Jahren in Singapur und Japan seine Jugendausbildung in Frankreich, wo er 1972 an der Sorbonne in Literatur und Geisteswissenschaften promovierte und von 1969 bis 1974 lehrte. Von 1974 bis 1990 war Faurisson Professor für französische Literatur an der Universität von Lyon. Er ist Autor von vier Büchern über Literatur und ein anerkannter Spezialist für die Analyse von Texten und Dokumenten, was es ihm ermöglicht, historische Schriften mit unbestreitbarer Fachkompetenz zu erschließen.

Professor Faurisson war der erste, der wichtige revisionistische Dokumente über Auschwitz veröffentlichte. In den Archiven des Staatlichen Museums Auschwitz entdeckte er die technischen und architektonischen Zeichnungen der Leichenhallen, Krematorien und anderer Einrichtungen. Da er sich des Wertes seiner Entdeckung bewusst war, beschloss er, sie auszustellen. Bis 1978 hatte Faurisson bereits mehrere Artikel verfasst, in denen er seine kritische Haltung zur Geschichte der Judenvernichtung zum Ausdruck brachte. Am 16. November 1978 veröffentlichte die Zeitung *Le Matin de Paris* einen Artikel über einen unbekannten Professor an der Universität Lyon namens Robert Faurisson und seine Ansichten über Auschwitz und den Holocaust. Die Tatsache, dass die Presse seine revisionistischen Ansichten aufgriff, brachte ihn ins Rampenlicht und war der Beginn der „Affaire Faurisson", die bis in alle Ewigkeit andauern sollte. Von

Anfang an, so schrieb er Jahre später, „hatte ich keine Illusionen: Ich würde vor Gericht gezerrt werden, ich würde verurteilt werden, es würde zu physischen Angriffen, Pressekampagnen und Turbulenzen in meinem persönlichen, familiären und beruflichen Leben kommen".

Alles, was er sich ausgemalt hatte, sollte bald Wirklichkeit werden, denn am 20. November 1978, vier Tage nachdem er in *Le Matin de Paris* Schlagzeilen gemacht hatte, wurde Faurisson zum ersten Mal angegriffen, und zwar von Bernard Schalscha, einem jüdischen Journalisten der *Liberation* de Lyon, der über Tag, Ort und Uhrzeit der Vorlesungen von Faurisson berichtet hatte. Mitglieder der Union jüdischer Studenten, die mit dem Zug aus Paris nach Lyon gereist waren, griffen den Professor in der Universität in Anwesenheit von Dr. Marc Aron an, einem Kardiologen, der Präsident des Verbindungsausschusses der jüdischen Institutionen und Organisationen in Lyon war. Faurisson ließ sich nicht nur nicht einschüchtern, sondern trat selbst hervor: Im Dezember 1978 und im Januar 1979 veröffentlichte *Le Monde* zwei Artikel von ihm, in denen er seine Skepsis gegenüber den Gaskammern in Auschwitz zum Ausdruck brachte. Die Antwort auf diese Dreistigkeit war ein neuer Angriff an dem Tag, an dem er versuchte, seine Kurse wieder aufzunehmen. Marc Aron war an diesem Tag wieder an der Universität.

Im April 1979 nahm er an einer eindrucksvollen Debatte im Schweizer Fernsehen teil, in deren Verlauf er die Argumente auffälliger Verfechter von Vernichtungstheorien widerlegte. Der Weg war vorgezeichnet, und Robert Faurisson war entschlossen, ihn zu gehen, ohne von der markierten Route abzuweichen. In diesen Jahren begann er auch, Beiträge für das *Journal of Historical Review*, ein Organ des Institute for Historical Review (IHR) in Kalifornien, zu schreiben, wo er im September 1983 einen Vortrag mit dem Titel „Revisionism on Trial: Events in France, 1979-1983" hielt, in dem er die Maßnahmen jüdischer Organisationen erläuterte, die darauf abzielten, Revisionisten durch Gerichtsverfahren und Einschüchterungsversuche zum Schweigen zu bringen.

Professor Faurisson sah sich in diesen Jahren einer konzertierten Kampagne ausgesetzt, um ihn zum Schweigen zu bringen, und war gezwungen, sich wegen seiner Äußerungen und Schriften vor französischen Gerichten zu verteidigen. Sein Bankkonto wurde eingefroren, und Justizbeamte suchten ihn wiederholt zu Hause auf, um ihm und seiner Frau mit der Beschlagnahmung ihres Vermögens zu drohen, damit sie die durch seine Äußerungen entstandenen finanziellen Belastungen tragen konnten. Als Folge dieser Kampagne wurde sein Familienleben gestört und sein Gesundheitszustand verschlechterte sich. Im Dezember 1980 sagte Robert Faurisson in einem Interview für den Radiosender „Europe 1" den berühmten Satz, der das Ergebnis seiner Forschung in 60 Worten auf Französisch zusammenfasst. Wir haben ihn bereits zu Beginn des Kapitels (Kapitel XII *Geächtete Geschichte*) zitiert und erinnern uns nun an die 57 Worte unserer englischen Übersetzung: „Die angeblichen Gaskammern Hitlers und der angebliche Völkermord an den Juden bilden eine einzige historische Lüge, die einen gigantischen politisch-finanziellen Betrug ermöglicht hat, dessen Hauptnutznießer der Staat Israel und der Zionismus sind und dessen Hauptopfer das deutsche Volk - aber nicht seine Führer - und das palästinensische Volk in seiner Gesamtheit sind". Sechsunddreißig Jahre später ist der Professor der Ansicht, dass der Satz nicht die geringste Änderung erfordert.

Für diese unerträglichen Worte wurde Faurisson wegen rassistischer Verleumdung und Aufstachelung zum Hass strafrechtlich verfolgt. Er wurde für schuldig befunden und im Juli 1981 zu einer dreimonatigen Gefängnisstrafe verurteilt, deren Vollstreckung jedoch zur Bewährung ausgesetzt wurde. Neben einer Geldstrafe von mehreren tausend Francs wurde er zur Zahlung von 3,6 Millionen Francs an Kosten für die Veröffentlichung des Urteils im Fernsehen und in der Presse verurteilt. In der Berufung ließ ein Gericht im Juni 1982 den Vorwurf der Aufstachelung zum Rassenhass fallen und strich die 3,6 Millionen Franken. Von diesem Zeitpunkt an war Faurisson in eine Kette von Gerichtsverfahren mit ruinösen Auswirkungen verwickelt, da er sich gezwungen sah, selbst gegen unverschämt falsche Verleumdungen vorzugehen. Er erkannte bald, dass er, wenn er sich weiterhin auf diese Weise verteidigte, mittellos dastehen würde, denn wenn er gewann, würde er einen Franken Schadenersatz erhalten, während er, wenn er verlor, der Gegenseite erhebliche Summen zahlen müsste.

Am 25. April 1983, nachdem er von jüdischen Organisationen verklagt worden war, die auf eine exemplarische Strafe gehofft hatten, hörte er ein relativ günstiges Urteil, als die Richter des Pariser

Berufungsgerichts sagten: „Faurisson ist ein seriöser Forscher; wir sehen in seinen Schriften über die Gaskammern keine Leichtfertigkeit, Fahrlässigkeit, absichtliche Auslassungen oder Lügen, aber er ist vielleicht böswillig und er ist sicherlich gefährlich. Wir verurteilen ihn wegen dieser möglichen Böswilligkeit und der damit verbundenen Gefahr, aber wir verurteilen ihn nicht wegen seiner Arbeit über die Gaskammern, die seriös ist. Im Gegenteil, da diese Arbeit seriös ist, garantieren wir jedem Franzosen das Recht zu sagen, dass es die Gaskammern nicht gegeben hat, wenn er es für richtig hält". Urteile wie dieses erklären, warum der Zionist Laurent Fabius und der jüdische Kommunist Jean-Claude Gayssot 1990 das Fabius-Gayssot-Gesetz unterstützten. Das am 26. April 1983 gefällte Urteil kann somit als politischer Erfolg gewertet werden, der allerdings auf Kosten von Professor Faurisson errungen wurde, dem die Kosten für die Veröffentlichung des vollständigen Urteils auferlegt wurden, die von den Richtern auf mindestens 60.000 Franken geschätzt wurden.

Die LICRA veröffentlichte das Urteil in der Zeitschrift *History*, aber der Text war so stark verfälscht, dass Faurisson die jüdische Lobby verklagte. Das Ergebnis des Prozesses war, dass dem Professor ein Franken Schadenersatz zugesprochen wurde, er aber 20.000 Franken zahlen musste, obwohl die LICRA nie den korrekten Text des Urteils veröffentlichte. Eine weitere Klage von Professor Faurisson richtete sich gegen Jean Pierre Bloch, Präsident der LICRA und Autor eines Buches, in dem er ihn als Nazi und vor Gericht verurteilten Fälscher darstellte. Eine dritte Klage richtete sich gegen die kommunistische Zeitung *L'Humanité*. Er verlor die Prozesse und auch die Berufungen. Die Richter erkannten an, dass er verleumdet worden war, fügten aber hinzu, dass seine Gegner dies in „gutem Glauben" getan hatten. Infolgedessen wurden die Angeklagten freigesprochen und er musste alle Prozesskosten tragen. Im Februar 1985 titelte die LICRA-Publikation *Droit de Vivre* auf einer ihrer Seiten schadenfroh: „Faurisson als Fälscher zu behandeln, heißt ihn zu diffamieren, aber 'in gutem Glauben',.. Dies war eine Aufforderung, ihn als Fälscher zu betrachten, was von nun an immer „in gutem Glauben" der Fall war.

Robert Faurisson spielte bei den Prozessen gegen Ernst Zündel 1985 und 1988 in Toronto eine herausragende Rolle. Abgesehen von seiner Aussage als Zeuge der Verteidigung war seine Arbeit als

Schattensachverständiger an der Seite des legendären Doug Christie, Zündels Hauptverteidiger, äußerst wichtig. Dies wurde bereits auf den Seiten über den „revisionistischen Dynamo" erörtert, doch nun ist es an der Zeit, auf seinen Beitrag zur internationalen Wiederbelebung des Revisionismus in jenen historischen Tagen einzugehen. Im Juni 1984 reiste Professor Faurisson nach Kanada, um einen seiner großen Freunde zu unterstützen. Im Januar 1985 kehrte er nach Toronto zurück, um die sieben Wochen des Prozesses mit dem Team von Zündel zu verbringen, den er seither als „eine außergewöhnliche Person" bezeichnet hat. In seinen *revisionistischen Schriften* hat Faurisson der Nachwelt viel von seinen Erfahrungen mit diesen Prozessen hinterlassen.

Den Vorsitz des Gerichts führte Richter Hugh Locke; Staatsanwalt war Peter Griffiths. Rechtsanwalt Douglas Christie wurde von Keltie Zubko, der Mutter seiner beiden Kinder [8] unterstützt. Die Jury setzte sich aus zwölf Personen zusammen. Die Kosten wurden vom Staat, d. h. den Steuerzahlern, getragen und nicht von Sabina Citron von der Holocaust Remembrance Association, die den Fall angestrengt hatte. Faurisson verbrachte Hunderte von Stunden, manchmal bis spät in die Nacht, mit Douglas Christie, den er in allen Fragen informierte und beriet, da es zu dieser Zeit keinen größeren Experten auf diesem Gebiet gab. Gemeinsam bereiteten sie die vernichtenden Verhöre von Raul Hilberg und Rudolf Vrba vor,

---

[8] Douglas H. Christie, der von seinen Freunden den Spitznamen „The Battling Barrister" erhielt, starb 2013 im Alter von 66 Jahren. Die Mainstream-Presse nutzte seinen Tod, um daran zu erinnern, dass er eine Reihe von „Schurken", „Neonazis" usw. usw. verteidigt hatte; es gab jedoch eine angenehme Überraschung: Zumindest eine Zeitung in Kanada, der *Times Colonist* von Victoria, in British Columbia, wo Douglas gelebt hatte, erinnerte ihre Leser daran, dass Douglas Christie ein außergewöhnlicher Anwalt war, der immer die Meinungsfreiheit verteidigt hatte. Lucien Larre, der Priester, der die Trauermesse zelebrierte, hielt eine emotionale Abschiedsrede und bezeichnete ihn als einen Kämpfer für die Meinungsfreiheit, der für die Wahrheit gekämpft habe. „Er hat sich nicht darum gekümmert", sagte Larre, „dass sein Leben bedroht war oder dass die Fenster seines Büros eingeschlagen wurden. Er stand aufrecht." Seine Frau Keltie Zubko zog es vor, ihn mit den Worten seiner Tochter zu definieren: „Ich denke, meine Tochter hat es am besten gesagt, dass jeder über sein Vermächtnis als Anwalt, als öffentlicher Redner, als inspirierender Redner spricht - eine Person, die vielen Menschen geholfen hat, die obdachlos waren und nicht zahlen konnten - aber sie sagte, dass sein wirkliches Vermächtnis das eines Vaters war."

den beiden Hauptbelastungszeugen der Anklage. Wir geben nun das Wort an Professor Faurisson:

> „In Douglas Christie konnte Zündel einen Anwalt finden, der nicht nur mutig, sondern auch heldenhaft war. Aus diesem Grund habe ich mich bereit erklärt, Doug Christie tagein, tagaus bei der Vorbereitung und Ausarbeitung seiner Arbeit zu unterstützen. Ich möchte hinzufügen, dass wir ohne die Hilfe seiner Freundin Keltie Zubko nicht in der Lage gewesen wären, den Prozess von 1985 zu gewinnen, eine zermürbende Tortur, die im Rückblick wie ein Albtraum erscheint. Die Atmosphäre vor Gericht war unerträglich, vor allem wegen der Haltung des Richters Hugh Locke. Ich habe in meinem Leben schon vielen Prozessen beigewohnt, auch denen in Frankreich zur Zeit der Säuberung, der Säuberung von „Kollaborateuren" in der Nachkriegszeit. Ich habe noch nie einen Richter erlebt, der so voreingenommen, selbstherrlich und gewalttätig war wie Richter Hugh Locke. Das angelsächsische Recht bietet viel mehr Schutz als das französische, aber es braucht nur einen Mann, um das beste System zu untergraben: Richter Locke war dieser Mann. Ich erinnere mich, wie Locke in meine Richtung rief: 'Halt die Klappe!', als er aus der Ferne, ohne ein Wort zu sagen, ein Dokument in Doug Christies Richtung schob".

Es wäre interessant, den Verhören von Hilberg und Vrba einige Seiten zu widmen, da sie völlig entlarvt waren und ihre Glaubwürdigkeit in Scherben lag. Da dies nicht möglich ist, da die Verfolgung von Faurisson Vorrang haben muss, beschränken wir uns auf einige wenige Absätze. Raul Hilberg, mit einem Heiligenschein versehen, kam in Toronto an, ohne Bücher, ohne Notizen, ohne Dokumente, scheinbar selbstsicher und im Vertrauen auf seine Erfahrung in anderen Prozessen, in denen er gegen angebliche Kriegsverbrecher ausgesagt hatte. „Er sagte", schreibt Faurisson, „mehrere Tage lang aus, wahrscheinlich für 150 Dollar pro Stunde". Auf die Fragen des Staatsanwalts antwortete er wie üblich, nämlich: Hitler gab den Befehl, die Juden zu vernichten, die Deutschen folgten einem Plan, sie benutzten die Gaskammern.... Hilberg definierte sich selbst folgendermaßen: „Ich würde mich selbst als Empiriker bezeichnen, der sich das Material ansieht".

Alles änderte sich mit dem Beginn des Kreuzverhörs durch Doug Christie, der auf Anraten von Professor Faurisson den renommierten jüdischen Historiker, dessen Werk als eine der Bibeln des Holocaust gilt, in die Enge trieb. Faurisson selbst erzählt die Geschichte:

"Zum ersten Mal in seinem Leben hatte er es mit einem Angeklagten zu tun, der beschlossen hatte, sich zu verteidigen und dazu auch in der Lage war: Doug Christie, neben dem ich saß, verhörte Hilberg mehrere Tage lang hart und gnadenlos. Seine Fragen waren prägnant, präzise, unerbittlich. Bis dahin hatte ich Hilberg wegen der Quantität, nicht der Qualität, seiner Arbeit einen gewissen Respekt entgegengebracht; auf jeden Fall stand er weit über den Poliakovs, Wellers, Klarsfelds und den anderen. Als er das bezeugte, wurde meine Wertschätzung von einem Gefühl der Irritation und des Mitleids abgelöst: Irritation, weil Hilberg ständig Ausweichmanöver vollzog, und Mitleid, weil Christie fast jedes Mal ein Tor schoss. In jeder Frage, wenn man überhaupt etwas feststellen musste, wurde deutlich, dass Hilberg keineswegs ein „empirischer, der sich Materialien ansieht" war. Er war das genaue Gegenteil; er war ein Mann, der sich in den Wolken seiner Ideen verlor, eine Art Theologe, der für sich ein geistiges Universum konstruiert hatte, in dem die physikalischen Aspekte der Fakten keinen Platz hatten."

Doug Christie kündigte dem „Empiriker, der sich das Material ansieht" an, dass er ihm eine Liste von Konzentrationslagern vorlesen werde. Als er fertig war, fragte er ihn, welche er untersucht habe und wie oft er dies getan habe. Hilberg gab zu, dass er kein einziges von ihnen untersucht hatte, weder vor der Veröffentlichung der ersten Auflage von *Die Vernichtung der europäischen Juden* im Jahr 1961 noch bei der Veröffentlichung der endgültigen Auflage im Jahr 1985. Mit anderen Worten: Der Historiker, der 1948 mit seinen Forschungen zur Geschichte des Holocaust begonnen hatte und als führende Autorität auf diesem Gebiet galt, hatte kein einziges Lager untersucht und nur einmal Auschwitz und einmal Treblinka besucht. Auf die Frage von Rechtsanwalt Christie, ob er von einem Autopsiebericht eines Häftlings wisse, der beweise, dass dieser durch Giftgas getötet worden sei, antwortete Hilberg: „Nein". Das Protokoll auf den Seiten 828-858, so erklärt Professor Faurisson, spiegelt Doug Christies langwierige Befragung zu den beiden angeblichen Befehlen wider, von denen Hilberg behauptet, Hitler habe sie zur Ausrottung der Juden erteilt. Der jüdische Historiker wurde gefragt, wo sie sich befänden, das heißt, wo er sie gesehen habe. Er musste zugeben, dass es „keine Spur" von ihnen gab. Der Anwalt erinnerte ihn dann an eine Aussage, die er im Februar 1983 in der Avery Fisher Hall in New York gemacht hatte, wo Hilberg eine These aufstellte, die nichts mit der Existenz eines Vernichtungsbefehls zu tun hatte. Er sagte wörtlich Folgendes:

„Was 1941 begann, war ein Zerstörungsprozess, der nicht im Voraus geplant und nicht zentral von einer Behörde organisiert wurde. Es gab weder einen Plan noch ein Budget für die Zerstörungsmaßnahmen. Sie wurden Stück für Stück, Schritt für Schritt durchgeführt. Was durchgeführt wurde, war also weniger die Ausführung eines Plans als vielmehr eine unglaubliche mentale Übereinkunft, ein Konsens - die Telepathie einer riesigen Bürokratie."

Diese halluzinatorische Erklärung hätte eher etwas mit Parapsychologie zu tun, denn sie behauptet, dass die Vernichtung von sechs Millionen Juden - eine gigantische Operation - das Ergebnis keines Plans, keiner zentralen Anweisung, keines Projekts, keines Budgets war, sondern des mentalen Konsenses einer Bürokratie, die telepathisch kommunizierte.

Faurisson erklärt, dass er zusammen mit Rechtsanwalt Christie das Verhör von Rudolf Vrba, dem Autor von *Ich kann nicht verzeihen* und theoretischer Keim des Berichts des War Refugee Board (WRB) über Auschwitz, vorbereitet hat. Das Buch von Arthur R. Butz war eine grundlegende Quelle, die ihnen sehr nützliche Elemente zur Entlarvung des Betrügers lieferte. Die Lügen über die Gaskammern und über Himmlers Besuch in Auschwitz im Januar 1943, bei dem er ein Krematorium einweihte und Zeuge der Vergasung von 3.000 Menschen wurde, wurden aufgedeckt. Vrba erwies sich als Schwindler, der weder die Krematorien noch die „Gaskammern" je betreten hatte. Dokumente bewiesen, dass Himmler im Juli 1942 und nicht im Januar 1943 in Auschwitz gewesen war. Die Unmöglichkeit, dass er Krematorien eröffnete, wurde ebenfalls bewiesen, da das erste der neuen Krematorien nicht im Januar, sondern erst viel später eröffnet wurde. In *Ich kann nicht verzeihen* beschreibt Vrba den Besuch Himmlers detailliert und berichtet sogar über seine Überlegungen und Gespräche. Vrba, ein Nervenbündel, wurde als das dargestellt, was er war: ein lügender Scharlatan, der sogar Staatsanwalt Griffiths mit seinem unsinnigen Geschwätz empörte.

Nachdem er einen wesentlichen Beitrag zu Zündels Verteidigung während des ersten Prozesses geleistet hatte, kehrte Faurisson nach Frankreich zurück, wo die Hexenjagd gegen Revisionisten weiterging. 1985 war Claude Lanzmanns *Shoah* in die Kinos gekommen. Faurisson widmete ihm eine Rezension, in der er die propagandistische Funktion des Films anprangerte. Pierre Guillaume, der revisionistische Buchverleger, hatte den Text des Professors veröffentlicht und als Titel eine Parole des Mai 68 gewählt: „Augen auf, Fernseher kaputt! Lanzmann wandte sich an France-

Presse (AFP) und erreichte, dass die französische Staatsagentur eine lange Erklärung veröffentlichte, in der er seiner Empörung über die revisionistische Kritik an seinem Film Ausdruck verlieh. Das Recht auf freie Meinungsäußerung, das immer dann in Anspruch genommen wird, wenn man alles und jeden gnadenlos angreift, konnte in diesem Fall natürlich nicht in Anspruch genommen werden. So forderte France-Presse am 1. Juli 1987 die Justizbehörden auf, „den Machenschaften der Revisionisten sofort Einhalt zu gebieten", im Namen der „Achtung der Untersuchungsfreiheit und der Menschenrechte". Der Journalistenverband verurteilte die *Shoah-Analyse* als unsäglich. Neben anderen Beispielen für seine besondere Achtung der Meinungsfreiheit erklärte er: „Der Verband ist der Ansicht, dass Personen wie Robert Faurisson nicht ungestraft schreiben können sollten.... Einen Film wie *Shoah* zu verunglimpfen, den man nur mit entsetzlicher Ehrfurcht und unendlichem Mitgefühl betrachten kann, ist ein Angriff auf die Rechte des Menschen".

In Ermangelung des Fabius-Gayssot-Gesetzes führten die Beleidigungen und Drohungen zu zwei neuen Anschlägen. Der erste wurde von einem gewissen Nicolas Ullmann am 12. Juni 1987 verübt. Dieser schlug Faurisson im Sporting-Club in Vichy brutal zusammen. Zwei Monate später, genauer gesagt am 12. September, überfiel eine Gruppe jüdischer Aktivisten den Professor an der Sorbonne. Nicht nur er wurde angegriffen, sondern auch seine Begleiter, darunter der Verleger Pierre Guillaume. Alle wurden mehr oder weniger schwer verletzt, aber Professor Henry Chauveau war der am schwersten Verletzte. Bei dieser Gelegenheit gelang es den Wachen der Sorbonne, einen der Angreifer festzunehmen, aber ein Polizist in Zivil ordnete seine Freilassung an und verwies Professor Faurisson von der Sorbonne, wo er gelehrt hatte.

Im Januar 1988 war Faurisson wieder in Toronto, um seinen Freund Ernst Zündel zu unterstützen. Wie wir wissen, war es seine Idee, Fred Leuchter zu beauftragen, nach Polen zu reisen und in Auschwitz zu recherchieren. Es war in der Tat ein bedeutsamer Beitrag, denn Leuchters technisches Fachwissen wurde zum *Leuchter-Bericht*, der einen Meilenstein in der Geschichte der revisionistischen Bewegung darstellen sollte. Faurisson kam zu dem Schluss, dass die Vereinigten Staaten der ideale Ort seien, um einen Experten für Gaskammern zu finden, da dort regelmäßig Gasexekutionen stattfanden. Zündels Anwälte wandten sich an

William M. Armontrout, den Direktor des Missouri State Penitentiary, der in einem Brief Fred A. Leuchter als den qualifiziertesten Experten empfahl. Ich schlage vor", so heißt es in dem Brief, „dass Sie sich an Herrn Fred A. Leuchter wenden.... Herr Leuchter ist ein Ingenieur, der sich auf Gaskammern und Hinrichtungen spezialisiert hat. Er kennt sich in allen Bereichen gut aus und ist der einzige Berater in den Vereinigten Staaten, von dem ich weiß". Leser, die mehr über Robert Faurissons Beitrag zum zweiten Zündel-Prozess erfahren möchten, sollten das Buch von Barbara Kulaszka *Did Six Million Really Die: Report of the Evidence in the Canadian „False News" Trial of Ernst Zündel* (Toronto, 1992) lesen.

Zwischen dem 20. November 1978 und dem 31. Mai 1993 wurde Robert Faurisson Opfer von zehn gewalttätigen Angriffen. Der schwerste davon ereignete sich am 16. September 1989, als er bereits in den Sechzigern war. Während er mit seinem Hund in einem Park in der Nähe seines Hauses in Vichy spazieren ging, wurde er von drei Männern überfallen. Nachdem sie ihm ein brennendes Gas ins Gesicht gesprüht hatten, das ihn kurzzeitig blind machte, warfen sie ihn zu Boden und schlugen ihm ins Gesicht und traten ihm in die Brust. Es scheint klar zu sein, dass die Täter, drei jüdische Schläger, die der Gruppe „fils de la mémoire juive" (Kinder des jüdischen Gedächtnisses) angehören, die Absicht hatten, ihn zu töten. Glücklicherweise griff eine Person, die die Szene sah, ein und konnte den schwer verletzten Lehrer retten. Er wurde in ein Krankenhaus gebracht und musste sich in der Notaufnahme einer langwierigen Operation unterziehen, da sein Kiefer und eine Rippe gebrochen waren und er schwere Kopfverletzungen hatte. Die jüdische Gruppe, die sich zu dem Anschlag bekannte, erklärte in einer Erklärung: „Professor Faurisson ist der erste, aber er wird nicht der letzte sein. Wir lassen diejenigen, die die Shoah leugnen, warnen". Faurisson erklärte später, er habe am Vorabend des Anschlags überrascht die Anwesenheit von Nicolas Ullmann im Park bemerkt, der ihn zwei Jahre zuvor in einem Sportverein in Vichy verprügelt hatte. Wie üblich wurde keine einzige Person verhaftet und die Angreifer blieben ungestraft.

Das Verdienst von Robert Faurisson besteht darin, dass er, wie Ernst Zündel, ein Mann ist, der nicht zurückweicht, ein Intellektueller von großer Statur, fast unwiederholbar, der fähig war und ist, alles zu ertragen, anstatt seine Überzeugungen aufzugeben. Nach einem Interview, das im September 1990 in *Le Choc du Mois* erschienen war, verhängte die 17. Kammer des Pariser Strafgerichts unter dem Vorsitz von Claude Grellier im April 1991 eine Geldstrafe von 250.000 Francs gegen Faurisson und weitere 180.000 Francs gegen den Herausgeber der Zeitschrift. Im selben Jahr gelang es der jüdischen Lobby, ihn auf der Grundlage des Fabius-Gayssot-Gesetzes von der Universität zu verweisen. Der Professor legte beim ICCPRHRC (Internationaler Pakt über bürgerliche und politische Rechte und Menschenrechtsausschuss) Berufung ein mit der Begründung, das Fabius-Gayssot-Gesetz verstoße gegen internationales Recht; der ICCPRHRC wies die Berufung jedoch zurück und erklärte, das Fabius-Gayssot-Gesetz sei notwendig, um „möglichen Antisemitismus" zu bekämpfen. Am 17. März 1992 forderte Faurisson von Stockholm aus eine grafische Darstellung der Mordwaffe und ihrer Funktionsweise. Er verlangte, dass ihm jemand eine Nazigaskammer zeigt oder zeichnet. Die Antwort war eine neue Aggression. Ein Jahr später, am 22. Mai 1993, wurde er in Stockholm zum zweiten Mal körperlich angegriffen. In beiden Fällen berichtete die schwedische Presse ausführlich über die Angriffe auf den französischen Professor.

Jahre später, im April 1996, als die „Affaire Garaudy" die Aufmerksamkeit in Frankreich zu polarisieren begann, gab Robert Faurisson eine Erklärung ab, in der er seine Solidarität mit Roger Garaudy zum Ausdruck brachte und „den Schwindel mit den Gaskammern" bestätigte. Aufgrund dieser Äußerungen wurde er am 25. September 1997 von jüdischen Organisationen zum x-ten Mal verklagt. Während des Prozesses sagte Faurisson vor Gericht: „Wir sind nur noch drei Jahre vom Jahr 2000 entfernt und Millionen von Menschen sollen an etwas glauben, das sie nie gesehen haben und von dem sie nicht einmal wissen, wie es funktioniert hat". Der Staatsanwalt forderte, Faurisson solle ins Gefängnis gehen, wenn er nicht die entsprechende Geldstrafe bezahle, worauf der Professor antwortete: „Ich werde meine Freiheit weder kaufen noch bezahlen. Niemand hat mich je gekauft und niemand wird mich je kaufen". Am 23. Oktober 1997 befand ihn das Gericht schließlich für „schuldig" und verlangte von ihm die Zahlung von 120.600 Francs, aufgeteilt in drei Teile: 50.000 Francs als Geldstrafe, 20.600 Francs für den jüdischen Ankläger und weitere 50.000 Francs für die Veröffentlichung des Urteils in zwei Zeitungen.

Nur drei Monate später, im Dezember 1997, verklagten die Juden ihn erneut. Faurisson wurde von einem Pariser Gericht wegen eines Artikels vorgeladen, den er am 16. Januar 1997 auf einer Website veröffentlicht hatte: „Les visions cornues de l'„Holocauste", in dem er eingangs feststellte, dass „der Holocaust an den Juden eine Fiktion" sei. Der Professor antwortete auf die Vorladung mit einem Brief, in dem er ankündigte, dass er sich weigere, weiterhin mit der französischen Justiz und Polizei bei der Unterdrückung des Revisionismus zusammenzuarbeiten. Die Schikanen gingen weiter: Drei Monate später, am 16. März 1998, musste er vor einem Pariser Gericht erscheinen, um wegen einer fälschlicherweise in einer Zeitung erschienenen Definition des „Revisionismus" angeklagt zu werden.

Und so geht es weiter und weiter. Am 8. April 1998 waren es die niederländischen Juden, die gegen Faurisson vorgingen. Sieben Jahre zuvor, 1991, hatte er in Zusammenarbeit mit dem belgischen Revisionisten Siegfried Verbeke auf Niederländisch *Het „Dagboek" van Anne Frank* veröffentlicht. *Een Kritische benadering (Das „Tagebuch" der Anne Frank)*, eine Broschüre, in der er zu dem Schluss kam, dass das „Tagebuch" eine Fälschung sei, da die Handschrift des Originalmanuskripts nicht die eines Kindes gewesen sein könne. Das Buch wurde in den Niederlanden verboten, aber sowohl das Anne-Frank-Museum in Amsterdam als auch der Anne-Frank-Fonds in Basel waren mit der Zensur des Buches nicht zufrieden und leiteten gemeinsam rechtliche Schritte ein. Das Museum beschwerte sich darüber, dass Faurissons Arbeit es gezwungen habe, den Museumsführern „besondere Anweisungen" zu geben, und dass die Kritik des Professors die Zahl der Besucher und damit die Gewinne des Museums verringern könnte.

Die Absage des Kongresses „Historischer Revisionismus und Zionismus", der vom 31. März bis 3. April 2001 in Beirut stattfinden sollte, war ein schwerer Rückschlag für die Revisionisten aus aller Welt, die sich in der libanesischen Hauptstadt versammelt hatten. Die libanesische Regierung, die Opfer ständiger israelischer Angriffe ist, hat dem Druck der wichtigsten zionistischen Organisationen, die von den Vereinigten Staaten unterstützt werden, nachgegeben. Robert Faurisson erklärte daraufhin, dass Rafik Hariri, der Premierminister des Libanon, durch die Schulden seines Landes, die sich bei vier Millionen Einwohnern auf 24.000.000.000 Dollar beliefen, so sehr in die Enge getrieben war, dass keine andere Wahl hatte, als der Erpressung nachzugeben und den Kongress zu verbieten. Seitdem war die Abhaltung einer internationalen revisionistischen Konferenz in Frage gestellt. Als Mahmoud Ahmadinejad 2005 Präsident der Islamischen Republik Iran wurde, bot Teheran an, Revisionisten aus der ganzen Welt zu empfangen. Einhundertdreißig Forscher aus dreißig Ländern kamen in der iranischen Hauptstadt zusammen, wo schließlich am 11. und 12. Dezember 2006 die Teheraner Internationale Holocaust-Überprüfungskonferenz stattfand, die im Westen mit allerlei Disqualifikationen und Gegenreaktionen begrüßt wurde.

Am 11. Dezember 2006 hielt Professor Faurisson eine Rede auf der Grundlage eines Dokuments mit dem Titel *Die Siege des Revisionismus*, das in der Folge in mehrere Sprachen, darunter Spanisch, übersetzt und in vielen Ländern veröffentlicht wurde. In diesem Text, der Professor Mahmoud Ahmadinejad sowie Ernst Zündel, Germar Rudolf und Horst Mahler gewidmet ist, die Faurisson als „unsere Gewissensgefangenen" bezeichnet, werden bis zu zwanzig durch die revisionistische Forschung geklärte historische Tatsachen detailliert dargestellt, die von den Exterminatoren explizit oder implizit anerkannt werden mussten. 1. es gab keine Gaskammern in den Lagern in Deutschland. 2. 2. es gab keinen Befehl Hitlers zur Ausrottung der Juden. 3. auf der Wannsee-Konferenz wurde die Vernichtung der Juden nicht beschlossen, da der Begriff „Endlösung" die Deportation in den Osten bedeutete. 4. die Formulierung, mit der das System der deutschen Konzentrationslager dargestellt wurde, zum Scheitern verurteilt ist. 5) Die Gaskammer von Auschwitz, die von Millionen von Touristen besucht wird, ist eine Fälschung. 6) Es wurden keine Dokumente, Spuren oder andere materielle Beweise für die Existenz der Gaskammern gefunden. Am 11. Dezember 2006 gab Robert Faurisson dem iranischen Fernsehen ein umfassendes Interview, in dem er vor Millionen von iranischen Zuschauern erklärte, dass der Holocaust eine Lüge sei. Das musste Folgen haben, denn in Frankreich warteten die üblichen Leute auf ihn.

Kaum war der Revisionistenkongress beendet, verurteilte der damalige Staatspräsident Jacques Chirac am 13. Dezember 2006 die Teilnahme Faurissons an der Teheraner Konferenz und forderte persönlich eine Untersuchung. Auf Anweisung der obersten Staatsgewalt beauftragte der Justizminister einen Pariser Staatsanwalt mit der Einleitung von Ermittlungen. Am 16. April 2007 begaben sich der Polizeileutnant Séverine Besse und ein weiterer Kollege nach Vichy, um den Professor zu befragen. Faurisson weigerte sich hartnäckig, die Fragen zu beantworten, und schrieb in den offiziellen Bericht: „Ich weigere mich, mit der Polizei und der Justiz bei der Unterdrückung des Geschichtsrevisionismus zusammenzuarbeiten".

Der mit dem Fall betraute Richter Marc Sommerer lud Faurisson neun Monate später vor. Am 24. Januar 2008 um 9 Uhr morgens erschien der Professor auf der örtlichen Polizeiwache. Als er eintrat, teilten ihm drei am Vortag aus Paris entsandte Kriminalbeamte, darunter Séverine Besse selbst, mit, dass er in Gewahrsam sei und seine Wohnung während der Haft durchsucht werde. Er, ein alter Mann, der am folgenden Tag, dem 25. Januar, 79 Jahre alt geworden wäre, wurde am ganzen Körper durchsucht, und seine Brieftasche, sein Portemonnaie, sein Kugelschreiber, seine Uhr, sein Gürtel usw. wurden beschlagnahmt. Vielleicht wollte man den alten Professor einschüchtern, der sagte, dass seine Frau zu Hause krank sei, was der Polizei bekannt war, und dass sie aus ernsten medizinischen Gründen seine ständige Anwesenheit benötige. Wieder einmal blieb Faurisson stur und beantwortete keine Fragen. Dann wird ihm mitgeteilt, dass gegen ihn drei Strafverfahren laufen, gegen die Richter Sommerer Haftbefehle erlassen hat. Die ersten beiden, die ihm genannt wurden, betrafen seine Teilnahme an der Teheran-Konferenz. In einem wurde er von der Staatsanwaltschaft und einer Reihe „frommer Organisationen" nach dem Fabius-Gayssot-Gesetz wegen „Leugnung von Verbrechen gegen die Menschlichkeit" verfolgt. In einem anderen Fall hatte die LICRA ihn wegen „Verleumdung" verklagt. Die dritte Klage wurde von der Tageszeitung *Libération* aus unerfindlichen Gründen angestrengt, die wir Ihnen nicht näher erläutern wollen. Faurisson wurde daraufhin in seine Wohnung gebracht, wo die Durchsuchung sechs Stunden lang andauerte. Am 25. Juli 2012 teilte ihm schließlich ein Richter in Paris die Verhandlung der drei Strafanzeigen mit.

Die Verfolgung von Robert Faurisson wegen Gedankenverbrechen dauert nun schon vierzig Jahre an. In der Nacht des 19. November 2014 tauchten zwei Polizisten aus der Nachbarstadt Clermond-Ferrand, darunter ein Major, mit einem Durchsuchungsbefehl in seiner Wohnung in Vichy auf: Sie wollten einen Computer und bestimmte Dokumente beschlagnahmen. Beides fanden sie nicht. Wieder einmal hatte die LICRA die Staatsanwaltschaft gebeten, gegen das Erscheinen eines inoffiziellen „Blogs" des Professors vorzugehen. Es besteht kein Zweifel, dass Faurisson eine innere Stärke von überragender Natur besaß. Angesichts des Ausmaßes der Angriffe und der schieren Größe des Kampfes gegen so mächtige Feinde hätte jeder normale Mensch aufgegeben; Faurisson jedoch, der 2014 einen Herzinfarkt erlitt, hat weder gezuckt noch ist er zusammengebrochen. Am 29. Januar 2016, seinem 87. Geburtstag, hielt er immer noch zusammen mit seiner 83-jährigen Frau durch, die es geschafft hat, bei dem Professor zu bleiben, obwohl auch sie ein Herzleiden hat. Faurisson hatte sich vor kurzem darüber beschwert, dass er ständig telefonisch und schriftlich bedroht wurde, und hatte erfolglos die Polizei gebeten, sie zu schützen, da seine Frau jeden Tag mehr belästigt wurde und immer mehr unter ihrer Krankheit litt.

Robert Faurisson, die Alma Mater des Revisionismus, dessen Vermächtnis für künftige Generationen von grundlegender Bedeutung ist, hat den Kampf bis zum letzten Moment tapfer ausgehalten. Er starb am 21. Oktober 2018 gegen 19 Uhr. Er war 89 Jahre alt. Als er die Schwelle seines Hauses in Vichy überschritt, erlitt der Professor einen schweren Herzanfall. Er war auf dem Rückweg von Shepperton, seiner Heimatstadt in England, wo er am Vortag auf Einladung von Lady Renouf eine letzte Vorlesung in englischer Sprache gehalten hatte. Jean Faurisson, der den Tod seines Bruders Robert ankündigte, erklärte, dass er sich in Shepperton mit Freunden getroffen und berichtet hatte, dass er bei zwei Gelegenheiten von einer Gruppe „hasserfüllter" Fanatiker gewaltsam belästigt worden war. Angriffe und Aggressionen waren ein ständiges Merkmal im Leben von Professor Faurisson, und er ließ sich nie einschüchtern. Jean Faurisson wies auf die möglichen traumatischen Auswirkungen hin, die die Schikanen auf die bereits angeschlagene Gesundheit seines Bruders gehabt haben könnten, der im Januar 2019 90 Jahre alt geworden wäre.

Vincent Reynouard, „Die Herzen gehen hoch!"

Der Fall des jungen Revisionisten Vincent Reynouard ist ein weiteres Beispiel für den Willen zum Widerstand: Angesichts unendlicher Widrigkeiten hat er einen lobenswerten Mut und einen Mut, der Respekt verdient, bewiesen. Er wurde 1969 geboren, heiratete 1991 und ist heute Vater von acht Kindern. Als katholischer Traditionalist, überzeugter Nationalsozialist und Revisionist hat Reynouard alles aufs Spiel gesetzt, um die Unwahrheit der offiziellen Geschichte nicht zu verraten. Im Alter von dreiundzwanzig Jahren erlitt er mit dem Fabius-Gayssot-Gesetz seinen ersten Rückschlag. Am 8. Oktober 1992 verurteilte ihn ein Gericht in Caen zu einem Monat Haft auf Bewährung und einer Geldstrafe von 5.000 Francs, weil er vierundzwanzig seiner Studenten anonym Texte gegeben hatte, die die Gaskammermorde in Frage stellten. Der diplomierte Chemieingenieur des ISMRA (Institut für Materialien und Strahlung) arbeitete als Gymnasiallehrer für Mathematik und als freiberuflicher Historiker mit Schwerpunkt Zweiter Weltkrieg. Nachdem auf der Festplatte seines Schulcomputers revisionistische Texte gefunden worden waren, wurde er 1997 von Bildungsminister François Bayrou aus dem Schuldienst entlassen. Seitdem muss er von seinen Schriften, seinen Videos und seiner Arbeit als Forscher leben.

Autor von einem Dutzend Essays und Broschüren zu historischen Themen. Reynouard arbeitete zusammen mit Siegfried Verbeke an *Vrij Historisch Onderzook, VHO* (*Freie Historische Forschung*), einer Website, die zur größten revisionistischen Publikationsseite in Europa wurde. Er selbst war Herausgeber der Publikation *Sans Concession*. Sein bekanntestes Buch war das Ergebnis einer Untersuchung über das Massaker von Oradour-sur-Glane. Am 10. Juni 1944 um 14.00 Uhr, kurz nach der Landung von in der Normandie, drang die Waffen-SS in dieses kleine, ruhige Dorf im Limousin ein, in dem Widerstandskämpfer Zuflucht gefunden hatten. Sechs Stunden später, um 20:00 Uhr, verließ die Waffen-SS das Dorf. Hinter ihnen lag eine Ruine, die mit Leichen übersät war, darunter fünfhundert verkohlte Frauen und Kinder. Die akademische Geschichtsschreibung schrieb das Massaker den Deutschen zu. Offiziell zogen sie sich durch das Dorf zurück und setzten die Kirche in Brand, in die sich Frauen und Kinder geflüchtet hatten. Genau das stellt Reynouard in seinem 450-seitigen Buch, das 1997 in Belgien veröffentlicht wurde, in Frage. In Frankreich erschien das Buch im Juni 1997, nachdem er wegen seiner revisionistischen Ansichten aus dem Schuldienst ausgeschlossen worden war. Drei Monate später, im September, ordnete Innenminister Jean-Pierre Chevènement die Beschlagnahmung des Buches an und verbot seine Verteilung und Verbreitung in ganz Frankreich.

Zwischen 1998 und 1999 produzierte ein Team von Reynouard-Mitarbeitern eine Videokassette, die das Buch zusammenfasste und zum Kauf anregte. Der Film wurde im Jahr 2000 veröffentlicht und der Vertrieb begann im Januar 2001. Am 8. Februar 2001 erließ der Präfekt des zentralfranzösischen Departements Haute-Vienne einen Erlass, der die Kassette im gesamten Departement verbot. Am 27. September 2001, vier Jahre nach dem Verbot des Buches, verbot das Innenministerium das Video in ganz Frankreich. Das Verfahren gegen Vincent Reynouard führte zu einem Prozess, der in erster Instanz am 18. November 2003 stattfand. Reynouard wurde wegen „Entschuldigung eines Kriegsverbrechens" zu einem Jahr Gefängnis, einer Geldstrafe von 10.000 Euro und der Beschlagnahmung aller seiner beschlagnahmten Akten verurteilt. Die Berufungsverhandlung fand am 14. April 2004 statt. Reynouard wurde zu einer zweijährigen Haftstrafe verurteilt, von der sechs Monate zur Bewährung ausgesetzt wurden, die Geldstrafe von 10.000 Euro wurde jedoch in 3.000 Euro geändert. Außerdem musste er die drei Zivilparteien entschädigen, die in dem Fall aufgetreten waren, darunter die unausweichliche LICRA.

Dennoch verfolgte Reynouard weiterhin revisionistische Ideen und verfasste 2005 ein sechzehnseitiges Pamphlet mit dem Titel *Holocaust? Was sie uns verheimlichen"*, in dem er die offizielle Geschichtsschreibung offen in Frage stellte und eine völlig gegenteilige Meinung vertrat. Die französische Justiz hat sich schnell auf ihn gestürzt. Das Wiederaufnahmeverfahren fand am 8. November 2007 in Saverne statt, wo ein Gericht ihn wegen „Infragestellung von Verbrechen gegen die Menschlichkeit" durch die genannte Broschüre zu einem Jahr Gefängnis und einer Geldstrafe von 10.000 Euro verurteilte. Außerdem wurde er zu einer Zahlung von 3.000 Euro an die LICRA verurteilt. Gegen das Urteil wurde Berufung eingelegt, aber am 25. Juni 2008 bestätigte das Berufungsgericht in Colmar das Urteil und verhängte eine neue Geldstrafe von 60.000 Euro. Gleichzeitig hatte das Brüsseler Berufungsgericht am 19. Juni 2008, sechs Tage zuvor, Reynouard und Siegfried Verbeke zu einem Jahr Gefängnis und einer Geldstrafe von 25.000 Euro verurteilt, weil sie Texte verfasst und veröffentlicht hatten, die den Holocaust leugnen und Verbrechen gegen die Menschlichkeit in Frage stellen.

Da Reynouard seinen Wohnsitz in Belgien hatte, stellten die französischen Behörden einen Europäischen Haftbefehl aus, damit die Belgier ihn ausliefern konnten, da Reynouard gemäß der Bestätigung des Urteils durch das Berufungsgericht Colmar auch in Frankreich eine einjährige Haftstrafe zu verbüßen hatte. Am 9. Juli 2010 wurde er im Forest-Gefängnis (Brüssel) inhaftiert. Am 23. Juli 2010 erklärten die Brüsseler Richterkammern den von Frankreich ausgestellten Haftbefehl gegen Reynouard für gültig, so dass er am 19. August 2010 ausgeliefert und im Gefängnis von Valenciennes inhaftiert wurde. Während er auf seine Auslieferung wartete, erklärte er: „Wenn man kein anderes Argument als das Gefängnis hat, um sich von einem dialektischen Gegner zu befreien, dann liegt das daran, dass man keine Argumente hat".

Paul-Éric Blanrue, Gründungshistoriker der Forschungsgruppe Cercle Zététique und Autor des Buches *Sarkozy, Israël, et les juifs*, gab eine Pressemitteilung heraus, in der er das Gayssot-Gesetz anprangerte, zur Solidarität mit Vincent Reynouard aufrief und eine Unterschriftenkampagne zur Verteidigung der Meinungsfreiheit und zur Forderung nach Reynouards Freilassung startete. Blanrue prangerte nicht nur das verdächtige Schweigen der französischen und internationalen Medien an, sondern wies auch darauf hin, dass es abnormal sei, dass keine einzige NRO ein Wort zur Verteidigung von Reynouards Meinungsfreiheit und Gedankenfreiheit gesagt habe,.

Am frühen Dienstagmorgen, dem 5. April 2011, verließ der 42-jährige Revisionist das Gefängnis von Valenciennes. Seine Frau Marina, sein Sohn Pierre und eine Gruppe von Freunden, darunter Siegfried Verbeke, seine Frau Edna und eine Gruppe von belgischen und deutschen Revisionisten, warteten vor dem Tor auf ihn. Die sieben anderen Kinder von Reynouard warteten in einem Café in der Nähe des Gefängnisses und fertigten Zeichnungen an, die sie ihrem Vater schenken wollten. Nach einem gemeinsamen Essen in fröhlicher Atmosphäre musste sich die Familie Reynouard wieder trennen, da Marina und die Kinder nach Brüssel zurückkehren mussten. Vincent konnte nicht mit ihnen gehen, da er unter richterlicher Aufsicht stand und Frankreich nicht verlassen durfte. Am nächsten Tag, dem 6. April, wurde er von einem Untersuchungsrichter in Amiens in einer anderen Angelegenheit vorgeladen: Er wurde verdächtigt, im Jahr 2009 revisionistische CDs an 120 Gymnasien in Frankreich verschickt zu haben.

Am Tag seiner Freilassung gab Reynouard einem Journalisten der Zeitschrift *Rivarol* ein Interview. Seine ersten Worte galten seiner Frau, der er für ihre Haltung dankte und zu ihrem Heldentum gratulierte. Zweitens dankte er Paul-Éric Blanrue für seinen Mut und allen, die ihn finanziell unterstützt und ihm geschrieben hatten. Er bekundete seine Absicht, ein Buch mit Zeugnissen zu schreiben und die Veröffentlichung der Zeitschrift *San Concessions* wieder aufzunehmen, die seit seiner Verhaftung unterbrochen war, da alle seine Mitarbeiter ihren Posten treu geblieben waren. Die letzten Worte des Gesprächs waren Worte der Ermutigung: „Trotz aller Widrigkeiten und aller Fallen geht der Kampf weiter. Lasst eure Herzen aufgehen!

Im Februar 2015 verurteilte ein Gericht in erster Instanz in Coutances (Basse-Normandie) Vincent Reynouard erneut zu zwei Jahren Gefängnis, weil er ein Video veröffentlicht hatte, in dem er die politische Manipulation und Gehirnwäsche anprangerte, die der Jugend seines Landes zugefügt wurde, und die Theorie der systematischen Vernichtung der europäischen Juden während des Zweiten Weltkriegs widerlegte. Außerdem wurde er zu einer Geldstrafe von 35.000 Euro verurteilt. Angesichts der Härte des Urteils, denn das Gayssot-Gesetz sieht für „Holocaust-Leugnung" eine Höchststrafe von einem Jahr Gefängnis vor, legte der Staatsanwalt selbst Berufung beim Berufungsgericht in Caen, der Hauptstadt der Region, ein. In einem im Internet veröffentlichten Video hatte Reynouard angekündigt, dass er keinen einzigen Cent zu zahlen gedenke. Am 17. Juni 2015 reduzierte das Gericht in Caen die vom Gericht in Coutances verhängte Strafe auf ein Jahr und hob die Geldstrafe auf, da die Beweise dafür, dass die Strafe „rechtswidrig" war. Reynouard erschien nicht vor dem Gericht in Caen. Zwei Monate zuvor, am 25. April 2015, hatte er in einem Video angekündigt, unterzutauchen, um vor der politischen Verfolgung in Frankreich zu fliehen: „Man kann also sagen, dass ich auf der Flucht bin", sagte er in dem Video. Dieses Mal habe ich alles verloren, oder fast alles. Ich bin hier ohne Haus, mit meinem Rucksack. Ich habe nur ein paar Fragmente von Dateien retten können, um zu versuchen, die versprochenen Videos zu machen". Zum Zeitpunkt der Erstellung dieses Artikels wissen wir nicht, was aus Reynouard geworden ist, da wir nichts Neues über ihn herausfinden konnten.

3. Die wichtigsten Verfolgungsopfer in Österreich

Gerd Honsik, Opfer der Kapitulation der PSOE vor dem Zionismus

Hans Strobl, Präsident des Burgenländischen Kulturbundes, schrieb 1988 im Nachwort von *Eine Lösung für Hitler?*, dass die österreichische Staatspolizei Gerd Honsik 1978 mit der Einweisung in eine psychiatrische Klinik gedroht habe. Er erklärt jedoch nicht, warum Honsik so stark eingeschüchtert wurde und statt in einer Irrenanstalt im Gefängnis landete. Im Gefängnis schrieb er zwei Gedichtbände. Das erste, *Lüge, wo ist dein Sieg?*, wurde 1981 veröffentlicht, das zweite, *Fürchtet euch nicht!* 1983. Beide Manuskripte wurden mit Hilfe von Gefängniswärtern aus dem Gefängnis geschmuggelt, die mit dem Dichter sympathisierten, dem das Schreiben verboten worden war. Das erste Buch, das in klassischen Versen verfasst war, wurde schließlich beschlagnahmt und kostete Honsik eine Geldstrafe von 41.000 Schilling (damals österreichische Währung). Der Präsident des Obersten Gerichtshofs, offenbar ein Experte für Literaturkritik, urteilte, dass es „keine Kunst" sei. Auch das letztgenannte Werk wurde strafrechtlich verfolgt und verboten.

1986 wurde Honsik aus politischen Gründen von seinem Arbeitsplatz entlassen, an dem er fünfzehn Jahre lang tätig gewesen war. Die Verfolgung betraf auch seine schulpflichtigen Kinder, die unter anderem von einigen Lehrern unter Druck gesetzt wurden. Zwischen 1987 und 1988 musste Honsik achtzehn Mal vor Gericht gehen: Er musste 140.000 Schilling an Gerichts- und Anwaltskosten aufwenden. Das Schlimmste kam 1988 mit der Veröffentlichung von *„Freispruch für Hitler"*, einem Buch, das angeblich ein Buch der Versöhnung war. Gerd Honsik wandte sich an einen katholischen Pfarrer, Robert Viktor Knirsch,, um herauszufinden, ob der Priester moralische Hindernisse sah. Der Pfarrer schrieb ihm einen Brief, in dem er ihn als römisch-katholischer Priester ermutigte, mit dem Buch fortzufahren:

„"...Die Wahrheit gehört zum Gefolge des Guten. Jeder, der nach der Wahrheit sucht, hat das Recht zu zweifeln, zu forschen und abzuwägen. Und wo von den Menschen verlangt wird, blind zu glauben, herrscht ein Hochmut, der so viel Blasphemie enthält, dass er uns nachdenklich stimmt. Während nun diejenigen, deren Thesen ihr in Frage stellt, die Vernunft auf ihrer Seite haben, werden sie alle Fragen ruhig annehmen, sie werden ihre Antworten mit aller Geduld geben. Und sie werden ihre Beweise und Aufzeichnungen nicht mehr verheimlichen. Wenn sie aber lügen, werden sie vor dem Richter aufschreien. So wird man sie erkennen. Die Wahrheit ist immer ruhig; aber die Lüge ist immer in einem Kampf um einen irdischen Prozess!

Mit freundlichen Grüßen sende ich Ihnen meine besten Wünsche.

Priester Robert Viktor Knirsch

Kahlenbergerdorf, 2/6/1988"".

Nachdem er diese Worte an Honsik geschrieben hatte, die der Dichter in seinem Werk wiedergab, wurde der Pfarrer in eine psychiatrische Klinik eingewiesen, wo er bald erkrankte. Er starb am Montag, dem 26. Juni 1989. Vor seinem Tod äußerte er den Wunsch, dass bei seiner Beerdigung die deutsche Hymne gespielt werden solle. Am 30. Juni fand um 9.30 Uhr in Kahlenbergerdorf ein Trauergottesdienst statt, nach dem Knirschs Leichnam auf dem Pfarrfriedhof beigesetzt wurde. An der Beerdigung nahmen etwa siebenhundert Personen teil, darunter Erzbischof Krätztl und Propst Koberger, aber auch zahlreiche Geheimagenten und eine Polizeihundestaffel. Als Honsik am Ende der Zeremonie darum bat, die letzten Wünsche des Priesters zu erfüllen, griff die Polizei ein und forderte die Anwesenden auf, sich auszuweisen. Gerd Honsik wurde kurzzeitig festgenommen und beschuldigt, das Abspielen der deutschen Nationalhymne gefordert zu haben, obwohl dies verboten war.

Was die Folgen der Veröffentlichung des Buches anbelangt, so zog sich der Prozess über Jahre hin und führte sogar zur Schaffung eines Gesetzes, das sich ausschließlich mit diesem Fall befasste. Im Januar 1992 verließ Honsik das Land, nachdem er im Fernsehen öffentlich diffamiert worden war, wo Dr. Neugebauer, der Leiter des Österreichischen Widerstandsarchivs, ihn in Anwesenheit des Innenministers beschuldigte, einen Staatsstreich zu planen. Als sich herausstellte, dass es sich um Verleumdungen und Unwahrheiten handelte, kehrte Honsik nach Österreich zurück, um dem mehrwöchigen Prozess beizuwohnen. Gerd Honsik wurde am 5. Mai 1992 wegen „Wiederbelebung nationalsozialistischer Umtriebe" zu einer achtzehnmonatigen Haftstrafe verurteilt. Der österreichische Oberste Gerichtshof wies die Berufung ab. Um einer weiteren Inhaftierung zu entgehen, floh er nach Spanien, wo er bereits als achtjähriger Junge ein Jahr lang gelebt hatte. Im Jahr 1949 überquerte er mit tausend schwer unterernährten österreichischen Kindern in einem Sonderzug die Pyrenäen auf der Flucht vor den ethnischen Säuberungen, die zwischen 1945 und 1948 in Europa am deutschen Volk verübt wurden, dem perfekt dokumentierten und verschwiegenen Völkermord.

1993 veröffentlichte Honsik ein weiteres Buch, für das er später ebenfalls angeklagt wurde, *Schelm und Scheusal*, in dem er Simon Wisenthal anprangerte, der seine Genugtuung über die Briefbombe zum Ausdruck gebracht hatte, die von Österreich aus an den ehemaligen SS-Mann Alois Brunner geschickt worden war, der ein Auge und acht Finger verloren hatte. Brunner, ein enger Mitarbeiter von Adolf Eichmann, lebte in Damaskus, wo zionistische Attentäter mehrmals versucht hatten, ihn zu töten. Wiesenthal war über die Einzelheiten des Bombenanschlags informiert und bezeichnete das Opfer als seinen „meistgesuchten Judenmörder". Im August 1988 hatte Gerd Honsik ihn jedoch in der syrischen Hauptstadt besucht, und auf die Frage „Wann haben Sie von den Gaskammern erfahren?", antwortete Brunner: „Nach dem Krieg, durch die Zeitungen."

Am 7. Oktober 1993 reiste der spanische Premierminister Felipe González nach Wien. Dort nutzte der Bundeskanzler der Republik Österreich, Franz Vranitzky, die Gelegenheit, ihn um die Auslieferung von Honsik zu bitten. Dies zeigt deutlich, wie mächtig die jüdischen Lobbys sind, die in der Lage sind, einen hochrangigen europäischen Staatschef dazu zu bringen, einen anderen zu bitten, einen politischen Flüchtling wegen der Veröffentlichung eines Buches auszuliefern. Nachdem er von diesem Umstand erfahren hatte, wandte sich Gerd Honsik in einem offenen Brief an das spanische Parlament und bat um politische Zuflucht in Spanien. Darin erinnerte er daran, dass Spanien ihn in der Nachkriegszeit als Kind aufgenommen hatte und dass er bereits Spanisch gelernt hatte. Der Brief endete mit folgenden Worten: „Ich wende mich an die spanischen Parlamentarier, sowohl von der Rechten als auch von der

Linken, und an das spanische Volk und bitte sie, angesichts des internationalen Drucks, der meine Auslieferung fordert, standhaft zu bleiben. Damals fand ich in Spanien Zuflucht vor dem Hunger. Heute suche ich in Spanien Zuflucht vor dem Gefängnis". Die österreichischen Behörden ersuchten die spanische Regierung, ihn auszuliefern, doch die Audiencia Nacional lehnte dies am 7. November 1995 ab. Die Staatsanwaltschaft erhob Einspruch und vertrat die Auffassung, dass es sich um ein „politisches Verbrechen handele und daher von der Auslieferung ausgeschlossen sei", wie die Verteidigung erklärte. In der Begründung der Audiencia Nacional hieß es, es sei „nicht möglich, ein solches Verhalten als Provokation zum Verbrechen des Völkermordes zu werten, da dies die Absicht voraussetzt, eine religiöse Gruppe ganz oder teilweise zu zerstören", eine Absicht, die „aufgrund der Fakten (Verfassen und Veröffentlichung von *Eine Lösung für Hitler?*), für die der Angeklagte verurteilt wurde, nicht bejaht werden kann...". Sowohl der Richter als auch der Staatsanwalt der Audiencia waren der Meinung, dass Honsiks Buch nicht gegen spanisches Recht verstößt. Daher lebte Gerd Honsik fast fünfzehn Jahre lang in Málaga, ohne von den spanischen Behörden belästigt zu werden.

Ein vom Wiener Gericht ausgestellter europäischer Haftbefehl wurde schließlich von den spanischen Behörden zugestellt: Am 23. August 2007 nahm die Polizei Honsik in Malaga fest. Im September 2007 erklärte der Präsident der Israelitischen Kultusgemeinde Österreichs, Tycoon Ariel Muzicant, ein in Haifa geborener Israeli, gegenüber der Zeitung *„Die Gemeinde"*, dass sich die jüdische Gemeinde für eine einheitliche europäische Gesetzgebung gegen Neonazis und Holocaust-Revisionisten einsetze. Er kommentierte die Verhaftung Honsiks in Spanien mit den Worten:

> „Gerd Honsik wurde nach fünfzehn Jahren Aufenthalt in Spanien verhaftet und wird an Österreich ausgeliefert. Das freut mich persönlich sehr, denn es zeigt einmal mehr, dass meine Gespräche mit dem spanischen Ministerpräsidenten, dem Außenminister und der Justizministerin im Jänner dieses Jahres dazu beigetragen haben, dass die spanische Regierung eine entsprechende Haltung eingenommen"

Ohne eine Spur von Verstellung, im Gegenteil, prahlte Muzicant schamlos mit seiner Macht und erntete die Lorbeeren dafür, dass er die spanische sozialistische Regierung dazu gebracht hatte, das Richtige zu tun, d.h. das, was der Zionismus wollte. Im Januar 2007 hatte Spanien eine PSOE-Regierung unter José Luis Rodríguez Zapatero. Außenminister war der unaussprechliche Miguel Ángel Moratinos und Justizminister Juan Fernando López Aguilar. Der Richter, der die Auslieferung genehmigte, war Baltasar Garzón, der vier Jahre später durch einstimmigen Beschluss der Mitglieder der Strafkammer des Obersten Gerichtshofs zu elf Jahren Berufsverbot verurteilt und aus dem Justizwesen ausgeschlossen wurde. Dieser skrupellose Richter, der leider von vielen Sektierern der spanischen Linken verteidigt wurde, stellte sich in den Dienst der Zionisten, ohne zu bedenken, dass Spanien zweimal die Auslieferung verweigert hatte und dass die Audiencia Nacional in einer Entscheidung aus dem Jahr 1995 entschieden hatte, dass es sich bei dem Fall Honsik „um ein politisches Verbrechen handelte und daher von der Auslieferung ausgeschlossen war". Gerd Honsiks Auslieferung an Österreich fand am 4. Oktober 2007 statt. Die österreichische Justizministerin, die Sozialistin Maria Berger, sprach dem Richter Baltasar Garzón in einer Pressemitteilung des Justizministeriums vom 5. Oktober öffentlich ihren besonderen Dank aus.

Vier Jahre später, am 26. Januar 2012, erstattete Göran Holming, ein pensionierter schwedischer Armeekommandant und Mitglied von European Action, einer Bewegung für ein freies Europa, Strafanzeige gegen Baltasar Garzón, Ministerpräsident Rodríguez Zapatero und die genannten Minister bei der Audiencia Nacional. In dem Schreiben wurden das Treffen mit Ariel Muzicant und die bei diesem Treffen im Januar 2007 getroffenen politischen Vereinbarungen angeprangert. In dem Schreiben wird ausführlich auf die falschen Vorwände eingegangen, die für die Bewilligung der Auslieferung angeführt wurden, und Richter Garzón wird insbesondere der Ausflucht und des Verstoßes gegen das Gesetz und die spanische Verfassung beschuldigt, die eine Auslieferung wegen politischer Straftaten untersagt, es sei denn, es liegen „terroristische Handlungen" vor. Hier ist der Wortlaut des Antrags:

> „Ich möchte die Staatsanwaltschaft bitten, zu prüfen, ob der ehemalige Ministerpräsident José Luis Rodríguez Zapatero und seine ehemaligen Justiz- und Außenminister in Zusammenarbeit mit dem Richter Baltasar Garzón für die Auslieferung des österreichischen Dichters und Schriftstellers Gerd Honsik verantwortlich sind, die durch eine Verschwörung mit dem Ausländer Ariel Muzicant und Frau Maria Berger gefördert und mit dem Ziel durchgeführt wurde, eine unmenschliche und ungerechte politische Verfolgung in Österreich durchzuführen, und ob die

vorgenannten Personen kumulativ Folgendes begangen haben Maria Berger und zum Zwecke der unmenschlichen und ungerechten politischen Verfolgung in Österreich durchgeführt haben und ob die genannten Personen sich kumulativ schuldig gemacht haben:

I) Ein Verbrechen gegen die Menschlichkeit,

II) den Straftatbestand des Machtmissbrauchs,

III) wegen Fälschung des EU-Haftbefehls,

IV) wegen Verschwörung in einem Abkommen gegen die spanische Verfassung.

Ich beantrage hiermit, die oben genannten Personen wegen der oben genannten Straftaten vor das zuständige Gericht zu stellen.

Mit freundlichen Grüßen

Göran Holming, pensionierter Kommandeur der schwedischen Armee".

Kehren wir nun zum Fall G. Honsik zurück. Am 3. Dezember 2007 fand die Berufungsverhandlung, die 1992 wegen „Nichterscheinens des Betroffenen" abgesagt worden war, in Wien statt. Die Berufung wurde verworfen und die Verurteilung zu einer unbedingten Freiheitsstrafe von achtzehn Monaten wurde bestätigt. Im Mai 2008 erhob die Staatsanwaltschaft Wien erneut Anklage gegen Honsik wegen „Wiederbelebung nationalsozialistischer Umtriebe". Am 20. April 2009 begann der Prozess vor dem Wiener Landesgericht und am 27. April wurde Honsik wegen seiner Ansichten über die Existenz der Gaskammern in den nationalsozialistischen Arbeitslagern zu fünf Jahren Haft verurteilt. Das Urteil wurde vom Obersten Gerichtshof bestätigt, aber am 1. März 2010 wurde die Strafe vom Berufungsgericht Wien auf vier Jahre reduziert.

Noch am 20. Juli 2010 fand ein neuer Prozess gegen Honsik wegen der Veröffentlichung zweier Bücher statt, von denen eines *Schelm und Scheusal* und das andere *Rassismus Legal?* hieß. Dabei handelte es sich um ein „3g-Verfahren", d.h. ein Verfahren nach § 3g des österreichischen Verbotsgesetzes von 1947, das das „Wiederaufleben nationalsozialistischer Gesinnung" streng unterdrückt. Richter Andreas Böhm, der Honsik im April 2009 zu fünf Jahren verurteilt hatte, hatte Staatsanwalt Stefan Apostol angewiesen, die inkriminierten Bücher auszuschließen, um anschließend ein neues

Verfahren zu eröffnen, das eine zusätzliche Verurteilung ermöglicht. Bei der Verhandlung wurden die Bücher getrennt betrachtet. Honsik ließ sich trotz oder vielleicht gerade wegen seiner Haftstrafe nicht abschrecken und ging auf Simon Wiesenthal los. Die Informationen, die wir über die Verhandlungssitzungen haben, stammen aus der österreichischen Presse, die den jüdischen Lobbys hörig ist. Kurz gesagt, Honsik wiederholte, dass es eine anerkannte Tatsache sei, dass es keine einzige Gaskammer auf deutschem oder österreichischem Boden gab und dass nicht er, sondern Wiesenthal der Lügner sei. Der Richter versuchte, Honsiks Anwalt, Dr. Herbert Schaller, dazu zu bringen, die Existenz der Gaskammern zu leugnen. Er fragte ihn wiederholt, ob auch er behaupte, dass es keine Gaskammern gegeben habe; aber der Anwalt vermied es stets, Fragen zu beantworten, die in Deutschland gestellt werden, um die Anwälte der Angeklagten zu belasten.

Theoretisch sollte Honsik erst 2013 freigelassen werden, aber eine Berufung beim Wiener Gericht erreichte schließlich das Ziel eines günstigen Urteils, das die Länge seiner Strafe um achtzehn Monate reduzierte. Berichten zufolge wurden sein hohes Alter (70 Jahre) und seine „erfolgreiche soziale Integration" in Spanien berücksichtigt, wohin er nach seiner Freilassung Ende 2011 zurückkehrte, um sich wieder in Malaga niederzulassen, wo er 2007 verhaftet worden war. Gerd Honsik wurde im Laufe seines Lebens fast sechs Jahre lang inhaftiert, weil er Ideen geäußert hat, die als Gedankenverbrechen gelten.

David Irving, verurteilt zu drei Jahren Gefängnis in Wien.

Der zweite Ernst-Zündel-Prozess in Toronto war ein Meilenstein in der Entwicklung des revisionistischen Denkens von David Irving, der zusammen mit Robert Faurisson als Berater des Anwalts Doug Christie fungierte und in dem Prozess als Zeuge der Verteidigung aussagte. Offenbar war es Irving, der mit Bill Armontrout Kontakt aufnahm, und als dieser Fred Leuchter empfahl, flog er in Begleitung von Faurisson nach Boston, um sich mit dem Gaskammerexperten zu treffen und ihn zu überzeugen, das technische Gutachten zu erstellen. Der *Leuchter-Bericht* zerstreute alle Zweifel Irvings an der angeblichen Ausrottung des europäischen Judentums, falls er überhaupt noch welche hatte. Nach seiner Rückkehr nach London nach dem Prozess veröffentlichte Irving den Bericht des amerikanischen Ingenieurs im Vereinigten Königreich unter dem Titel *Auschwitz the End of the Line: The Leuchter Report* und schrieb das Vorwort. Beides gefiel dem politischen Establishment nicht, und so wurden Irving und Leuchter am 20. Juni 1989 in einem im Unterhaus eingebrachten Antrag verurteilt. Darin wurde David Irving als „Nazi-Propagandist und Hitler-Apologet" bezeichnet. Der veröffentlichte Text wurde als „faschistische Publikation" bezeichnet. Irving reagierte mit einer vernichtenden Presseerklärung auf den Antrag des Unterhauses. Am 23. Juni 1989 veröffentlichte Irving einen Text, in dem er unmissverständlich erklärte, dass die Gaskammern von Auschwitz eine „Fabel" seien.

Am 6. November 1989 hielt David Irving im Park Hotel in Wien einen Vortrag, der ihm sechzehn Jahre später eine dreijährige Haftstrafe einbringen sollte. Jüdische Organisationen und verschiedene kommunistische und linksextreme Gruppen brachten fünftausend Demonstranten auf die Straße, um die Veranstaltung zu verhindern. Etwa fünfhundert Bereitschaftspolizisten mussten einen Schutzkordon bilden, um die Exaltiertesten daran zu hindern, das Gebäude zu stürmen. Aufgrund des Inhalts der beiden in Österreich gehaltenen Vorträge erließ die Regierung einen Haftbefehl gegen Irving und erließ ein Einreiseverbot.

Im Januar 1990 hielt David Irving einen Vortrag in Moers, Deutschland, in dem er auf den alliierten Luftterror anspielte und behauptete, dass zwischen 1940 und 1945 in Auschwitz ebenso viele Menschen starben wie bei allen verbrecherischen Bombenangriffen auf deutsche Städte. Am 21. April 1990 wiederholte Irving dieselbe Rede in München, was ein Gericht in der bayerischen Landeshauptstadt dazu veranlasste, ihn am 11. Juli 1991 wegen Holocaust-Leugnung zu einer Geldstrafe von 7.000 DM zu verurteilen. Irving legte Berufung ein und während der Verhandlung am 5. Mai 1992 die Anwesenden im Münchner Gerichtssaal auf, für das deutsche Volk zu kämpfen, um „der blutigen Lüge vom Holocaust, die fünfzig Jahre lang gegen das Land gesponnen wurde, ein Ende zu setzen". Irving bezeichnete Auschwitz als „eine Touristenattraktion". Neben einer Geldstrafe von 10.000 Mark wurde ihm die Einreise nach Deutschland untersagt.

Andere Länder folgten diesem Beispiel, und das Veto gegen Irving begann sich zu verbreiten. In Kanada wurde er im November

1992 verhaftet und in das Vereinigte Königreich abgeschoben. Auch nach Italien und Australien wurde ihm die Einreise verweigert. Am 27. April 1993 wurde er vor einem französischen Gericht wegen des Gayssot-Gesetzes angeklagt. Da dieses Gesetz keine Auslieferung vorsieht, weigerte sich der Historiker, nach Frankreich zu reisen und erschien nicht. 1994 wurde er im Vereinigten Königreich wegen Missachtung des Gerichts in einem Rechtsstreit über die Veröffentlichungsrechte zu einer dreimonatigen Haftstrafe verurteilt. Schließlich wurde er für zehn Tage im Londoner Pentonville-Gefängnis eingesperrt.

Die juristische Konfrontation zwischen David Irving und der in revisionistischen Kreisen bekannten jüdischen Historikerin Deborah Lipstadt war ein Wendepunkt, der den britischen Historiker geprägt hat. Es handelte sich um einen langwierigen Prozess im Vereinigten Königreich, von dem wir hier nur die wesentlichen Fakten wiedergeben wollen, da Irving auf diesen Seiten als Opfer der Verfolgung in Österreich erscheint und wir nicht von unserem Ziel abweichen dürfen. Für Leser, die mit dem Thema nicht vertraut sind: Die Kontroverse zwischen Deborah Lipstadt, Professorin für modernes Judentum und Holocaust-Studien an der Emory University (USA), und David Irving begann 1993, als Lipstadt Irving in „*Denying the Holocaust: The Growing Assault on Truth and Memory*" disqualifizierte. In dem Buch bezeichnete Lipstadt den britischen Historiker als „Antisemiten, der aus ideologischen Gründen Dokumente fälscht" und kam zu dem Schluss, dass er „ein gefährlicher Sprecher der Holocaust-Leugner" sei. 1996 beschloss Irving, Lipstadt und seinen britischen Verlag Penguin Books Ltd. wegen Verleumdung zu verklagen, da sein Ruf als Historiker geschädigt worden sei. Der Prozess begann am 11. Januar 2000 und endete am 11. April mit einem Urteil des Richters Charles Gray zugunsten von Lipstadt und Penguin Books. Gray stellte fest, dass Irving „aus seinen eigenen ideologischen Gründen die historischen Beweise beharrlich und absichtlich falsch dargestellt und manipuliert hat". Trotz der Tatsache, dass David Irving, wie Germar Rudolf enthüllte, jüdischer Abstammung ist, argumentierte Richter Gray in seinem Urteil, dass Irving ein „aktiver Holocaust-Leugner" sei, dass er „antisemitisch und rassistisch" sei und dass er „mit Rechtsradikalen zusammenarbeitet, um den Neonazismus zu fördern". Der Prozess und das Urteil gingen um die Welt.

Am 11. November 2005 wurde David Irving das prominenteste Opfer der Verfolgung von Revisionisten in Österreich. Er selbst erzählte später in einem in der *American Free Press* veröffentlichten Artikel die ganze Geschichte. Seinen Angaben zufolge war er in das Land gereist, um vor einer Studentenvereinigung, der Burschenschaft „Olympia", zu sprechen. Thema des Vortrags, der bereits in diesem Werk (*Geächtete Geschichte*) behandelt wurde, waren die Verhandlungen von Joel Brand in Ungarn mit Adolf Eichmann über die Befreiung der ungarischen Juden im Austausch gegen Lastwagen. Irving wollte erklären, dass die britischen Geheimdienste die Kommunikationscodes geknackt hatten und wussten, was zwischen den Zionisten und den Nazis besprochen wurde. Da gegen ihn seit November 1989 ein Haftbefehl des Wiener Landesgerichts wegen Holocaust-Leugnung vorlag, wollte Irving nicht riskieren, per Direktflug nach Österreich einzureisen, und entschied sich für die Anreise mit dem Auto von Zürich aus. Nach einer Fahrt durch die Nacht kam er um 8:00 Uhr morgens nach 900 Kilometern in Wien an.

Nachdem er sich ausgeruht hatte, rief er den Studenten, der ihn eingeladen hatte, Christopher V., von einem Bahnhof aus an: „Rendezvous A", sagte Irving, ohne sich auszuweisen, „in einer Stunde. Sicherheitsvorkehrungen waren notwendig, und alles war sechs Monate im Voraus arrangiert worden. Christopher, ein junger Mann in den Zwanzigern, holte ihn in der Bahnhofshalle ab und fuhr ihn dorthin, wo angeblich über zweihundert Studenten auf ihn warteten. Die Veranstaltung sollte um 18:00 Uhr beginnen. Nachdem das Auto geparkt war, näherten sie sich dem Gebäude zu Fuß. Als sie sich an die Wand lehnten, sahen sie „drei stämmige Türsteher". Sobald er erkannte, dass es sich um die Stapo handelte, übergab der junge Mann Irving die Autoschlüssel und sie trennten sich. Als er zu seinem Ford Focus zurückging, erzählt Irving, „folgte mir einer der Türsteher etwa achtzig Meter hinterher; die beiden anderen verfolgten Christopher." Aus Gewohnheit stieg er von rechts in den Wagen ein, als ob es sich um ein englisches Fahrzeug handelte; das Lenkrad war jedoch auf der anderen Seite. Der Mann begann zu rennen. Als er schließlich losfuhr, war der Polizist nur noch etwa zehn Meter entfernt. Im Rückspiegel sah er ihn, wie er die Daten des Wagens auf einem Notizblock notierte. Der Plan war, zu versuchen, nach Basel zu kommen, wo er am nächsten Tag ein Flugzeug nehmen sollte. Etwa 250 Kilometer vor Wien zwangen ihn zwei Polizeiautos zum Anhalten: „Acht uniformierte Polizisten sprangen plötzlich heraus und kamen hysterisch schreiend auf mich zu". Dies ist die knappe Zusammenfassung dessen, wie Irving seine Verhaftung erlebte.

Ein Sprecher des österreichischen Innenministeriums, Rudolf Gollia, teilte mit, dass der britische Historiker am 11. November von Beamten der Autobahnpolizei in der Nähe der Stadt Johann in der Heide in der Steiermark verhaftet worden sei. Die internationale Presse berichtete, er sei verhaftet worden, weil er 16 Jahre zuvor in einem Vortrag im Jahr 1989 den Holocaust geleugnet hatte. Ein Sprecher der Staatsanwaltschaft wurde in den Medien mit den Worten zitiert, dass er im Falle einer Verurteilung zu einer Freiheitsstrafe zwischen einem und zehn Jahren verurteilt werden könne.

Nach dreimonatiger Untersuchungshaft wurde er am 20. Februar 2006 vom Wiener Landesgericht zu drei Jahren Haft verurteilt. In der Anklageschrift führte der Staatsanwalt aus, dass Irving in den beiden öffentlichen Reden im Jahr 1989 gesagt habe, dass „Hitler tatsächlich seine schützende Hand über die Juden hielt" und die Existenz der Gaskammern bestritten habe. Dem Staatsanwalt zufolge hatte Irving 1989 auch behauptet, die „Kristallnacht" sei nicht von den Nazis, sondern von als Nazis getarnten Personen verübt worden.

Fairerweise muss man sagen, dass Irvings Zugeständnisse vor dem Wiener Gericht einige Revisionisten zutiefst enttäuschten, die sich eine würdevollere, stoischere Haltung gewünscht hätten. Irving erklärte, er habe seine Meinung über den Holocaust geändert, weil er auf einer Reise nach Argentinien neues Material über Adolf Eichmann gefunden habe. Er erklärte sich bereit, einige seiner Behauptungen zu widerrufen und räumte sogar die Existenz von Gaskammern ein, womit er sich der Geschichtsfälschung schuldig machte. Es scheint, dass er mit dieser Strategie auf einen Freispruch hoffte. Er war so zuversichtlich, dass er sogar im Voraus ein Flugticket zurück nach London gekauft hatte. Die acht Geschworenen waren sich jedoch einig, und in der Urteilsbegründung sagte der Richter Peter Liebetreu: „Das frühere Geständnis erschien uns nicht als Akt der Reue und wurde daher bei der Bemessung des Strafmaßes nicht berücksichtigt". Der Richter fragte ihn, ob er das Urteil verstanden habe. „Da bin ich mir nicht sicher", antwortete er verblüfft. Als er aus dem Gerichtssaal geführt wurde, erklärte er, er sei schockiert über die Härte des Urteils.

Das Berufungsgericht unter dem Vorsitz von Richter Ernest Maurer ließ eine Berufung zu. Am 20. Dezember 2006 stimmte Richter Maurer zu, die ursprüngliche Strafe auf ein Jahr Freiheitsentzug und zwei Jahre Bewährung zu reduzieren. Da Irving bereits dreizehn Monate im Gefängnis verbracht hatte, konnte er entlassen werden. Allerdings blieb ihm die Wiedereinreise nach Österreich verwehrt. Das Urteil löste den Zorn der jüdischen Gemeinde Wiens und des Historischen Dokumentationszentrums des Widerstands aus. Brigitte Bailer, Leiterin des Zentrums, zeigte sich empört. Das Urteil sei „besorgniserregend, weil es ein Zeichen dafür ist, dass es in der österreichischen Justiz Bereiche gibt, die das Verbrechen der Holocaust-Leugnung verharmlosen". Bailer warf Richter Maurer vor, ein Sympathisant der rechtsextremen Partei FPÖ zu sein. Sobald Irving in England war, bekräftigte er seine revisionistischen Positionen und erklärte, dass es „keine Notwendigkeit mehr gäbe, Reue zu zeigen".

So nahm David Irving seine Aktivitäten wieder auf und hielt revisionistische Vorträge in Europa und Amerika. Im Dezember 2007 versuchte die katalanische Regierung, eine der geplanten Veranstaltungen in Spanien zu verbieten. Die Mossos d'Esquadra (katalanische Regionalpolizei) durchsuchten und filmten nicht nur die Anwesenden, um sie einzuschüchtern, sondern beschlagnahmten auch einige Bücher. Der Redner wurde gewarnt, dass er verhaftet werden würde, wenn es Hinweise auf ein Meinungsdelikt gäbe. In Anbetracht dieser Situation wurde beschlossen, die Konferenz abzubrechen, und David Irving hielt eine Pressekonferenz ab, auf der er seine Meinungsfreiheit unter Beweis stellte.

Wir machen in Spanien weiter. Anlässlich des siebzigsten Jahrestags des Ausbruchs des Zweiten Weltkriegs bereitete die Zeitung *El Mundo* 2009 eine Sonderausgabe mit Interviews mit Spezialisten verschiedener Richtungen vor, darunter auch Irving. Der israelische Botschafter in Spanien, Raphael Schutz, forderte in einem Protestschreiben an die Zeitung die Zensur von Irvings Beiträgen. In seiner üblichen Opferhaltung behauptete Schutz, es reiche nicht aus, sich auf das Recht auf „freie Meinungsäußerung" zu berufen. Die Zeitung nannte den Botschafter „unnachgiebig" und erwiderte, dass die Zeitung *El Mundo* den Holocaust nicht leugne, ganz im Gegenteil.

Lassen Sie uns mit einer Anekdote schließen. Im März 2013 wurde David Irvings Einreiseverbot für Deutschland, das bis 2022 gelten sollte, aufgehoben. Im Juli desselben Jahres versuchte er, ein Zimmer in Berlin zu buchen, da in der deutschen Hauptstadt am 10. September eine Konferenz stattfinden sollte, zu der die Teilnehmer 119 Dollar Eintritt zahlen mussten. Volker Beck von den Grünen wandte sich an den deutschen Hotelierverband, um Irving zu boykottieren. Auf diese Weise erreichte er, dass sich die führenden Berliner Hotels weigerten, den britischen Revisionisten zu beherbergen, der eigentlich eine andere Unterkunft hätte finden sollen.

Wolfgang Fröhlich, der „Kanarienvogel" singt noch im Käfig

Wolfgang Fröhlich ist auf dem besten Weg, alle Rekorde zu brechen. Er hat bereits neun Jahre seines Lebens im Gefängnis verbracht und verbüßt derzeit weitere fünf Jahre, also insgesamt vierzehn Jahre Haft für Gedankenverbrechen. In einem Artikel, der im Oktober 2015 im *Smith's Report* veröffentlicht wurde, setzte Roberto Hernández Fröhlich mit jenem Kanarienvogel gleich, auf den Professor Faurisson mit seinem bekannten Satz anspielte: „Einen Kanarienvogel in einen Käfig zu sperren, kann ihn nicht davon abhalten, seine Lieder zu singen." Wolfgang Fröhlich ist ein österreichischer Chemieingenieur, der davon überzeugt ist, dass die These von der Vernichtung der Deportierten in Gaskammern wissenschaftlich absurd ist. Fröhlich, unser Käfigkanarienvogel, ist ein Spezialist für Desinfektionsverfahren und den Bau von Gaskammern zur Schädlingsbekämpfung und Beseitigung von Mikroben.

Es wurde bereits gesagt, dass die freie Meinungsäußerung und die Freiheit insgesamt in Österreich durch ein Gesetz aus dem Jahr 1947, das „Verbotsgesetz", verhindert wird, das ursprünglich dazu gedacht war, alles zu verhindern, was mit dem Nationalsozialismus in Verbindung gebracht werden könnte. Im Jahr 1992 wurde dieses Gesetz geändert, um die Leugnung des Holocaust und jeden Versuch der Verharmlosung der nationalsozialistischen Gräueltaten zu bestrafen. Trotz der neuen Umsetzung des Verbotsgesetzes verschickte Fröhlich in den 1990er Jahren Hunderte von Texten an Rechtsanwälte, Richter, Parlamentarier, Journalisten usw., in denen er die angeblichen Gaskammern der Nazis als Lüge anprangerte. Im Jahr

1998 nahm er als Sachverständiger der Verteidigung am Prozess in der Schweiz gegen Jürgen Graf und seinen Verleger Gerhard Förster teil, auf den wir später zurückkommen werden. Nun muss man sagen, dass dem Gericht seine Aussage über die technische Unmöglichkeit von Massenvergasungen gar nicht gefiel, so dass der Staatsanwalt Dominik Aufdenblatten drohte, ihn anzuklagen. Die Passage aus dem Verhör lautet wie folgt:

> „Aufdenblatten: Waren Ihrer Meinung nach Massenvergasungen mit Zyklon B technisch möglich?
>
> Fröhlich: Nein.
>
> Aufdenblatten: Warum nicht?
>
> Fröhlich: Das Pestizid Zyklon B ist Blausäure in Granulatform. Sie wird bei Kontakt mit Luft freigesetzt. Der Siedepunkt von Blausäure liegt bei 25,7 Grad (Celsius), je höher die Temperatur, desto schneller die Verdampfungsrate. Die Entlausungskammern, in denen Zyklon B in den Lagern und anderswo verwendet wurde, waren auf 30 Grad und mehr aufgeheizt, so dass die Blausäure schnell aus dem Granulat freigesetzt wurde. In den halb unterirdischen Leichenhallen der Krematorien von Auschwitz-Birkenau, in denen nach Zeugenaussagen Massenvernichtungen mit Zyklon B durchgeführt wurden, waren die Temperaturen jedoch viel niedriger. Wenn man davon ausgeht, dass die Räume durch die Körper der Häftlinge beheizt wurden, hätte die Temperatur selbst im Sommer 15 Grad Celsius nicht überschritten. Folglich hätte es viele Stunden gedauert, bis sich die Blausäure verflüchtigt hätte. Nach Zeugenberichten starben die Opfer schnell. Die Zeugen sprechen von Zeitspannen zwischen „sofort" und „15 Minuten". Um die Häftlinge in so kurzer Zeit zu töten, hätten die Deutschen enorme Mengen von Zyklon B verwenden müssen - ich schätze zwischen 40 und 50 Kilo pro Vergasung. Dies hätte jegliche Arbeit in der Gaskammer völlig unmöglich gemacht. Das Sonderkommando, das nach Zeugenaussagen die Kammern von Leichen befreite, wäre beim Betreten sofort zusammengebrochen, selbst wenn es Gasmasken getragen hätte. Es wären riesige Mengen Blausäure ausgetreten und das ganze Lager wäre vergiftet worden".

Fröhlichs Aussage wurde mit Beifall quittiert, doch Staatsanwalt Aufdenblatten reagierte empört und sagte: „Für diese Aussage bitte ich das Gericht, Sie wegen Rassendiskriminierung nach Artikel 261 anzuklagen, sonst mache ich das selber. Auf diese Worte hin stand Försters Anwalt Jürg Stehrenberger auf und teilte dem Gericht mit, dass er sich angesichts der unerträglichen Einschüchterung des Zeugen aus dem Verfahren zurückziehe. In

Begleitung von Grafs Verteidiger verliess er für einige Minuten den Gerichtssaal. Als sie zurückkehrten, beanstandeten beide das Verhalten des Staatsanwalts vehement, kündigten aber an, dass sie trotz allesamt ihre Tätigkeit als Verteidiger fortsetzen würden.

Im Jahr 2001 veröffentlichte Wolfgang Fröhlich „Die Gaskammer Lüge", ein Buch von fast 400 Seiten, das ihm einen Haftbefehl einbrachte und ihn zwang, irgendwo in Österreich unterzutauchen, um nicht gefasst zu werden. In seinem Versteck entwickelte er das Projekt, CDs mit dem Titel „Gaskammerschwindel" zu verschicken, in denen er seine Forschungsergebnisse ausführlich darlegte und den Betrug als „psychologischen Terrorismus" bezeichnete. Am 30. Mai 2003 schrieb er in einem Brief, dass es ihm gut gehe und er sein Projekt, CDs an Menschen aus dem gesamten Spektrum der österreichischen Gesellschaft zu verschicken, eifrig fortsetzen werde. Bislang habe er rund 800 CDs verschickt, in der Hoffnung, mit seiner Aktion das Ende der „Holocaust-Geschichte von der Vergasung von Millionen von Juden" zu beschleunigen. Fröhlich sah darin einen beispiellosen historischen Betrug an einem ganzen Volk („Volksbetrug"). Am Samstag, den 21. Juni 2003, wurde Fröhlich schließlich verhaftet und in Wien inhaftiert. Anfang 2004 wurde er wegen Verstoßes gegen das Verbotsgesetz zu einer dreijährigen Haftstrafe verurteilt, von der er zwei Jahre auf Bewährung verbrachte. Als er am 9. Juni 2004 aus der Haft entlassen wurde, fand er sich arbeitslos und ohne Mittel wieder.

Während er auf Bewährung war, wurde im Juni 2005 eine neue Anklage gegen ihn erhoben, weil er die 800 CDs herausgegeben hatte, die die absolute Unmöglichkeit der Vergasungen bewiesen. Er musste ins Gefängnis zurückkehren, wo er auf seine erneute Verhandlung wartete. Am 29. August 2005 verurteilte Richterin Claudia Bandion-Ortner Frölich zu zwei Jahren Haft und hob die Aussetzung der vorherigen Strafe auf, so dass Frölich insgesamt vier Jahre inhaftiert war. Glücklicherweise war seine Berufung vor dem Obersten Gerichtshof erfolgreich, so dass seine Strafe um 29 Monate herabgesetzt wurde und er erneut vorläufig entlassen wurde. Im Dezember 2006, gerade aus dem Gefängnis entlassen, nahm Wolfgang Fröhlich an der Internationalen Holocaust-Konferenz in Teheran teil, hielt aber keine Rede, so dass er trotz der Anschuldigungen von und des Drucks auf die österreichischen Behörden nicht wegen seiner Reise in den Iran angeklagt wurde.

Während seiner Bewährungszeit forderte der unermüdliche Wolfgang Fröhlich einen Abgeordneten und die Landeshauptleute auf, das Verbotsgesetz abzuschaffen. Aus diesem Grund wurde er Ende Juli/Anfang August 2007 erneut verhaftet und in die Justizanstalt zurückgebracht, wo er bis zu einer neuen Verhandlung blieb. Richterin Martina Spreitzer-Kropiunik vom Landesgericht Wien sprach ihn am 14. Jänner 2008 schuldig und verurteilte ihn zu einer Freiheitsstrafe von vier Jahren, die zu den vom Obersten Gerichtshof aufgehobenen 29 Monaten hinzukommt. Er wurde somit wegen einfacher Meinungsdelikte zu einer Gesamtfreiheitsstrafe von sechs Jahren und vier Monaten verurteilt.

Als politischer Gefangener inhaftiert, schrieb Fröhlich, der „Kanarienvogel", der nicht aufhören kann zu singen, an SPÖ-Nationalrätin Barbara Prammer, Kardinal Christoph Schönborn und andere, um seine These zu erläutern, dass die Vernichtung von Millionen von Juden in den Gaskammern technisch unmöglich ist und dass der Tod von sechs Millionen Juden „die grausamste Lüge in der Geschichte der Menschheit" ist. Wolfgang Fröhlichs unbändiger Gesang führte zu einer neuen Anklage gegen ihn: Am 4. Oktober 2010 wurde er zu einer zusätzlichen zweijährigen Haftstrafe verurteilt. Und so geht es weiter und weiter. Ein halbes Jahr vor seiner Entlassung, am 9. Juli 2015, verurteilte ihn das Bezirksgericht Krems unter Vorsitz von Richter Dr. Gerhard Wittmann zu einer weiteren dreijährigen Haftstrafe. Diesmal hatte Staatsanwältin Elisabeth Sebek Anklage gegen ihn erhoben, weil er Briefe an den österreichischen Bundeskanzler Werner Faymann, einen katholischen Sozialdemokraten, das Nachrichtenmagazin *Profil* und andere einflussreiche Personen geschickt hatte. In diesen Briefen hatte er sich erneut zum Holocaust geäußert.

Das letzte, was wir von Wolfgang Fröhlich gehört haben, ist, dass er am 25. November 2015 ein Aufforderungsschreiben an den Menschenrechtsausschuss der Vereinten Nationen und an die Europäische Menschenrechtskonvention geschickt hat. Da sowohl Robert Faurisson als auch Ernst Zündel sich erfolglos an internationale Gremien gewandt haben, der erste, um das Gayssot-Gesetz anzuprangern, und der zweite, um die Verletzung seiner Rechte anzuprangern, ist es unwahrscheinlich, dass Fröhlich irgendeinen Schutz erhalten wird. Die verborgene Tyrannei der globalen Macht erlaubt nicht das geringste Zugeständnis, wenn es um

Revisionisten geht, die versuchen, den Betrug zu entlarven. In jedem Fall werden wir den Text als eine Hommage an diesen ehrlichen österreichischen Ingenieur aufnehmen, der alles versucht und alles verloren hat:

„Meine Damen und Herren,

Ich formuliere hiermit eine

ANFORDERUNG

dass meine Menschenrechtsbeschwerde Nr. 56264/09 gegen die Republik Österreich, die durch die Kriminalisierung meiner Meinung einen Angriff auf meine Grundrechte, insbesondere auf die Freiheit der wissenschaftlichen Forschung, darstellt, erneut geprüft wird und dass der Gerechtigkeit Genüge getan wird!

Ich hatte mich bereits als Beschwerdeführer gegen mehrere Verurteilungen durch das Strafgericht Wien an den EGMR gewandt, nur weil ich von meiner Meinungsfreiheit Gebrauch gemacht hatte. Mit Schreiben vom 15. Mai 2012 (GZ EGMR LGer11.2R) wurde diese Beschwerde als unzulässig abgewiesen!

Aus der Presse habe ich kürzlich erfahren, dass der EGMR seine Rechtsauffassung bezüglich der menschenrechtlichen Garantien für die Meinungsfreiheit inzwischen geändert hat. Im Oktober 2015 wurde ein türkischer Politiker, der in der Schweiz wegen seiner öffentlichen Meinungsäußerung verurteilt worden war, vom EGMR letztlich von allen Vorwürfen freigesprochen und die Schweiz wegen Menschenrechtsverletzungen verurteilt. Auf diese Angelegenheit beziehe ich mich in meinem Schreiben vom 13. Juli 2015 an den Ministerrat der Republik Österreich, das Sie in Anlage Nr. 1 finden.

Um meine Frage zusammenzufassen: Ich bin in Österreich seit mehr als zehn Jahren für ein und dasselbe „Verbrechen" inhaftiert! Am 9. Juli 2015 wurde ich vom Gericht in Krems zu weiteren drei Jahren Gefängnis verurteilt, weil ich das Grundrecht auf freie Meinungsäußerung beharrlich verteidige! Ich beziehe mich auf diese Angelegenheit in einem Schreiben vom 13. Juli 2015 an den österreichischen Justizminister, Herrn Wolfgang Brandstetter, das Sie im beigefügten Dokument Nr. 2 finden

Da die Republik Österreich in Bezug auf die Menschenrechte an dieselben Rechtsnormen (UNO-KRK und EMRK) gebunden ist wie die Schweiz, beantrage ich, dass mein Antrag Nr. 56264/09 geprüft wird.

Mit herzlichen Grüßen,

Wolfgang Fröhlich".

4. Hauptopfer der Verfolgung in der Schweiz

Jürgen Graf und Gerhard Förster für das Schreiben und Veröffentlichen von Büchern verurteilt

Der 1951 geborene Jürgen Graf, der zunächst mit der palästinensischen Sache sympathisierte und folglich den Zionismus wegen seiner Verbrechen ablehnte, hatte bis 1991 keinen Zweifel daran, dass die Nazis die Juden in Gaskammern vernichtet hatten. Dann lernte er Arthur Vogt (1917-2003) kennen, der als erster Schweizer Revisionist gilt und ihm eine Reihe von Büchern zur Verfügung stellte, die ihm die Augen öffneten und seine Gedanken klärten. Von da an „beschloss ich, mein Leben dem Kampf gegen den ungeheuerlichsten Betrug zu widmen, der je von menschlichen Köpfen ausgeheckt wurde", bekennt Graf. Die Lektüre der revisionistischen Texte wirkte so tiefgreifend, dass er im März 1992 Professor Robert Faurisson in Vichy besuchte, der sein Anfang 1993 erschienenes Buch *Der Holocaust auf dem Prüfstand* korrigierte.

Jürgen Graf, der französische, englische und skandinavische Philologie studiert hat, spricht mehr als zehn Sprachen. Aufgrund seiner ersten revisionistischen Publikation wurde er im März 1993 als Lehrer für Latein und Französisch entlassen, die Sprachen, die er an einem Gymnasium in Therwill bei Basel unterrichtete. Einen Monat später lernte er den Verleger Gerhard Förster kennen, dessen Vater, ein gebürtiger Schlesier, bei der brutalen ethnischen Säuberung von Millionen von Ostdeutschen ums Leben gekommen war. Im September 1993 besuchte Graf den in der Nähe von Rom lebenden Carlo Mattogno, der ihm wertvolles Material in polnischer Sprache zur Verfügung stellte, das er seit einem Jahrzehnt studierte und erforschte. Von diesem ersten Besuch an begann eine enge Zusammenarbeit und eine tiefe Freundschaft zwischen den beiden, da Graf zum Übersetzer zahlreicher Schriften des italienischen Revisionisten wurde. In der Folge unternahmen sie gemeinsam ein halbes Dutzend Forschungsreisen (Polen, Russland, Litauen, Belgien, Holland), aus denen mehrere Bücher hervorgingen, die sie schließlich gemeinsam verfassten. Im September 1994 flog Graf nach Kalifornien, um an einer vom Institute for Historical Review organisierten revisionistischen Konferenz teilzunehmen. Dort traf er Mark Weber, den Direktor des IHR, Ernst Zündel, Bradley Smith und andere Revisionisten. Im Oktober 1994 erhielt er eine neue Stelle als Deutschlehrer in Basel; er wurde jedoch 1998 entlassen, nach dem Prozess in Baden, auf den nach dieser kurzen Einführung in den folgenden Zeilen eingegangen werden soll.

Da wir Jürgen Graf in dieser Arbeit (*Geschichte geächtet*) immer wieder als Quelle anführen, sollte uns sein Name inzwischen bekannt sein. Die Zusammenarbeit mit dem italienischen Revisionisten Carlo Mattogno führte, wie bereits erwähnt, zu wichtigen Werken über die Durchgangslager in Ostpolen, die von der Propaganda zu Vernichtungslagern umfunktioniert wurden. *Treblinka: Vernichtungslager oder Durchgangslager?* ist eine unserer Hauptquellen bei der Untersuchung der Lager der so genannten „Aktion Reinhard" gewesen. Als Graf 1998 verurteilt wurde, geschah dies jedoch wegen seiner frühen Werke, von denen wir *El Holocausto bajo la Lupa*, eine englische Ausgabe von *Der Holocaust auf dem Prüfstand*, eines der vier Bücher, die zu seiner Verurteilung führten, verwendet haben. Das fünfköpfige Gericht stand unter dem Vorsitz von Richterin Andrea Staubli, die in ihrer Urteilsbegründung die Argumente der Angeklagten bezüglich des wissenschaftlichen Inhalts der Bücher zurückwies, die das Gericht als „zynisch und unmenschlich" bezeichnete.

Jürgen Graf ist, gemessen an der Bedeutung seiner Arbeiten und Forschungen sowie an der Zahl der von ihm veröffentlichten Bücher, der wichtigste in der Schweiz verurteilte Revisionist. Er und sein Verleger Gerhard Förster wurden am 21. Juli 1998 zu fünfzehn bzw. zwölf Monaten Gefängnis verurteilt, weil sie ein angeblich antijüdisches Buch geschrieben und das andere veröffentlicht hatten, das zur „Rassendiskriminierung" aufrief. Das „Antirassismusgesetz", das die Strafverfolgung ermöglichte, war am 1. Januar 1995 auf Antrag der jüdischen Gemeinde in der Schweiz erlassen worden. Es verbot nicht näher bezeichnete Straftaten wie die „Leugnung oder Verharmlosung von Völkermord oder anderen Verbrechen gegen die Menschlichkeit". Gerhard Förster wurde für schuldig befunden, die Schriften von Graf und zwei weiteren Autoren veröffentlicht zu haben. Jürgen Graf wurde außerdem verurteilt, weil er für Ahmed Rami „rassistische" CDs nach Schweden und für Ernst Zündel nach Kanada geschickt hatte, die dieser über das Internet verbreitete. Das

Gericht in der nordschweizerischen Stadt Baden verurteilte die beiden zu einer Geldstrafe von jeweils 8.000 CHF und ordnete die Rückgabe der 55.000 CHF an, die sie mit dem Verkauf der Bücher verdient hatten, wovon 45.000 CHF an Förster und 10.000 CHF an Graf gingen.

Das Journal of Hisorical Review veröffentlichte in seiner Ausgabe Juli/August 1998 eine ausführliche Zusammenfassung des Prozesses, der am 16. Juli begann. Dieser Quelle zufolge waren alle sechzig Plätze im Gerichtssaal mit Graf- und Förster-Sympathisanten besetzt. Zu Beginn verweigerte das Gericht Robert Faurisson, dessen Gelehrsamkeit bereits überall gefürchtet war, die Teilnahme an der Verhandlung. Stattdessen akzeptierte es die Aussage des weniger bekannten Wolfgang Fröhlich, die wir oben in Auszügen wiedergegeben haben. Jürgen Grafs Aussage dauerte etwa zwei Stunden und war durch eine energische Verteidigung der Ansichten und Argumente in seinen Büchern gekennzeichnet. Es ist von Interesse, einige der Fragen und Antworten aus dem Kreuzverhör zu zitieren. Auf die Frage von Richter Staubli, ob es einen Holocaust gegeben habe oder nicht, antwortete Graf:

> „Es ist eine Frage der Definition. Wenn wir mit Holocaust eine brutale Verfolgung von Juden, Massendeportationen in Lager und den Tod vieler Juden durch Krankheit, Erschöpfung und Unterernährung meinen, dann ist das natürlich eine historische Tatsache. Aber der griechische Begriff 'Holocaust' bedeutet 'völlig verbrannt' oder 'Feueropfer' und wird von orthodoxen Historikern für die angebliche Massenvergasung von Juden in 'Vernichtungslagern' verwendet. Das ist ein Mythos."

Die Richterin versuchte daraufhin, Graf zur Tatsache zu befragen, dass er kein qualifizierter Historiker sei. Sie warf ihm dann vor, dass er sich nicht darum kümmere, Juden mit seinen Büchern zu beleidigen. In seiner Erwiderung führte Graf Beispiele von Beleidigungen gegen Schweizer an, ohne dass sich jemand daran gestört hätte. „Warum", fragte er Staubli, „werden nur auf die Gefühle von Juden berücksichtigt und nie die Gefühle von Nicht-Juden? Der Richter erinnerte ihn daran, dass das Antirassismusgesetz in einer demokratischen Volksabstimmung verabschiedet wurde. „Sollten Sie das nicht respektieren?". Antwort:

> „Damals wurde den Menschen vorgegaukelt, das Gesetz diene dem Schutz von Ausländern vor rassistischer Gewalt. In Wirklichkeit dient es

ausschließlich dazu, Juden vor jeglicher Kritik zu schützen. Dies ist in der Broschüre 'Abschied von Rechtsstaat', zu der ich zwei kurze Aufsätze beigesteuert habe, unwiderlegbar nachgewiesen. Bis heute ist kein einziger Schweizer Bürger angeklagt worden, weil er einen Schwarzen, einen Araber oder einen Türken kritisiert hat. Nur Personen, die Juden kritisiert haben, wurden angeklagt und verurteilt".

Die Staatsanwaltschaft, vertreten durch Staatsanwalt Aufdenblatten, war in ihren Schlussfolgerungen sehr hart und verwendete Ausdrücke wie „pseudowissenschaftlich", „antisemitische Hetze" und „rassistische Propaganda", um auf die „kriminellen Bücher" hinzuweisen. Er kam zu dem Schluss, dass Grafs Schriften die Flammen des Antisemitismus und des Hasses schürten und nicht die Wahrheit suchten, sondern sie verzerrten. Der Staatsanwalt betonte, dass Graf keine Reue zeige, dass er seine revisionistischen Ansichten bekräftige und dass es unwahrscheinlich sei, dass er sie ändern werde. Er forderte daher das Gericht auf, weder für Graf noch für Förster eine Bewährungsstrafe in Betracht zu ziehen, da dieser ebenso unvernünftig sei wie sein Kollege. Der schlechte Gesundheitszustand des Publizisten sei kein Grund für Nachsicht, da nicht das Gericht, sondern die Ärzte zu entscheiden hätten, ob er zu krank sei, um ins Gefängnis zu gehen. Gerhard Förster starb im September 1998, neun Wochen nach dem Prozess.

Nach den letzten Wortmeldungen von Jürg Stehrenberger und Urs Oswald, den Anwälten von Förster und Graf, gab Richterin Staubli Graf zehn Minuten Zeit für eine abschließende Erklärung, sofern diese sich auf relevante Fragen im Zusammenhang mit dem Prozess beschränken würde. Jürgen Graf bedankte sich für die Geste und betonte, die Revisionisten seien auf der Suche nach der Wahrheit: „Wir versuchen, der historischen Wahrheit so nahe wie möglich zu kommen. Dass wir auf unsere Fehler hingewiesen werden, das wollen wir. Es gibt in der Tat Fehler in meinen Büchern, aber wissen Sie, wer sie mir aufgezeigt hat? Andere Revisionisten! Auf der anderen Seite waren die einzigen Reaktionen Beleidigungen, Verleumdungen, Drohungen, rechtliche Schritte und Klagen." Was seine mögliche Verurteilung betrifft, so teilte er dem Gericht mit, dass seit Anfang des 19. Jahrhunderts in der Schweiz niemand mehr für die gewaltlose Äußerung seiner Meinung inhaftiert worden sei.

Wollen Sie, meine Damen und Herren Richter", appellierte er an die Richter, „diese Tradition an der Schwelle zum 21. Und wenn Sie darauf bestehen, einen von uns ins Gefängnis zu stecken, dann schauen Sie bitte auf mich und nicht auf Herrn Förster, der sterbenskrank ist! Indem Sie mich ins Gefängnis stecken, werden Sie mich nicht demütigen. Wenn Sie das tun, demütigen Sie das ganze Land, die Schweiz. Eine Schweiz, in der das Recht auf freie Meinungsäußerung abgeschafft worden ist. Eine Schweiz, in der eine Minderheit von 0,6 Prozent der Bevölkerung bestimmen darf, was geschrieben, gelesen, gesagt oder gedacht werden darf, ist eine tote Schweiz."

Die Tatsache, dass einige der Bücher, für die Graf und Förster angeklagt waren, vor dem Inkrafttreten des Gesetzes von 1995 veröffentlicht worden waren, wurde nicht als mildernder Umstand gewertet. Das Urteil wurde natürlich von Dr. Urs Oswald, Grafs Anwalt, angefochten. Am 23. Juni 1999 bestätigte das Aargauer Kantonsgericht das Urteil, woraufhin eine Berufung an eine höhere Instanz, das Bundesgericht in Lausanne, eingelegt wurde. Die Schweizer Organisation „Verité et Justice", die von René-Louis Berclaz, Philippe Brennenstuhl und Graf selbst geleitet wird und sich für die Wiederherstellung der geistigen Freiheit in der Schweiz einsetzt, veröffentlichte die Dokumentation des Prozesses unter dem Titel *Ein politischer Prozess gegen Escaner. Der Fall Jürgen Graf*, ein Bericht, der in mehrere Sprachen übersetzt wurde. Im April 2000 erfuhr Graf, dass seine Berufung abgelehnt worden war und er am 2. Oktober ins Gefängnis kommen sollte.

Zu dieser Zeit war er bereits mit Olga Stepanowa, einer weißrussischen Historikerin aus Minsk, verlobt. Die beiden beschlossen, dass sie nicht so lange getrennt sein wollten, und Graf entschied sich für das Exil. Am 15. August 2000, seinem 49. Geburtstag, wanderte er in den Iran aus, wo er bis April 2001 lebte. Für einen Polyglotten wie ihn war das Farsi-Studium während der Monate, die in Teheran verbrachte, ein Zeitvertreib. Von dort zog er schließlich nach Russland, wo er sich nach seiner Heirat mit Olga niederließ. Seit 2002 leben Graf und seine Frau in Russland, wo er seinen Lebensunterhalt mit der Übersetzung von Texten aus dem Englischen, Russischen und anderen europäischen Sprachen ins Deutsche verdient. Neben seinen Bemühungen, die Holocaust-Religion, die Lüge, die die Welt vergiftet, anzuprangern, veröffentlicht er weiterhin Bücher: *Sobibor. Holocaust Propaganda and Reality*, erschienen im Castle Hill Publisher, dem Verlag von Germar Rudolf, und *White World Awake!* sind vielleicht die letzten beiden.

Gaston-Armand Amaudruz, ein Jahr Gefängnis für einen Achtzigjährigen

Der in Lausanne geborene Gaston-Armand Amaudruz gründete und veröffentlichte 1946 den *Courrier du Continent*, ein in französischer Sprache verfasstes Mitteilungsblatt. Amaudruz war erst 28 Jahre alt, als er in seinem Buch *Ubu Justicier au Premier Procés de Nuremberg* (1949) die Behauptungen über die mörderischen Gaskammern anzweifelte. Er kann daher als einer der ersten Revisionisten bezeichnet werden. Amaudruz schrieb, dass „der Nürnberger Prozess ihn erkennen ließ, dass der Sieg der Alliierten der Sieg der Dekadenz war". Amaudruz, der 1951 in der Schweiz die „Neue Europäische Ordnung", eine nationalistische, antikapitalistische und antikommunistische Organisation, gründete, sympathisierte mit prominenten Schweizern wie dem in Lausanne geborenen François Genoud, dem Schweizer Finanzier, der sein ganzes Leben lang überzeugter Nationalsozialist gewesen war. Als engagierter Verfechter der palästinensischen Sache und großer Förderer der PLO gründete Genoud 1958 die Arabische Handelsbank in Genf. Nicht umsonst war er unter den Arabern als „Scheich François" bekannt[9]. Genoud beschrieb Gaston Armand Amaudruz als „einen integren, rassistischen, uneigennützigen Mann, einen Mann der Vergangenheit".

Gaston-Armand Amaudruz wurde wegen zweier Artikel denunziert, die 1995 im *Courrier du Continent* veröffentlicht wurden.

---

[9] Es gibt nur wenige Menschen, die so außergewöhnlich und so wenig bekannt sind wie François Genoud. Die Biographien, die über ihn geschrieben wurden, stellen ihn nicht angemessen dar, weil ihre Autoren wenig Mut und/oder zu viel Sorge um politische Korrektheit zeigen. Genoud war nicht nur Bankier und Publizist, sondern auch ein bedeutender internationaler Stratege, der sich mit aller Kraft gegen die Neue Weltordnung stellte. Nach dem Krieg spielte er eine wichtige Rolle bei der Rettung antikommunistischer und nationalistischer Flüchtlinge, die vor der Rache der Judäokommunisten flohen, die halb Europa übernommen hatten. Bereits 1936 schloss François Genoud eine lebenslange Freundschaft mit dem Großmufti von Jerusalem, dem geistlichen Oberhaupt der Muslime in Palästina. Mit der Gründung der Arabischen Handelsbank stellte er sich in den finanziellen Dienst der arabischen Nationalisten, die sich um ihre Unabhängigkeit vom Finanzimperium der Rothschilds bemühten. Dieser außergewöhnliche Mann mit privilegierter Intelligenz kämpfte bis zum Schluss gegen den internationalen Zionismus und das globale Imperium.

In einem dieser Artikel hatte er geschrieben: „Ich für meinen Teil bleibe bei meinem Standpunkt. Ich glaube nicht an die Gaskammern. Lassen Sie die Vernichter den Beweis erbringen, und ich werde an sie glauben. Aber da ich seit Jahrzehnten auf diesen Beweis warte, glaube ich nicht, dass ich ihn in nächster Zeit sehen werde." Der Prozess gegen ihn folgte demjenigen gegen Jürgen Graf, der mit Amaudruz persönlich befreundet war und die zehn Minuten, die ihm Richter Staubli gewährte, nutzte, um seinen Freund am Ende seiner Rede vor dem Gericht in Baden zu rechtfertigen:

> „Ich möchte meine Ausführungen mit dem Zitat eines Westschweizer Freundes, Gaston-Armand Amaudruz, schließen, gegen den in Lausanne ein ähnlicher Prozess wie hier gegen Förster und mich vorbereitet wird. In der Ausgabe 371 seines Bulletins *Courrier du Continent* schreibt Amaudruz: „Wie in den alten historischen Zeiten ist der Versuch, ein Dogma mit Gewalt durchzusetzen, ein Zeichen von Schwäche. Die Ausrottungstheoretiker mögen Prozesse durch Gesetze gewinnen, die die Meinungsfreiheit einschränken. Aber sie werden das endgültige Urteil vor dem Gericht der künftigen Generationen verlieren.

Kurz vor Beginn seines Prozesses, im April 2000, schrieb Amaudruz in der Ausgabe 418 seines Bulletins einen absichtlich provokativen Artikel mit dem Titel „Es lebe der Revisionismus! Darin prangerte er erneut das unantastbare Dogma vom Holocaust an, das der Menschheit aufgezwungen wurde, erklärte, er sei bereit, sich einem Amtsenthebungsverfahren zu stellen, und verkündete: „Ich gehorche lieber meinem Gewissen als einem unmoralischen und kriminellen Gesetz. Ich stehe zu meinen Überzeugungen. Es lebe der Revisionismus!" Nach Abschluss der langwierigen Ermittlungen begann der Prozess am 8. April 2000, und das Urteil wurde am 10. April 2000 verkündet. Das Gericht verurteilte den Angeklagten zu einem Jahr Gefängnis, weil er die Existenz von Gaskammern in deutschen Konzentrationslagern während des Zweiten Weltkriegs „geleugnet" hatte. Der 79-jährige pensionierte Publizist und Professor wurde für schuldig befunden, gegen das Antirassismusgesetz verstoßen zu haben, das es unter Strafe stellt, „Völkermord oder andere Verbrechen gegen die Menschlichkeit zu leugnen, grob zu verharmlosen oder zu versuchen, sie zu rechtfertigen". Neben der einjährigen Haftstrafe verurteilte das Lausanner Gericht Amaudruz zur Zahlung von jeweils 1000 Schweizer Franken an die Prozessbeteiligten: den Schweizerischen Israelitischen Gemeindebund, die LICRA mit Sitz in Paris, die Vereinigung der

Söhne und Töchter jüdischer Deportierter in Frankreich und einen jüdischen KZ-Überlebenden. Die Kosten des Prozesses und der Veröffentlichung des Urteils in drei Zeitungen und einem Amtsblatt mussten ebenfalls vom Verurteilten getragen werden.

Nach dem Prozess schilderte Gaston-Armand Amaudruz seine Erfahrungen mit der Justiz in einem Buch, das auch die Berichte der Angeklagten enthält. Im September 2000 veröffentlichte die Zeitschrift „Verité et Justice" den Text in der dritten Ausgabe ihres Bulletins unter dem Titel *Der Amaudruz-Prozess. Eine juristische Farce*. Auf diese Weise trug die Organisation dazu bei, die Grausamkeiten des Prozesses gegen einen 79-jährigen Dissidenten publik zu machen. Die Behörden sahen darin einen erneuten Verstoß gegen das Antirassismusgesetz und verklagten Amaudruz sowie René-Louis Berclaz und Philippe Georges Brennenstuhl, die zusammen mit Jürgen Graf die Organisation „Verité et Justice" gegründet hatten. Im März 2002 wurde „Verité et Justice" per Gerichtsbeschluss aufgelöst. Am 22. Mai 2002 verurteilte das Strafgericht Veveyse im Kanton Freiburg Amaudruz und Brennenstuhl zu drei Monaten Haft und Berclaz zu acht Monaten Haft.

In der Zwischenzeit hatte ein Berufungsgericht die im April 2000 gegen Gaston-Armand Amaudruz verhängte Strafe auf drei Monate herabgesetzt. Im Januar 2003 kam er im Alter von 82 Jahren und bei sehr schlechtem Gesundheitszustand in das Gefängnis Plaine de l'Orbe in im Kanton Waadt, um die von der Schweizer Justiz verhängte Strafe zu verbüßen.

5. Hauptopfer der Verfolgung in Belgien und den Niederlanden

Siegfried Verbeke, hartnäckiger Kämpfer für das Recht auf freie Meinungsäußerung

Der Belgier flämischer Abstammung Siegfried Verbeke ist einer der bekanntesten Revisionisten in Europa. Er und sein Bruder Herbert gründeten 1983 den bereits erwähnten *Vrij Historisch Onderzook* (*Freie Historische Forschung*), bekannt unter dem Akronym *VHO*, der sich im Laufe der Jahre zu Europas führendem Zentrum für die Veröffentlichung von Texten entwickelte, die die offizielle Geschichtsschreibung und das Holocaust-Dogma kritisieren. Eine ganze Reihe von Büchern, Broschüren, Faltblättern und Artikeln in englischer, niederländischer, französischer und deutscher Sprache wurden von der *VHO* veröffentlicht, die eine Zeit lang auch einen Newsletter herausgab. Seit 1991, als Verbeke und Faurisson eine 125-seitige Broschüre über das gefälschte Tagebuch der Anne Frank veröffentlichten, wurde eine Verfolgung entfesselt, die im Laufe der Zeit immer mehr zunahm. Staatliche Institutionen haben mit der üblichen Unterstützung der üblichen zionistischen Organisationen Verbecke unerbittlich schikaniert, immer wieder zu Gefängnisstrafen und Geldstrafen verurteilt, weil er politisch anders dachte und sich stets friedlich äußerte. Darüber hinaus haben die belgischen Behörden über Jahre hinweg tonnenweise Bücher und andere von Verbeke verfasste Texte beschlagnahmt und systematisch vernichtet.

Die erste Strafe, die ein belgisches Gericht gegen Siegfried Verbeke verhängte, stammt aus dem Jahr 1992: Wegen der Verbreitung von Schriften, die den Holocaust in Frage stellen, wurde er zu einem Jahr Gefängnis verurteilt. Glücklicherweise wurde seine Haftstrafe zur Bewährung ausgesetzt, aber er verlor für zehn Jahre seine Bürgerrechte und sein Wahlrecht. Dennoch setzten jüdische Lobbys die Schikanen fort, und 1992 schlossen sich die Freimaurerloge B'nai B'rith, das Israelische Informations- und Dokumentationszentrum und die Anne-Frank-Stiftung der Nationalen Abteilung für die Bekämpfung des Rassismus an und reichten eine

Zivilklage gegen Verbeke ein, weil er Materialien, darunter den *Leuchter-Bericht*, veröffentlicht hatte. Ende des Jahres verurteilte ein niederländisches Gericht Verbeke zur Zahlung von 10.000 Gulden für jeden der Texte. 1993 verklagten die Anne-Frank-Stiftung in den Niederlanden und der Anne-Frank-Fonds in der Schweiz Verbeke, Faurisson und einen Kollegen von ihnen bei der *VHO* wegen der Veröffentlichung der Broschüre über das Tagebuch von Anne Frank. In der Anklageschrift wurde darauf hingewiesen, dass „Anne Frank jahrelang ein Symbol für die jüdischen Opfer des Holocausts war und ihr Name und ihr Tagebuch daher einen zusätzlichen Wert erhalten hatten".

Während die Schweiz 1995 das Antirassismusgesetz verabschiedete, gab das belgische Parlament im selben Jahr grünes Licht für ein neues antirevisionistisches Gesetz, das die Infragestellung der offiziellen Version des Holocausts unter Strafe stellte. Nach dem neuen Gesetz wurde das Leugnen, Verharmlosen oder der Versuch, den Völkermord des nationalsozialistischen Regimes zu rechtfertigen, mit bis zu einem Jahr Haft und einer Geldstrafe geahndet. Es handelte sich um ein Gesetz gegen die freie Meinungsäußerung, das den bereits in Frankreich und Österreich geltenden Gesetzen sehr ähnlich war. Dies zeigte, dass die Offensive gegen den Revisionismus hinter den Kulissen von den verborgenen Kräften vorangetrieben wurde, die die nach dem Weltkrieg geborenen Marionetten-"Demokratien" in ihrem Bann halten. Tatsächlich hatte der *Jewish Chronicle* (London) bereits am 23. April 1982 berichtet, dass das Institute of Jewish Affairs in London, ein Zweig des Jüdischen Weltkongresses, eine Kampagne ankündigte, um Druck auf die Regierungen auszuüben und sie zu überzeugen, die „Holocaust-Leugnung" zu verbieten. Die in mehreren europäischen Ländern eingeführten Gesetze gegen revisionistische Gedankenverbrechen spiegeln den Erfolg dieser Initiative wider.

1996 begann Siegfried Verbeke, mit einem deutschen revisionistischen Publizisten zusammenzuarbeiten, um eine deutschsprachige Abteilung der *VHO* zu gründen, die von Germar Rudolf geleitet wurde. Im September 1997 stellte Germar Rudolf die Website vho.org ins Internet, die sich zur größten revisionistischen Website der Welt entwickelte. Am 6. November 1997 verteilte Verbeke im Rahmen einer Diskussion im Anschluss an an einem runden Tisch in Antwerpen (Belgien) Hunderte von Exemplaren einer von ihm, *Goldhagen und Spielberg Lies* verfassten revisionistischen Broschüre, die sehr gut aufgenommen wurde[10]. Diese Aktion, die auf die Veröffentlichung von *VHO* im Internet folgte, war der Tropfen, der das Fass zum Überlaufen brachte. In einem Artikel aus dem Jahr 2004 wies Germar Rudolf selbst auf „den bekannten belgischen Hexenjäger Johan Leman" hin, der angeblich im Publikum in Antwerpen saß und Druck auf die belgische Regierung ausübte, um gegen Verbeke vorzugehen. Am 21. und 29. November 1997 sowie am 7. Januar 1998 fanden eine Reihe von Durchsuchungen in vier seiner Geschäftsräume statt. Dabei wurden große Mengen an Büchern und Dokumenten beschlagnahmt und die Lagerhäuser versiegelt. Auf der Grundlage dieser Erfahrungen wurde die deutsche Abteilung der *VHO* Anfang 1998 unabhängig. Um der Strafverfolgung zu entgehen, übernahm Castle Hill Publishers, Germar Rudolfs Verlag in England, die Herausgabe der deutschen Texte. 1998 erstattete die Frankfurter Staatsanwaltschaft Strafanzeige gegen Siegfried Verbeke. Die Initiative dazu war von Ignatz Bubis, dem Vorsitzenden des Zentralrats der Juden in Deutschland, ausgegangen. Anlass war die Verteilung von Zehntausenden von Exemplaren der deutschen Fassung von *Goldhagens und Spielbergs Lügen* an deutsche Haushalte. Die Broschüre wurde auf Anordnung eines Münchner Gerichts beschlagnahmt und vernichtet. Das Gerichtsverfahren dauerte zwei Jahre.

Ein Urteil des Amsterdamer Berufungsgerichts vom 27. April 2000 verbot *der VHO* schließlich, die Broschüre von Verbeke und Faurisson, die die Echtheit des angeblichen Tagebuchs von Anne Frank in Frage stellte, weiterhin zu veröffentlichen und zu vertreiben. Im Mai 2001 wies das belgische Kulturministerium alle Buchhandlungen in Belgien an, die Werke von Verbeke aus ihren Regalen zu entfernen. Daraufhin wurden alle revisionistischen Texte aus den Geschäften entfernt und diskret vernichtet. Mit diesem

---

[10] Daniel Goldhagen, dessen Vater einer der zahllosen „Holocaust"-Überlebenden war, hatte 1996 *Hitlers Willing Executioners* veröffentlicht, ein Werk, in dem er alle Deutschen kriminalisiert, die nach Ansicht dieses amerikanischen Juden nicht nur von der Ausrottung wussten, sondern sie auch unterstützten. Zu Steven Spielberg und seiner „*Schindler's List"* bedarf es unseres keines Kommentars.

unsäglichen Verbrechen gegen die Meinungsfreiheit erreichte das Epos dieses unsäglichen Publizisten seinen Höhepunkt.

Im Laufe des Jahres 2002 wurde das Haus von Verbeke wiederholt von der belgischen Polizei durchsucht. Am 12. Februar 2002 wurde *Vrij Historisch Onderzook* von den belgischen Behörden offiziell verboten und sein Postfach vorübergehend beschlagnahmt. Die Räumlichkeiten des Verlegers wurden erneut durchsucht und er wurde während der vierundzwanzig Stunden, die er unter Arrest stand, intensiven Verhören unterzogen. In den folgenden Monaten wurden die Lagerräume, in denen Verbeke seine Materialien aufbewahrte, ständig von der Polizei aufgesucht. Infolgedessen beschloss Siegfried Verbeke, sich neu zu organisieren. Nachdem er neue Postfächer übernommen hatte, benannte er seine Stiftung in *Vogelvrij Historisch Onderzook (Verbotene Historische Forschung)* um. Die französische Sektion oder Abteilung wurde unabhängig und hieß nun *Vision Historique Objective*. Monate später wurde die Beschlagnahmung des ehemaligen Postfachs aufgehoben, und die Organisation von Siegfried Verbeke erhielt ihren ursprünglichen Namen und ihre Adressen zurück.

Am 9. September 2003 verurteilte ein Gericht in Antwerpen die beiden Verbeke-Brüder zu einer einjährigen Haftstrafe und zur Zahlung von 2.500 Euro. Beide wurden auf Bewährung freigelassen, und Siegfried Verbeke wurden zum zweiten Mal die bürgerlichen Ehrenrechte für einen Zeitraum von zehn Jahren entzogen. Grund für die Verurteilung war die Verbreitung von Materialien, die „den nationalsozialistischen Völkermord an den Juden verharmlosen". Nur drei Wochen später, am Ende desselben Monats September, führte die belgische Polizei zum x-ten Mal eine Razzia in den Räumlichkeiten des Verlags durch, um Beweise dafür zu finden, dass revisionistisches Material, das Verbekes Namen und Adresse trug, von ihm verbreitet worden war.

Ein Jahr später, am 27. November 2004, wurde Verbeke aufgrund eines von den deutschen Behörden ausgestellten Haftbefehls in seiner Wohnung in Kortrijk in Flandern festgenommen. Der Europäische Haftbefehl, der angeblich unter dem Vorwand der Terrorismusbekämpfung eingeführt wurde, ist eine von einem Mitgliedstaat der Union erlassene rechtliche Entscheidung und wird seit dem 1. Januar 2004 in den meisten Ländern angewandt. Derartige

Anordnungen werden in der Regel diskret und ohne rechtliche Hindernisse vollstreckt. Deutschland beantragte sofort die Auslieferung an Belgien, aber überraschenderweise lehnte ein Richter den Antrag mit der Begründung ab, dass Verbeke bereits im September 2003 in Belgien wegen der gleichen Straftaten verurteilt worden war. Nach belgischem Recht kann eine Person nicht zweimal für dieselbe Tat angeklagt oder verfolgt werden.[11]

Die Schikanen gegen Siegfried Verbeke hörten jedoch nicht auf. Am 4. April 2005 verurteilte ihn ein belgisches Gericht erneut zu einem Jahr Gefängnis und einer Geldstrafe von 2.500 Euro, weil er den Völkermord an den Juden während des Zweiten Weltkriegs geleugnet hatte. Da er gegen das Urteil Berufung einlegte, wurde seine Inhaftierung erneut aufgeschoben. Unter Ausnutzung ihrer Freiheit versuchte Verbeke, mit ihrer philippinischen Freundin nach Manila zu reisen. Als er am 4. August 2005 auf dem Flughafen Schiphol bei Amsterdam in das Flugzeug steigen wollte, wurde er von der niederländischen Polizei verhaftet, da der Europäische Haftbefehl in den Niederlanden noch gültig war. Es ist klar, dass Verbeke, wie sein Anwalt bedauerte, einen schweren Fehler begangen hat, denn wenn er von Brüssel aus hätte reisen wollen, wäre er wahrscheinlich nicht verhaftet worden, da der Auslieferungsantrag von einem belgischen Richter abgelehnt worden war.

Nach dreimonatiger Haft in den Niederlanden wurde er schließlich an Deutschland ausgeliefert. Die niederländischen Behörden ignorierten die Tatsache, dass Verbeke die belgische Staatsangehörigkeit besaß und dass ein belgischer Richter seine Weigerung, ihn nach Deutschland auszuliefern, vollkommen gerechtfertigt hatte. Natürlich kämpfte Verbeke gegen die Hochstapler der Geschichte und war weitaus gefährlicher als jeder Terrorist, der von der spanischen Polizei wegen angeblicher Beteiligung an der Ermordung von etwa 200 Menschen gesucht

---

[11] Skandalöserweise entschied das deutsche Verfassungsgericht im Juli 2005 als Antwort auf ein spanisches Ersuchen um Auslieferung eines Deutschen syrischer Herkunft, der verdächtigt wurde, an dem brutalen Bombenanschlag vom 11. März 2004 in Madrid beteiligt gewesen zu sein, dass der Europäische Haftbefehl in Deutschland ungültig sei. Das deutsche Bundesverfassungsgericht argumentierte, dass ein deutscher Staatsbürger ein Recht auf ein Urteil vor deutschen Gerichten hat. Daher ließen die deutschen Behörden den mutmaßlichen Terroristen frei.

wurde. In Deutschland, wo dem deutschen Verdächtigen syrischer Herkunft gerade die Auslieferung nach Spanien verweigert worden war, wurde Verbeke ein halbes Jahr lang in Einzelhaft im Heildelberger Gefängnis festgehalten. Plötzlich, wir wissen nicht warum, wurde er auf Kaution freigelassen. Insgesamt war Siegfried Verbeke, ohne dass er weder in den Niederlanden noch in Deutschland verurteilt worden war, neun Monate lang als gefährlicher Revisionist inhaftiert.

Zurück in Flandern wurde er im November 2006 in seinem Haus in Kortrijk erneut verhaftet. Der Grund für die erneute Verhaftung scheint die Vollstreckung eines früheren Urteils eines belgischen Gerichts gewesen zu sein. Diesmal wurde er in Belgien inhaftiert. Verbeke teilte Freunden mit, dass er hoffe, im Juli 2007 seine Freiheit wiederzuerlangen. Die letzte bekannte Verurteilung von Verbeke erfolgte am 19. Juni 2008. Auf den Seiten über Vincent Reynouard haben wir bereits gesehen, dass das Brüsseler Berufungsgericht beide wegen der Veröffentlichung von Leugnungstexten, die Verbrechen gegen die Menschlichkeit in Frage stellen, zu einem Jahr Gefängnis und einer Geldstrafe von 25.000 Euro verurteilt hat. Da keiner von ihnen erschien, stellten die belgischen Behörden einen nationalen Haftbefehl aus und bereiteten den Europäischen Haftbefehl vor.

Während wir diese Seiten über Siegfried Verbeke abschließen, haben wir erfahren, dass die flämische Zeitung *De Morgen* am Samstag, den 9. Januar 2016, in ihrer *Zeno-Beilage* ein ausführliches dreiseitiges Interview mit dem belgischen Revisionisten veröffentlicht hat. Darin beharrt Verbeke ungerührt darauf, dass die einzigen Gaskammern in Auschwitz diejenigen waren, die zur Desinfektion der Kleidung der Häftlinge benutzt wurden. Die Antwerpener Monatszeitschrift *Joods Actueel* (*Jüdische Nachrichten)*, die eine kämpferische Haltung gegen alles einnimmt, was sich gegen Israel richtet, hat *De Morgen* dafür gerügt, dass sie einen „Stinker" wie Verbeke auf ihren Seiten willkommen heißt. Wie die belgische Presse unter berichtet, sind diese Zionisten bereit, die flämische Zeitung zu verklagen. Michael Freilich, Herausgeber und Eigentümer der jüdischen Zeitung, teilte der *Jewish Telegraphic Agency* mit, dass er bei der ICKG (Interföderales Zentrum für Chancengleichheit und Rassismusbekämpfung) eine Beschwerde gegen *De Morgen* und Verbeke eingereicht habe. Freilich erklärte, dass „*De Morgen* in jeder Hinsicht ein Komplize bei dieser Straftat ist und für seine Handlungen zur Rechenschaft gezogen werden sollte". Laut Freilich haben ihm Beamte der staatlichen Behörde versichert, dass sie rechtliche Schritte in Erwägung ziehen. Der Bürgermeister von Antwerpen, Bart de Wever, unterstützte die Initiative umgehend.

6. Hauptopfer der Verfolgung in Spanien

In Spanien sind die eklatantesten Fälle von politischer Verfolgung von Revisionisten und Unterwerfung unter den Zionismus vor den Gerichten in Katalonien zu finden. Dort stellt sich beispielsweise Pilar Rahola, die von Antonio Baños, einem Abgeordneten der CUP im katalanischen Parlament, nach den Autonomiewahlen 2015 als „zionistischer Abschaum" bezeichnet wurde, schamlos und mit absoluter Schamlosigkeit in den zahlreichen Medien zur Schau, die ihr tagtäglich ihre Kulissen und Mikrofone anbieten. Als langjährige Vorsitzende der Equerra Republicana de Catalunya, einer Partei mit einer tiefen freimaurerischen Tradition in ihrer Geschichte, gab Rahola in einem Interview mit einem digitalen Pro-Unabhängigkeitsmedium ihre Kontakte zu Israel zu. Auf die Frage des Journalisten, ob sie als Verbindungsperson zwischen dem Präsidenten der Generalitat, Artur Mas, und der zionistischen Regierung fungiere, antwortete sie: „Die beste Antwort, die ich Ihnen geben kann, ist, dass ich sie nicht gebe. Erlauben Sie mir, diese Dinge vertraulich zu behandeln. Wir werden nicht alle Karten aufdecken. Als der Journalist erwiderte: „Ich verstehe, dass wir arbeiten", bestätigte Rahola: „Es gibt Informationen, die zu sensibel sind, um sie herauszugeben.... Wir arbeiten viel und reden wenig". Es steht also außer Frage, dass der Zionismus in Katalonien über ein gut gedeihendes Terrain verfügt, auf dem er sich dank der Duldung und der beschämenden Unterwürfigkeit der Medien und der Komplizenschaft einiger unabhängigkeitsorientierter Politiker mit Arroganz bewegt.

In Spanien wurde der eklatanteste Fall, die blutigste Ungerechtigkeit, gegen einen Buchhändler und Verleger aus Barcelona, Pedro Varela, begangen, dessen würdevoller und ehrlicher Kampf in allen internationalen revisionistischen Kreisen bekannt ist. Sein Fall ist jedoch nicht der einzige; auch andere Buchhändler und Verleger aus Katalonien sind Opfer von Schikanen geworden. Ramón Bau, Óscar Panadero, Carlos García und Juan Antonio Llopart sind weitere Namen, die in diesem Abschnitt auftauchen sollten, da sie verfolgt wurden, weil sie unter revisionistische Bücher veröffentlicht oder ihre Meinung zu politischen Fragen geäußert haben, die mit dem

Revisionismus zu tun haben. Wir werden daher den ersten Abschnitt über die Verfolgung in Spanien Pedro Varela widmen und dann die anderen Fälle vorstellen.

Pedro Varela, ein ehrlicher Buchhändler, der Opfer von Hass und sektiererischer Intoleranz wurde

Wir werden in angemessener Weise über Pedro Varela schreiben. Da unsere Arbeit in Spanien entstanden ist, kennen wir seine Härten sehr gut, wir hatten Zugang zu ausreichenden Informationen und können den Fall so erklären, wie er es verdient. Sein Name ist mit dem CEDADE (Círculo Español de Amigos de Europa) verbunden, einer Organisation mit nationalsozialistischer Ideologie, die 1966 in Barcelona gegründet wurde. Der erste Kongress dieser Gruppe fand 1969 statt, und Jorge Mota war ihr erster Präsident und gleichzeitig Direktor der Zeitschrift *CEDADE*. In diesen ersten Jahren wuchs die Militanz, und die Organisation breitete sich mit fünfzig Zweigstellen auf alle Regionen Spaniens aus. Die Gruppen in Katalonien trugen während der Franco-Jahre sogar die katalanische „Senyera". Pedro Varela wurde 1978 Präsident von CEDADE und Herausgeber der Zeitschrift.

Nach und nach werden die revisionistischen Ideen zur grundlegenden Basis von Varelas Vorstellungen und der Organisation, der er vorsteht. Er nahm Kontakt zu Robert Faurisson auf und sorgte für die Veröffentlichung eines Auszugs aus dem grundlegenden Buch von Arthur R. Butz. Auch andere Autoren, die dem Institute for Historical Review nahestehen, sowie Publikationen und Texte des IHR wurden dank CEDADE übersetzt und in Spanien bekannt gemacht. So veröffentlichte CEDADE 1989 in Spanien den brisanten *Leuchter-Report* mit einem Vorwort von David Irving. Eine der letzten Veranstaltungen von CEDADE fand 1992 in Madrid statt, wo sich eine Reihe revisionistischer Persönlichkeiten versammelten, um das unveräußerliche Recht auf freie Meinungsäußerung zu fordern. An diesem Treffen nahmen Gerd Honsik, Thies Christophersen und andere teil, die in ihren Ländern wegen ihrer freien Meinungsäußerung verfolgt wurden. Es sei darauf hingewiesen, dass zu diesem Zeitpunkt die beiden Prozesse gegen Ernst Zündel in Toronto bereits stattgefunden hatten und dass sich die Lage in Deutschland immer weiter verschlechterte. Schließlich wurde auch in Spanien ein neuer Rechtsrahmen geschaffen, der dem in

Europa ähnelte, so dass Pedro Varela seinen Rücktritt als Präsident von CEDADE ankündigte und die Organisation im Oktober 1993 endgültig aufgelöst wurde.

In den 1980er Jahren engagierte sich Pedro Varela zunehmend für den Geschichtsrevisionismus, und 1988 reiste er nach Kanada, um dem zweiten Zündel-Prozess in Toronto beizuwohnen. Dort traf er Faurisson, Irving, Zündel und andere Revisionisten und hatte die Gelegenheit, Fred Leuchter persönlich zu treffen. Etwa zur gleichen Zeit veranstaltete er zusammen mit David Irving eine Protestkundgebung in Berlin vor der deutschen Fernsehzentrale. Mit Plakaten mit der Aufschrift „Deutsche Historiker, Lügner und Feiglinge" forderten Varela und Irving an der Spitze einer kleinen Gruppe von Demonstranten ein Ende der Geschichtsfälschung. Es waren die Jahre, in denen der Revisionismus mit dem Auschwitz-Gutachten des Ingenieurs Leuchter den entscheidenden Erfolg erzielt hatte. Gleichzeitig radikalisierten sich die Feinde der Revisionisten und der historischen Wahrheit: 1989 wurde Robert Faurisson bekanntlich Opfer eines feigen Anschlags jüdischer Terroristen, die ihn zu Tode prügelten.

Im März 1991 sprach Pedro Varela auf dem von Ernst Zündel organisierten „Leuchter Kongress" in München auf Deutsch. Am 25. September 1992, 35 Jahre alt, mit Idealen, festen Überzeugungen und viel Hoffnung im Gepäck, wurde er in Österreich verhaftet, einem Land, das er im Rahmen einer Europareise besuchte. Der Grund für seine Verhaftung war, dass er bei einem früheren Besuch eine Rede gehalten hatte, in der er die Politik Hitlers lobte. Er wurde der Polizei vorgeführt und im Gefängnis von Steyr, einem ehemaligen Zisterzienserkloster, wegen des Verbrechens der Verbreitung des Nationalsozialismus inhaftiert. Seine Korrespondenz wurde überwacht. Bevor ihm die Briefe ausgehändigt wurden, wurden sie ins Deutsche übersetzt, um sie den Prozessakten beizufügen, falls sie als belastendes Beweismaterial verwendet werden könnten. Er verbrachte drei Monate hinter Gittern, bevor er am Mittwoch, dem 16. Dezember 1992, vor einem Gericht mit drei Richtern und acht Geschworenen angeklagt wurde. Am Ende wurde er überraschenderweise freigesprochen, da man zu dem Schluss kam, dass der Angeklagte das österreichische Recht nicht kannte und daher nicht wissen konnte, dass er eine Straftat beging, als er seine Meinung über eine historische Figur äußerte.

Im Vergleich zu Österreich oder Deutschland blieb Spanien eine Oase der freien Meinungsäußerung in einem Europa, das sich gegenüber jüdischen Lobbys zunehmend herablassend verhielt. Im Jahr 1995, dem Jahr, in dem die Schweiz und Belgien antirassistische Gesetze zur Bekämpfung von „Hass" und „Holocaust-Leugnung" verabschiedeten, schlug Spanien schließlich den gleichen Weg ein. Am 11. Mai 1995 verabschiedete das Parlament eine Änderung des Strafgesetzbuches, um die spanische Gesetzgebung mit der einiger europäischer Länder in Einklang zu bringen. In der Präambel rechtfertigt sich das Gesetz wie folgt: „Die Zunahme rassistischer und antisemitischer Gewalttaten in mehreren europäischen Ländern, die unter den Flaggen und Symbolen der Nazi-Ideologie verübt werden, zwingt die demokratischen Staaten, entschlossen dagegen vorzugehen...". Wir haben bereits festgestellt, dass die Gesetze gegen „Hass" und „Holocaust-Leugnung" in Europa nicht die Folge spontaner Äußerungen oder berechtigter Empörung der Bevölkerung waren, sondern das Ergebnis einer vorgefertigten und gut organisierten Kampagne im Dienste des Zionismus. Drei Jahre später, im Juni 1998, forderte die Internationale Vereinigung Jüdischer Anwälte und Juristen erneut neue und schärfere Gesetze gegen den Holocaust-Revisionismus.

1991, vier Jahre bevor Spanien sich dem Druck von außen beugte und seine Gesetzgebung änderte, eröffnete Pedro Varela die Librería Europa in der Calle Séneca Nr. 12. Der Fanatismus und die Intoleranz der Verfechter der „freien Meinungsäußerung" ließen dies nicht zu: Beleidigende Graffiti an den Wänden und Fenstern des Lokals sind seither ein ständiger Begleiter, und das Geschäft wurde mehrfach angegriffen. Alles begann damit, dass im Mai 1995, demselben Monat, in dem das spanische Parlament die Änderung des Strafgesetzbuches verabschiedete, eine selbsternannte „Bürgerplattform Anne Frank" versuchte, die Senecastraße nach dem unglücklichen jüdischen Mädchen zu benennen, das in Bergen-Belsen ums Leben kam. Interessanterweise hatte sich der Stadtrat von Bergen zuvor geweigert, eine Schule nach Anne Frank zu benennen, und sich später auch gegen die Benennung der Straße, die zur Gedenkstätte des Lagers führt, nach ihr ausgesprochen.

Zwischen dem 12. Mai 1995 und dem Herbst 1996 sammelte diese Bürgerplattform unter falschem Namen Unterschriften und warb bei den zweihundertdreißig Familien, die in der Senecastraße wohnen, um Unterstützung für die Umbenennung der Straße. Die Organisatoren machten keinen Hehl daraus, dass das Ziel der Kampagne darin bestand, „die Aktivitäten der Europa-Buchhandlung zu boykottieren". Ein gutes Beispiel für den Respekt vor der Meinungsfreiheit (natürlich der eigenen). Die bürgerlichen und natürlich auch die demokratischen Gruppen, die Teil der Plattform waren, waren die üblichen Linken und die extreme Linke. Die Seneca-Straße verlor ihre Ruhe und das Viertel musste Demonstrationen demokratischer Gewalt und Intoleranz ertragen, d. h. beleidigende Graffiti, Steine, Molotow-Cocktails usw. Pedro Varela veröffentlichte in Form eines Rundschreibens einen Text, den er während seines Studiums der Zeitgeschichte an der Universität verfasst hatte, um den Anwohnern und der öffentlichen Meinung Informationen zu bieten, die im Gegensatz zu denen der Befürworter der Umbenennung der Straße standen. Es handelte sich um einen Text, der einen rigorosen Überblick oder eine Synthese der Arbeiten von Faurisson, Verbeke, Felderer und Irving über die fruchtbarste und profitabelste literarische Fälschung des zwanzigsten Jahrhunderts bot. In diesem Text, dem einzigen von Varela verfassten unter all den Texten, die von den Mossos d'Esquadra und der Staatsanwaltschaft gegen ihn vorgelegt wurden, findet sich kein Hinweis auf Hass gegen irgendjemanden.

Am 12. Dezember 1996 führte die katalanische Polizei eine Razzia in der Librería Europa durch. Die Schwester von Pedro Varela arbeitete in dem Laden und seine Tochter spielte im Hinterhof. Die Mossos beschlagnahmten etwa 20.000 Bücher sowie Zeitschriften, Magazine, Plakate, Videos... Varela wurde anschließend in der Wohnung seiner Familie verhaftet. Die Operation, die laut *El País* drei Monate lang vorbereitet worden war, wurde auf Geheiß von José María Mena angeordnet, der 1996 zum Chefankläger der Staatsanwaltschaft des Obersten Gerichtshofs von Katalonien ernannt worden war. Dieser „fortschrittliche" Jurist, der in den 1970er Jahren ein Aktivist der PSUC (katalanische Kommunisten) gewesen war, war der Meinung, dass Varela „Hass und keine Ideologie" verfolgte.

Die Informationen, die am 13. Dezember 1996 in der den spanischen Sozialisten nahestehenden Zeitung *El País* erschienen, waren ein Beispiel für mangelnde Objektivität: Nachdem die Zeitung die Mossos d'Esquadra dafür gelobt hatte, dass sie „die erste Polizeieinheit in Spanien war, die eine Person wegen Völkermord-Apologetik verhaftet hat", hieß es, die Librería Europa sei ein

„Zentrum für den Verkauf und die Verbreitung von in südamerikanischen Ländern veröffentlichten Nazi-Büchern". Weiter hieß es, dass die Bewohner des Viertels Gracia die Verhaftung begrüßten und dass die Stadtverwaltung erwäge, in dem Fall als Privatankläger aufzutreten. Abschließend bestätigte er, dass die Bürgerplattform Anne Frank, das schwul-lesbische Koordinationskomitee, der Verein der Freunde von Mauthausen und SOS Rassismus sehr zufrieden seien, weil sie „ein neonazistisches Komplott, das die Buchhandlung als Deckmantel benutzte", zerschlagen hätten.

Das Verfahren verzögerte sich um fast zwei Jahre, weil viele der beschlagnahmten Bücher in englischer, deutscher und französischer Sprache verfasst waren, so dass die Staatsanwaltschaft darauf bestand, sie zu übersetzen, um herauszufinden, welcher Teil ihres Inhalts gegen das Gesetz verstieß. Schließlich setzte der Leiter des Strafgerichts von Barcelona Nr. 3, Santiago Vidal, Freitag, den 16. Oktober 1998, als Beginn des ersten Prozesses in Spanien wegen Befürwortung von Völkermord und Aufstachelung zum Rassenhass fest. Unmittelbar nach Bekanntwerden des Termins riefen die Anne-Frank-Unterstützer, heute eine Bürgerplattform gegen die Verbreitung von Hass, zu einer Kundgebung gegen Pedro Varela vor dem Gerichtsgebäude auf. Unterstützt wurde die Demonstration von der B'nai B'rith-Loge, der Comunidad Israelita de Barcelona, der Baruch-Spinoza-Stiftung, der Anti-Defamation League, Maccabi Barcelona, Asociación Judía Atid de Cataluña, Asociación de Relaciones Culturales Cataluña-Israel, Amical Mauthausen, Coordinadora Gai-Lesbiana, Sos Racismo und Unión Romaní. Die Teilnehmer trugen Pappsärge und Kerzen zum Gedenken an die Opfer. Mit der Inszenierung eines Straßenspektakels sollte offensichtlich sozialer und politischer Druck ausgeübt werden.

Die beiden Verhandlungstermine fanden am 16. und 17. Oktober statt. Shimon Samuel, Präsident des Wiesenthal-Zentrums Europa, nahm als Beobachter teil, begleitet von Polizeibeamten und israelischen Fernsehkameras. „Dieser Prozess", sagte er, „ist eine historische Gelegenheit für Spanien, sich der europäischen Rechtsprechung anzuschließen und den spanischen Paten des Neonazismus zu verurteilen." Der Staatsanwalt führte etwa dreißig in der Europa-Buchhandlung verkaufte Werke an, die das Dritte Reich und seine Politik lobten oder revisionistische Argumente zum Thema

Holocaust vorbrachten. In dem Verfahren gegen Varela hatten die Comunitat Jueva Atid (Zukunft) de Catalunya, SOS Racismo und die Comunidad Israelí de Barcelona (Israelische Gemeinschaft von Barcelona) eine Popularklage eingereicht. Die beiden Anwälte von Varela machten von Anfang an deutlich, dass das Gesetz, nach dem ihr Mandant verurteilt wurde, verfassungswidrig ist, und beantragten daher die Aussetzung und Aufhebung des Verfahrens. Der Buchhändler wurde mehr als vier Stunden lang befragt und wies die Vorwürfe zurück: „Ich habe niemals Rassenhass provoziert", sagte er dem Gericht und fügte hinzu, dass er als Historiker „die moralische Verpflichtung habe, die Wahrheit zu sagen". Zum Thema Revisionismus sagte er: „Meiner Meinung nach ist die Revision der Geschichte notwendig, weil sie ein offenes Thema ist und alles einer Revision unterliegt. Historiker müssen allem gegenüber skeptisch sein und auch das bisher Gesagte revidieren". In Bezug auf die Bücher in seiner Buchhandlung erklärte er, dass er den Inhalt der 232 Titel, die er in seinem Geschäft habe, nicht kennen könne und auch nicht dazu verpflichtet sei. Er wies darauf hin, dass er in seinem Laden Bücher verschiedener Ideologien verkaufe, und nannte unter den Autoren den baskischen Nationalisten Sabino Arana, Francisco de Quevedo und zitierte auch Marx' *Das Kapital*. Was den Text über Anne Frank betrifft, so erkannte er seine Urheberschaft an. In seiner abschließenden Erklärung sagte er: „Es ist mir zugefallen, die Rolle des Bösewichts in diesem Film zu spielen, als Sündenbock für einen absichtlich geschaffenen 'sozialen Alarm' (Ausdruck der Staatsanwaltschaft). Ich verurteile, verdamme und attackiere jede Form von Völkermord. Ich bin weder ein Völkermörder, noch habe ich jemanden ermordet. Ich habe nie den Völkermord an irgendjemandem oder die Ermordung einer ethnischen oder religiösen Minderheit gewünscht".

Die Staatsanwaltschaft, die daran erinnerte, dass der Sachverhalt ein Verbrechen in der Europäischen Union darstellt, beantragte zwei Jahre Haft für die Befürwortung von Völkermord und zwei Jahre Haft für die Aufstachelung zum Rassenhass. Dies, obwohl der zweite Absatz von Artikel 607 des neuen Strafgesetzbuches vorsieht, dass die in diesem Artikel genannten Straftaten „mit einer Freiheitsstrafe von einem oder zwei Jahren" geahndet werden. Jordi Galdeano, Anwalt von SOS Racismo und der Comunitat Jueva Atid de Catalunya, forderte seinerseits eine exemplarische Strafe von acht Jahren Gefängnis. „Was ein Verbrechen ist und eine Gefahr für die

Demokratie darstellt", sagte er, „ist die Verbreitung einer Ideologie, die bestimmte Gruppen verächtlich macht." Am 16. November 1998 befand das Gericht Varela der Aufstachelung zum Rassenhass und der Leugnung oder Rechtfertigung des Völkermordes für schuldig. Der Richter Santiago Vidal, [12], der Varela in seinem Urteil als „Universitätsabsolvent mit einem brillanten akademischen

---

[12] Der Richter Santiago Vidal, der der „progressiven" Vereinigung „Richter für Demokratie" angehörte, ist heute eine bekannte Persönlichkeit in Spanien. Seine Beziehungen zu SOS Racismo wurden aufgedeckt, als der Generalrat der Justiz ihm im September 2013 die Zusammenarbeit mit dieser NRO untersagte, da sie mit seinen Pflichten als Richter unvereinbar sei. Im April 2014 wurde bekannt, dass Vidal, der sich stark für den katalanischen Separatismus einsetzt, eine Verfassung für Katalonien ausarbeitete, was gegen die spanische Verfassung verstößt, da Katalonien eine Gemeinschaft mit Autonomiestatut ist. Der Generalrat der Justiz hat ihn erneut vorgeladen, um ihn an die Grenzen seiner gerichtlichen Tätigkeit zu erinnern. Vidal gab eine Erklärung ab, in der er versicherte, dass seine Arbeit „aus eigener, uneigennütziger Initiative und ohne offiziellen Auftrag einer öffentlichen oder privaten Institution" erfolgte. Er bestritt „politische Absichten" und beteuerte seine Unabhängigkeit und Unparteilichkeit. Im Oktober 2014 leitete die Justiz ein Disziplinarverfahren gegen ihn ein und wies auf eine vorsorgliche Suspendierung hin, „angesichts der extremen Relevanz des Sachverhalts und der offensichtlichen öffentlichen und sozialen Projektion". Im Januar 2015 präsentierte dieser wahnhafte Richter den Entwurf der katalanischen Verfassung und erklärte wörtlich: „Ich habe einen Traum: die Geburt der katalanischen Republik als Richter mitzuerleben", nachdem er erklärt hatte, er handele unabhängig, unparteiisch und ohne „politische Absichten". Im Februar 2015 suspendierte ihn der Generalrat der Justiz für drei Jahre, eine Sanktion, die den Verlust seines Sitzes im Gericht von Barcelona zur Folge hatte. Nachdem er zum Märtyrer für die Sezessionisten geworden war, wurde im März 2015 bekannt, dass Präsident Artur Mas ihn in die Regierung der Generalitat berufen hatte, um die staatlichen Strukturen im Bereich der Justiz zu „planen" und zu „gestalten". Vidal machte sich daraufhin - natürlich ohne jede politische Absicht - daran, die 250 Richter einzustellen, die in einem unabhängigen Katalonien ihren Dienst antreten sollten, was den Obersten Gerichtshof Kataloniens dazu veranlasste, die Generalitat aufzufordern, gegen Vidal vorzugehen, da dieser „das kollektive Vertrauen in die Justiz untergrub". Es stellte sich heraus, dass die Justizabteilung der Generalitat einen Dreijahresvertrag mit Vidal als Zeitarbeiter abgeschlossen hatte. Schließlich kündigte Vidal diesen Vertrag, um als Listenführer der Esquerra Republicana de Catalunya für den Senat zu kandidieren. Als Senator enthüllte er im Januar 2017, dass die Generalitat illegal die Steuerdaten der Katalanen beschafft hatte, dass die separatistischen Behörden bereits über eine Auswahl sympathischer Richter verfügten, um Gegner auszuschalten, und dass ein außereuropäisches Land (Israel) eine Einheit der Mossos in Spionageabwehrtaktiken ausbildete. Der ERC zwang ihn zum Rücktritt.

Lebenslauf, Experte in Sachen Geschichtsrevisionismus" bezeichnete, verurteilte ihn zu fünf Jahren Haft und einer Geldstrafe von 720.000 Peseten. Außerdem ordnete es an, dass Varela seinen Reisepass abgeben und jeden Monat vor Gericht erscheinen muss. Was die 20.000 Bücher betrifft, so wurde deren Verbrennung angeordnet, obwohl nur dreißig der fast zweihundert beschlagnahmten Werke gegen das Gesetz verstoßen hatten. Das sehr harte Urteil ging über die Bestimmungen von Artikel 607.2 des Strafgesetzbuches hinaus, was Galdeano dazu veranlasste, seine „tiefe Zufriedenheit" auszudrücken. Pedro Varela seinerseits erklärte, es handele sich um „ein politisches Urteil und eine ungeheure Ungerechtigkeit" und erinnerte daran, dass von der polizeilichen Durchsuchung seiner Buchhandlung bis zum Prozess zwei Jahre lang ein furchtbarer Druck ausgeübt worden sei. Am 10. Dezember 1998 legten die Anwälte von Pedro Varela Berufung gegen das Urteil und die Verurteilung ein, so dass er bis zur Entscheidung des Berufungsgerichts einer Haftstrafe entgehen konnte.

Als ob die Buchhandlung und ihre Geschäftstätigkeit nicht schon seit zwei Jahren genug Schaden genommen hätten, wurde für Samstag, den 16. Januar 1999, zu einer Demonstration unter den Slogans „Schließen wir die Buchhandlung Europa, Jugendliche und Arbeiter im Kampf gegen den Faschismus" aufgerufen. „Gegen den Faschismus: Schließen wir die Nazibuchhandlung". Zwei Tage zuvor, am Donnerstag, den 14. Januar, warnte Maite Varela, die Schwester von Pedro, die in dem Laden arbeitete, die Nationale Polizei vor den Vorbereitungen und der Gefahr eines Anschlags. Am selben Tag, gegen 13:15 Uhr, wurde die Regionalpolizei angerufen und die Situation der Beschwerdestelle erläutert. Um 20:00 Uhr am Samstag, den 16., meldeten Freunde oder Bekannte der Librería Europa dem Notruf 091, dass sich die Demonstration in Richtung der Calle Séneca bewegte. Um 20:30 Uhr wurde die Buchhandlung angegriffen. Um in den Laden einzudringen und ihn zu demolieren, mussten die Fensterläden von eingeschlagen werden. Einige der Demonstranten vermummten sich, betraten das Geschäft und begannen mit der Zerstörung: Fenster, Vitrinen, Auslagen, Türen, Regale, Kopierer, Telefon, Feuerlöscher, Treppen und sogar einige Fliesen. Alles wurde dem Erdboden gleichgemacht. Nachdem die Möbel umgestürzt waren, stapelten sie die Bücher auf dem Boden, um sie im Inneren zu verbrennen. Schließlich entschlossen sie sich, etwa 300 Bände auf die Straße zu werfen und auf dem Asphalt in Brand zu setzen. Natürlich setzten einige Nachbarn, die durch die Gewaltszenen verängstigt waren, weitere Hilferufe ab, aber es erschien keine Polizei. Die Guardia Urbana, die die Demonstranten eskortierte, zog sich zurück, als der Angriff auf die Buchhandlung begann.

El País, die von Anfang an den öffentlichen Lynchmord an einem Mann unterstützte, der sich allein gegen fast alle verteidigt hatte, berichtete die Nachricht mit dieser Schlagzeile: „Demonstration von 1.600 Jugendlichen, die die Schließung der Europa-Buchhandlung fordern". Im Hauptteil der Meldung heißt es: „Die Demonstration verlief friedlich, aber bei der Ankunft in der Buchhandlung verbrannte eine Gruppe von Demonstranten einige Bücher, die sie aus dem Laden mitgenommen hatten, der dadurch leicht beschädigt wurde". Natürlich wurde die Meldung nicht mit Fotos illustriert, denn ein einziges hätte ausgereicht, um zu sehen, wie die Buchhandlung nach der „leichten Beschädigung" verlassen wurde. In einem bekannten Ausdruck bezeichnete Lenin diejenigen als „nützliche Narren", die als Instrumente für eine bestimmte Sache oder Politik benutzt werden. Es scheint klar zu sein, dass es sich bei den Personen, die sich vermummten und die Buchhandlung dem Erdboden gleichmachten, um politische Terroristen handelte, die wahrscheinlich bezahlt wurden und zu den „nützlichen Idioten" gehörten, die als „friedliche Demonstranten" im Dienste der wahren Macht getarnt waren.

Um das schändliche Vorgehen der Ordnungskräfte zu vervollständigen, wies das Gericht die Klage mit der Begründung ab, die Schuldigen seien nicht bekannt. Fernsehkameras filmten jedoch die Angreifer, und der Stadtverwaltung lagen die Namen der zwei Dutzend Gruppen vor, die an der Demonstration teilnahmen: Assemblea d'Okupes de Terrassa, Assemblea Llibertària del Vallés Oriental, Associació d'Estudiants Progressistes, Departament de Joves de CC.OO., Esquerra Unida i Alternativa, Federació d'Associacions d'Associacions de Veïns de Barcelona, Joves Comunistes, Joves Socialistes de Catalunya, Maulets, Partido Obrero Revolucionario, Partits dels Comunistes de Catalunya, PSUC viu, Amical de Mauthausen... In der von Pedro Varela am 10. Februar 1999 bei einem ordentlichen Gericht eingereichten Klage wurden 23 Vereinigungen aufgeführt. Die Klage enthielt eine Auflistung der festgestellten Schäden und deren geschätzten Wert, der sich auf 2.815.682 Peseten an „geringem Schadenersatz" belief.

Am 30. April 1999 erhielt Pedro Varela schließlich eine erfreuliche Nachricht: Die drei Richter der Dritten Abteilung des Provinzgerichts von Barcelona unter dem Vorsitz von Richterin Ana Ingelmo gaben einstimmig der Berufung des Anwalts José María Ruiz Puerta statt, der das Urteil von Richter Santiago Vidal angefochten hatte. Da sie der Ansicht waren, dass das Urteil gegen das Recht auf freie Meinungsäußerung verstößt, zogen sie in Erwägung, die Angelegenheit an das Verfassungsgericht in Madrid zu verweisen. Die drei Richter vertraten die Auffassung, dass das Anzweifeln des Holocausts nach der spanischen Verfassung nicht als Verbrechen angesehen werden kann. Anstatt über die Verurteilung zu entscheiden, gaben sie in ihrem Urteilsschriftsatz alle Zweifel an der Verfassungsmäßigkeit von Artikel 607.2 des neuen Strafgesetzbuchs wieder. Die Richter des Provinzgerichts argumentierten, dass der Artikel, wegen dem Varela verurteilt worden war, im Widerspruch zu Artikel 20 der Verfassung stehe, der das Recht auf freie Äußerung und Verbreitung von Gedanken, Ideen und Meinungen in Wort, Schrift oder durch andere Mittel der Reproduktion schützt. Wie zu erwarten war, reagierten die Ankläger verärgert. Der unerschrockene Jordi Galdeano ließ sich nicht beirren und bezeichnete die Entscheidung des Gerichts als „Angriff auf das demokratische System". Das heißt, wenn sie statt mitfühlenden Richtern und Staatsanwälten mit wirklich unabhängigen Richtern konfrontiert werden, werden sie beschuldigt, die Freiheiten zu gefährden. Der Anwalt von Amical Mauthausen, Mateu Seguí Parpal, bezeichnete das Gericht, das die Strafbarkeit von Pedro Varela anzweifelte, als „undarstellbar".

Bevor das Verfassungsgericht jedoch die von den Richtern der Dritten Sektion des Obersten Gerichtshofs aufgeworfene Frage der Verfassungsmäßigkeit zuließ, verlangte es als formale Voraussetzung, dass das Oberste Gericht von Barcelona zunächst über die Berufung gegen die Verurteilung verhandelt, so dass die Kammer der Dritten Sektion dann den 9. März 2000 als Termin für die Verhandlung der Berufung festlegte. Eine Woche zuvor war die Richterin, Ana Ingelmo, von SOS Racismo angegriffen worden, die sie bei der Staatsanwaltschaft wegen Ausflüchten anzeigte und beantragte, dass sie sich in dem Fall der Stimme enthalten solle. Die Kammer gab der Ablehnung statt und stimmte einem Wechsel des Berichterstatters zu. Sie ordnete daher die Aussetzung der mündlichen Verhandlung an und behandelte die Ablehnung in einem gesonderten

Stück. Am 19. Juni 2000 wies die Siebte Kammer des Landgerichts von Barcelona die Ablehnung zurück.

Die Anhörung wurde schließlich für den 13. Juli angesetzt. Varela war nicht anwesend, da er sich in Österreich aufhielt. Sein Anwalt bezeichnete die fünfjährige Haftstrafe als „skandalös". Die Staatsanwältin Ana Crespo und die Privatanwälte forderten die Audiencia auf, die gegen den Eigentümer der Librería Europa verhängte Strafe zu bestätigen. Mit Beschluss vom 14. September 2000 warf die Dritte Kammer des Landgerichts schließlich erneut die Frage der Verfassungswidrigkeit auf. Pedro Varela blieb auf Bewährung, und die Entscheidung des Verfassungsgerichts über den Fall stand noch aus. Die Verfechter der Meinungsfreiheit und die Revisionisten aus aller Welt waren der Ansicht, dass in Spanien zumindest vorübergehend ein Sieg errungen worden war, und warteten auf die Entscheidung des Obersten Gerichtshofs, der sich sieben Jahre Zeit lassen sollte, um das lang erwartete Urteil zu erlassen.

Während dieser Übergangszeit setzte Pedro Varela seine Tätigkeit als Buchhändler und Verleger mit der Asociación Cultural Editorial Ojeda fort, die er Anfang 1998 gegründet hatte. Die Librería Europa begann auch, in ihren Räumen Konferenzen zu veranstalten, die häufig von revisionistischen Autoren aus dem Ausland gehalten wurden. Am Montag, dem 10. April 2006, stürmte die katalanische Autonomiepolizei plötzlich und unerwartet die Räumlichkeiten der Librería Europa. Um 9:30 Uhr morgens begannen etwa fünfzehn maskierte Polizisten mit einer Durchsuchung, die bis fünf Uhr nachmittags dauerte. Etwa sechstausend Bücher im Wert von mehr als 120.000 Euro wurden beschlagnahmt. Darüber hinaus haben die Beamten der politischen Polizei der Generalitat acht große Kisten voller Unterlagen, Hunderte von Ordnern und Tausende von Fotos und Dias, versandfertige Kataloge und dreizehntausend Konferenzprogramme aus den Räumlichkeiten entfernt. Die sechs Computer mit Dutzenden von Büchern, die korrigiert, gesetzt und für die Veröffentlichung vorbereitet worden waren, wurden beschlagnahmt. Diese Computer enthielten auch alle Informationen über Kunden und Freunde des Verlags und der Buchhandlung. Festplatten, Sicherungskopien, Sparbücher, Bankkonten, die Scheckbücher der Buchhandlung sowie persönliche und geschäftliche Verträge wurden ebenfalls beschlagnahmt. Damit nicht genug, nahmen die „Mossos" gerahmte Fotos mit, die an Ereignisse aus der CEDADE-Ära erinnerten, und sogar die Flaggen der autonomen Gemeinschaften, die zusammen mit der katalanischen Flagge den Konferenzraum schmückten.

Pedro Varela wurde verhaftet. Auf der Polizeiwache wurde er gezwungen, sich nackt auszuziehen, um die Durchsuchung zu überstehen, und dann in eine Zelle gesperrt. Anschließend musste er „Klavier spielen", was im Gefängnisjargon bedeutet, dass seine Finger eingefärbt wurden, um Fingerabdrücke zu nehmen, und er wurde mit Gesicht und Profil und seiner Straftäter-Nummer fotografiert. Bei dieser Gelegenheit wurde ihm gesagt, dass der Grund für seine Verhaftung darin bestehe, dass Editorial Ojeda Bücher veröffentliche, die „im Widerspruch zur internationalen Gemeinschaft" stünden, Bücher, die „gegen die öffentlichen Freiheiten und Grundrechte" seien. Mit anderen Worten: In einer „Demokratie", in der die Freiheit der Meinungsäußerung, der Verbreitung und der Kommunikation unantastbare Zeichen der Identität sind, wurde die Veröffentlichung und der Verkauf von Büchern zu einer kriminellen Aktivität, weil die in den Texten enthaltenen Ideen „im Widerspruch zur internationalen Gemeinschaft" stehen. Wenn das nicht so ernst und erbärmlich wäre, könnte man darüber lachen.

Zwei Tage nach seiner Verhaftung wurde Varela unter Anklage freigelassen. Ihm wurden Verbrechen gegen die internationale Gemeinschaft, gegen die Ausübung der Grundrechte und gegen die öffentlichen Freiheiten zur Verteidigung des Völkermordes vorgeworfen. Juan Carlos Molinero, stellvertretender Leiter der Allgemeinen Kriminalpolizei, erklärte gegenüber den Medien, dass sich die Aktion nicht gegen die Buchhandlung gerichtet habe, gegen die bereits in den 1990er Jahren ermittelt worden sei, sondern gegen den Verlag Ojeda, weshalb weder die Buchhandlung noch ihre Website geschlossen worden seien. In Wirklichkeit handelte es sich um eine „legale" List, um erneut gegen Varela vorgehen zu können.

Wenn wir die Ereignisse um Pedro Varela, das Opfer des größten Angriffs auf die Meinungs- und Publikationsfreiheit im „demokratischen" Spanien, in die Geschichte eingehen lassen, ist es angebracht, darauf hinzuweisen, dass die Macht in Katalonien im

April 2006 in den Händen einer Regierung lag, die nach der Unterzeichnung des so genannten Pakts von Tinell als Dreiergruppe bekannt wurde. Unter dem Vorsitz des Sozialisten Pasqual Maragall gehörten ihr folgende Parteien an: die Partit dels Socialistes de Catalunya (PSC), die Iniciativa per Catalunya Verds-Esquerra Unida i Alternativa (Ableger der Kommunisten der PSUC) und die Esquerra Republicana de Catalunya (deren Emblem nach Angaben ihrer Führer ein freimaurerisches Dreieck ist). Diese Regierung war somit politisch verantwortlich für die Verfolgung eines Unternehmers in Spanien wegen der Veröffentlichung von Büchern, die „der internationalen Gemeinschaft zuwiderlaufen", von denen die meisten fast überall in Europa ohne Probleme veröffentlicht wurden.

Wenn es darum geht, einen Führer zu kriminalisieren, der sich irgendwo auf der Welt den Plänen der kooptierten Marionetten an der Spitze der mächtigen Länder, die Kriege entfesseln, widersetzt, behaupten diese bekanntlich, die „internationale Gemeinschaft" zu vertreten. Der Staat oder die Nation, die sich nicht unterwirft, wird dann beschuldigt, sich „der internationalen Gemeinschaft zu widersetzen". In dem beispiellosen Fall, den wir soeben beschrieben haben, würden wir verstehen, dass es einen Index von verbotenen Büchern geben würde, deren Inhalt eine unvorstellbare Abstraktion namens internationale Gemeinschaft bedroht.

Am 7. November 2007 erließ der Verfassungsgerichtshof schließlich das Urteil STC 235/2007 zur Frage der Verfassungswidrigkeit von Artikel 607 Absatz 2 des Strafgesetzbuchs, die von der Dritten Sektion des Provinzgerichts aufgeworfen wurde. Berichterstatterin war Richterin Eugeni Gay Montalvo. Nach einer ausführlichen Darlegung der rechtlichen Gründe lautete das Urteil wie folgt:

> „In Anbetracht der vorstehenden Ausführungen hat der Verfassungsgerichtshof aufgrund der ihm von der spanischen Verfassung übertragenen Befugnisse beschlossen, die vorliegende Frage der Verfassungswidrigkeit teilweise zu bestätigen, was zur Folge hat:
>
> 1° Die Aufnahme des Ausdrucks „verweigern oder" in Artikel 607 Absatz 2 des Strafgesetzbuchs für verfassungswidrig und nichtig zu erklären.
>
> 2. festzustellen, dass Art. 607 Abs. 2 Satz 1 des Strafgesetzbuches, der die Verbreitung von Ideen oder Lehren unter Strafe stellt, die das

Verbrechen des Völkermordes rechtfertigen sollen, nicht verfassungswidrig ist, wenn er im Sinne des Rechtsgrundes 9 des vorliegenden Urteils ausgelegt wird.

3. im Übrigen wird die Frage der Verfassungswidrigkeit abgewiesen.

Dieses Urteil wird im Boletín Oficial del Estado veröffentlicht.

Gegeben zu Madrid, am siebten November zweitausendsieben.

Mit anderen Worten, seit dem STC 235/2007 kann das Glaubensdogma des Holocausts in Spanien geleugnet werden, genauso wie beispielsweise das Dogma der unbefleckten Empfängnis, die Existenz Gottes oder jedes andere Dogma der Kirche geleugnet werden kann. Das Verfassungsgericht vertrat die Auffassung, dass eine solche Leugnung „auf einer Stufe vor derjenigen bleibt, die ein Eingreifen des Strafrechts rechtfertigt, da sie nicht einmal eine potenzielle Gefahr für die durch die betreffende Norm geschützten Rechtsgüter darstellt, so dass ihre Aufnahme in das Gebot eine Verletzung des Rechts auf freie Meinungsäußerung nach sich zieht". In dem Urteil heißt es, dass „die bloße Leugnung der Straftat grundsätzlich unsinnig ist". Der Gerichtshof hat hingegen die Verbreitung von Ideen, die einen Völkermord rechtfertigen, „mit allen Mitteln" als Verbrechen angesehen. Dies trifft jedoch nicht auf die Revisionisten zu, die auf diesen Seiten zu Wort kommen: Keiner von ihnen rechtfertigt oder hat jemals einen Völkermord gerechtfertigt. Pedro Varela hat in seiner Erklärung gegenüber dem Richter, der ihn zu fünf Jahren Haft verurteilte, immer wieder erklärt, dass er ihn missbilligt.

Zwei Monate nach dem Urteil des Verfassungsgerichts hat das Provinzgericht neun Jahre nach der Verurteilung von Pedro Varela zu fünf Jahren am 10. Januar 2008 über die Berufung gegen das Urteil verhandelt. Die Verteidigung von Pedro Varela hatte um mehr Vorbereitungszeit gebeten, da das Urteil des Verfassungsgerichts wichtig genug sei, um seine rechtlichen Auswirkungen gründlich zu prüfen; die Kammer lehnte diesen Antrag jedoch ab. Sowohl die Staatsanwaltschaft als auch die Verteidigung wiederholten ihre Anträge. Am 6. März verkündeten die Richter des Provinzgerichts schließlich das Urteil, wobei sie der Berufung teilweise stattgaben und die Strafe auf sieben Monate Haft herabsetzten. Sie waren der

Ansicht, dass Varela durch seine Arbeit, die Verbreitung völkermörderischer Lehren durch den Verkauf von Büchern, eine Entschuldigung für den Völkermord abgegeben hatte, dass er aber nicht direkt persönlich diskriminiert hatte, und wurden daher vom Verbrechen der Aufstachelung zum Rassenhass freigesprochen. Pedro Varela musste nicht ins Gefängnis gehen und kündigte an, dass er eine Berufung in Erwägung ziehen würde, um einen Amparo einzureichen.

Die Schikanen gegen Varela waren auf jeden Fall auf dem Höhepunkt, denn nach seiner Verhaftung im April 2006 befand er sich noch immer auf freiem Fuß und wartete auf ein neues Verfahren. Am 29. Januar 2010 fand die Anhörung vor dem 11. Strafgericht von Barcelona statt. Der Buchhändler und Verleger wurde beschuldigt, Ideen zu verbreiten, die Völkermord rechtfertigen und zum Rassenhass aufstacheln, obwohl er stets aktiv und passiv erklärt hatte, dass er jede Form von Gewalt gegen ethnische Minderheiten und natürlich jeden Völkermord verurteilt. Staatsanwalt Miguel Ángel Aguilar versicherte, dass es nicht um die Beurteilung von Ideen gehe, „sondern um die Verbreitung der Doktrin des Hasses". Aus den ausgewählten Büchern zitierte der Ankläger Fragmente, um seine wackelige These zu untermauern. Der Anwalt von Pedro Varela prangerte an, dass die vom Staatsanwalt aus mehr als einem Dutzend Büchern, die in der Europa-Buchhandlung verkauft wurden, entnommenen Absätze „aus dem Zusammenhang gerissen" seien, und erinnerte daran, dass einige der ausgewählten Bücher, wie Hitlers *Mein Kampf*[13], auch in Kaufhäusern gekauft werden können.

Am 5. März 2010 verkündete Estela María Pérez Franco, eine Ersatzrichterin ohne Gegenkandidaten, die nach freiem Ermessen an das Strafgericht Nr. 11 berufen wurde, ihr Urteil, das am 8. März bekannt wurde. In dem Abschnitt über die bewiesenen Tatsachen widmete die Richterin fünfzehn Seiten der Kommentierung von Texten der siebzehn Bücher, deren Vernichtung sie anordnete. Hier sind einige Beispiele. Aus *Mi lucha* (36 beschlagnahmte Exemplare) bestand sie darauf, Fragmente zu zitieren, die auf die Ethnie anspielen. Es scheint klar zu sein, dass diese Richterin nicht wusste, dass die Rassenfrage schon immer die Daseinsberechtigung des jüdischen

---

[13] *Mein Kampf*, Omnia Veritas Limited, www.omnia-veritas.com.

Volkes war. Es genügt, eine peinliche Äußerung von Golda Meir, der verehrten zionistischen Führerin und ehemaligen Premierministerin Israels, zu zitieren, dass „Mischehen schlimmer sind als der Holocaust". Dieser Rassist sagte einmal in Anspielung auf die Palästinenser: „So etwas wie ein palästinensisches Volk gibt es nicht. Es existiert nicht. Würde der Richter der Ansicht sein, dass Golda Meir die Palästinenser hasste? Aus Joaquín Bochacas *Los crímenes de los buenos*[14] (2 Exemplare angezapft) zitierte der Richter den Satz „Es waren nicht die Araber, sondern die Guten, die Juden, die den Terrorismus in Palästina einführten". Wenn man diese Behauptung für falsch hält, fragt man sich, ob der Richter zum Zeitpunkt der Verurteilung von Pedro Varela auch nur die geringste Ahnung hatte, wie der zionistische Staat entstanden ist. Die Aufnahme von *Yusufs Der grüne Regen* (222 beschlagnahmte Exemplare), einem Werk des jüdischen Autors Israel Adam Shamir, in die Liste der zu vernichtenden Bücher ist bemerkenswert. In dem Urteil zitiert die Richterin unter anderem folgende Aussage von Shamir: „S. 35, Zeilen 3-6, 'Die Weltpresse, von New York bis Moskau, über Paris und London, wird von den jüdischen Vorherrschern perfekt kontrolliert; nicht ein Zähneknirschen ist ohne ihre vorherige Genehmigung zu hören',. Glaubt Estela Maria Perez Franco, dass Shamir ein Lügner und Antisemit ist? Die Zionisten könnten ihr erklären, dass sie Juden, die es wagen, sie zu kritisieren, nicht als Antisemiten, sondern als „Juden, die sich selbst hassen, weil sie Juden sind" betrachten. Israel Shamir, der für sein Engagement für die palästinensische Sache bekannt ist, ist der Autor einer Trilogie, die neben dem oben erwähnten Werk auch *The Spirit of James* and *Pardes. A Study of the Kabbalah*, die beide bei Libreria Europa verkauft wurden. Zwei Monate vor dem Prozess hatte Shamir auf Einladung von Pedro Varela an der Vortragsreihe der Libreria Europa teilgenommen: am Sonntag, den 8. November 2009, in Madrid und am Montag, den 9. November 2009, in San Sebastián. Der Titel seines Vortrags lautete *„Die Schlacht des Diskurses: Das Joch von Zion"*.

Wenn wir die Auswahl der Zitate aus dem Urteil analysieren, könnten wir mindestens fünfzehn Seiten schreiben, die gleichen wie die von Estela María Pérez; aber es ist jetzt an der Zeit, das Urteil zu betrachten, in dem der Richter Pedro Varela Geiss zu einem Jahr und

---

[14] *Los crímenes de los buenos*, Omnia Veritas Limited, www.omnia-veritas.com.

drei Monaten Gefängnis „als strafrechtlich Verantwortlicher für ein Verbrechen der Verbreitung völkermörderischer Ideen" und zu einem Jahr und sechs Monaten Gefängnis wegen „eines Verbrechens gegen die von der Verfassung garantierten Grundrechte und öffentlichen Freiheiten" verurteilt hat. Es ist ein unerträglicher Sarkasmus, eine offensichtliche Ungerechtigkeit, dass Varela wegen eines Verbrechens gegen die Grundrechte und verfassungsmäßigen Freiheiten verurteilt wurde, wo er doch gerade das Opfer der Verletzung dieser Rechte und Freiheiten in seiner Person war. Es wurde auch vereinbart, „alle in den nachgewiesenen Tatsachen beschriebenen Bücher zu beschlagnahmen... und ihre Vernichtung vorzunehmen, sobald das Urteil rechtskräftig ist".

Das Urteil wurde erst Ende Oktober 2010 rechtskräftig. Zuvor, im Mai 2010, hatte das Provinzgericht über die Berufung entschieden. Dieses Gericht der Audiencia bewahrte zumindest den Anstand, den es sich als Gericht schuldig ist, und sprach Pedro Varela von der zweiten Straftat frei, für die er zu einem Jahr und sechs Monaten Gefängnis verurteilt worden war; die erste Straftat, die „Verbreitung völkermörderischen Gedankenguts", für die er zu einem Jahr und drei Monaten verurteilt worden war, wurde jedoch bestätigt. Eine andere Richterin in Barcelona, die Leiterin des Strafgerichts Nr. 15, lehnte es ab, Pedro Varela die von ihm beantragte Bewährungsstrafe zu gewähren. Die Richterin erklärte in ihrem Urteil, dass sie bei der Verhängung der Haftstrafe des Buchhändlers die Tatsache berücksichtigt habe, dass er im Jahr 2008 zu einer weiteren siebenmonatigen Haftstrafe verurteilt worden war, was aus strafrechtlicher Sicht „ein Vorstrafenregister zeigt, das seine Gefährlichkeit belegt".

Pedro Varela kam am Sonntag, dem 12. Dezember 2010, ins Gefängnis. Es war ein heller Wintermorgen, wolkenlos, so wie Pedro frei von Verbrechen war. Er kam in einer kleinen Autokarawane an, begleitet von einer großen Gruppe von Freunden und Unterstützern, die ihn umringten und bis zum letzten Moment anfeuerten. Auf einem großen Transparent, das von mehreren Personen getragen wurde, stand: „Für das Recht auf Information. Keine Redakteure mehr im Gefängnis". Ein anderer Begleiter trug ein einzelnes Transparent mit der Aufschrift „Bücher sind verboten und Verleger sind eingesperrt". Mit bewundernswerter Tapferkeit und Würde und in dem Bewusstsein, ein Beispiel für Tapferkeit geben zu müssen, forderte

Varela seine Freunde auf, nicht den Mut zu verlieren. Er erinnerte an die Inhaftierung Quevedos in den Kerkern von San Marcos de León und meinte, dass es an der Zeit sei, sich der Inhaftierung zu stellen. Er forderte alle auf, die Welt daran zu erinnern, dass Bücher gejagt und Verleger ins Gefängnis gesteckt werden. Wir können dafür sorgen", sagte er, „dass niemand mehr aus diesem Grund inhaftiert wird". Mit Umarmungen und Küssen verabschiedete er sich, nachdem er sich bedankt hatte, und durchquerte das Tor. Unter Beifall und begeisterten Rufen wie „Komm, Pedro!", „Bravo!" und „Wir werden dich nicht vergessen, Pedro!" ging er in Richtung der Zugangskontrollbüros. Glücklicherweise wurde ihm das Schreiben nicht verboten, so dass er in der Zelle 88 des Strafvollzugszentrums Can Brians 1, wo er seine Strafe verbüßte, eine Reihe von Briefen schreiben konnte. Diese Texte wurden später unter dem Titel *Cartas desde prisión* veröffentlicht. *Gedanken und Überlegungen eines Dissidenten.*

Am 8. März 2011 erließ Isabel Gallardo Hernández, eine weitere Ersatzrichterin am 15. Strafgerichtshof von Barcelona, einen Beschluss, in dem sie die Vernichtung der Bücher anordnete, wie im Urteil vom 5. März 2010 angeordnet. Wir zitieren einen Auszug aus dem Tenor des Beschlusses, um einen Überblick über den Index der verbotenen Bücher in Spanien zu geben, einem Land, in dem theoretisch Meinungsfreiheit herrscht und in dem es folglich keine verbotenen Bücher gibt.

„Ich beschließe, die Vernichtung aller Exemplare der Bücher mit den folgenden Titeln anzuordnen:

1. Mein Kampf. 2. Selbstporträt von Leon Degrelle, einem Faschisten. 3. Hitler und seine Philosophen. 4. Hitler, Reden aus den Jahren 1933/1934/1935. Gesamtwerk (Band 1). 5. Die Verbrechen der „Gutmenschen". 6. Grundlagen der Biopolitik: Vergessen und Übertreiben des Rassenfaktors. 7. ethnische Herkunft, Intelligenz und Bildung. 8. nobilitas. 9. der neue Mensch. 10. Revolutionäre Ethik. 11. Eiserne Garde. Der rumänische Faschismus. 12. Die Protokolle der Weisen von Zion. 13° Ökumene auf drei Seiten: Juden, Christen und Muslime. 14° Der grüne Regen von Yusuf. 15° Das Wagnersche Denken. 16° Die Geschichte der Besiegten (der Selbstmord des Westens). Band II. 17° Das Handbuch des Häuptlings. Von der Eisernen Garde.

Die Hitlerbüste, das eiserne Hakenkreuz, die Militärhelme sowie die Fotos und Plakate mit nationalsozialistischen Motiven, die entfernt wurden, sollten ebenfalls vernichtet werden.

Geben Sie dem Gefangenen die Fahnen und das Briefpapier zurück".

Die Feststellung, dass alles im Namen von Demokratie, Freiheit und Grundrechten geschieht, ist äußerst bedauerlich. Es stellt sich die Frage, warum Büsten historischer Figuren, Hakenkreuze, Militärhelme, Fotos oder Plakate zerstört werden sollten. Wenn uns gesagt wird, dass Hitler das absolut Böse verkörpert, müssen wir argumentieren, dass der Kommunismus die schlimmsten Verbrecher der Geschichte hervorgebracht hat. Soweit uns bekannt ist, gibt es keine Rechtsprechung, die die Zerstörung von Büsten von Lenin, Trotzki, Kaganóvich, Beria oder Stalin in Privathäusern vorschreibt. Es ist etwas anderes, dass Statuen an öffentlichen Plätzen in einigen Ländern entfernt, wenn nicht sogar von der empörten Bevölkerung nach Jahren des kommunistischen Totalitarismus abgerissen wurden.

Was die Bücher anbelangt, was kann man über die Zerstörung von Werken sagen, die in der ganzen Welt gelesen werden und in spanischen Bibliotheken frei zugänglich sind. Wie kann man das Verbot von Texten in Spanien akzeptieren, nur weil ein Gericht in Barcelona es als erwiesen ansieht, dass „der Inhalt der besetzten Bücher Verachtung für das jüdische Volk und andere Minderheiten widerspiegelt". Es ist ein beleidigender Sarkasmus, dass judenkritische Werke vernichtet werden müssen, während in Israel Rassenhass die Grundlage der Bildung ist. Die Talmudisten, die Christen abgrundtief hassen, lehren in „Abhodah Zarah", dass „sogar die besten der Gojim (Nichtjuden oder Nichtjuden) getötet werden müssen". Verströmt diese Lehre nicht Rassenhass und Bigotterie der schlimmsten Art? Maurice Samuel (1895-1972), ein zionistischer Intellektueller, schreibt in Kapitel XIV seines Werkes *You Gentiles* mit dem Titel „We, the Destroyers" (Wir, die Zerstörer) folgende Worte an die Nichtjuden: „Wir Juden sind die Zerstörer und werden es bleiben. Nichts, was ihr tun könnt, wird unseren Ansprüchen und Bedürfnissen genügen. Wir werden ewig zerstören, weil wir die Welt für uns haben wollen. Ist das nicht krimineller Rassismus?

Es ist davon auszugehen, dass Richterin Pérez Franco keine Ausflüchte gemacht hat und dass sie, wenn sie in den Themen, über die sie urteilte, hinreichend bewandert gewesen wäre, nicht die Verbrennung beispielsweise des Werks *Wagnerian Thought (*von dem 12 Exemplare beschlagnahmt wurden) des britischen Denkers Houston Stewart Chamberlain angeordnet hätte, weil der Autor auf

Seite 83 zu schreiben wagte, dass „der Einfluss des Judentums das Fortschreiten der Degeneration beschleunigt und begünstigt, indem er den Menschen in einen ungezügelten Wirbelsturm treibt, der ihm keine Zeit lässt, sich selbst zu erkennen oder sich dieser beklagenswerten Dekadenz bewusst zu werden...".…" Das Zitat stammt aus dem Abschnitt „Bewiesene Tatsachen" in dem erschütternden Urteil vom 5. März 2010.

„Aus der Schule des Krieges des Lebens. - Was mich nicht umbringt, macht mich stärker". Dieser Satz aus Nietzsches „Götterdämmerung" ist ideal, um den Geisteszustand zu erklären, in dem Pedro Varela am 8. März 2012 das Gefängnis von Can Brians verließ. „Von nun an werde ich meine Anstrengungen verdoppeln", erklärte er, nachdem er seine Entschlossenheit bekundet hatte, die Arbeit in seiner Buchhandlung wieder aufzunehmen und weiter gegen die Repression zu kämpfen. Ein Jahr später, am 5. März 2013, verurteilte der Europäische Gerichtshof für Menschenrechte in Straßburg Spanien zur Zahlung von 13.000 Euro an Varela, da er der Ansicht war, dass das Provinzgericht von Barcelona ihm nach dem Urteil des Verfassungsgerichts von 2007 mehr Zeit für die Vorbereitung und Ausübung seiner Verteidigung hätte einräumen müssen. Es war ein moralischer Sieg, denn der Buchhändler hatte eine Entschädigung von 125.000 Euro gefordert. Die Richter des Straßburger Gerichts waren einstimmig der Ansicht, dass „erst spät von der Änderung der Qualifikation" der Straftat, für die er zu sieben Monaten Gefängnis verurteilt wurde, erfahren durfte.

Die Tatsache, dass die Librería Europa und ihr Eigentümer die Vortragsreihe fortsetzen und ihre kommerziellen und kulturellen Aktivitäten wieder reorganisieren konnten, gefiel ihren Feinden nicht. Ein Dutzend vermummter Schergen wurde am 11. März 2014 in die Seneca-Straße geschickt. Diese mutigen Männer tauchten gegen halb elf Uhr morgens in der Buchhandlung auf und begannen am helllichten Tag mit der Unverfrorenheit derer, die wissen, dass sie ungestraft bleiben, mit dem Angriff: Von der Straße aus schlugen sie mit stumpfen Gegenständen die Scheiben der Schaufenster ein und warfen dann Farbdosen auf Bücher und Möbel. Glücklicherweise wurden die Mitarbeiter der Buchhandlung nicht angegriffen. Augenzeugen zufolge bestand die Gruppe aus etwa zwanzig Personen, aber nur die vermummten Männer verhielten sich gewalttätig. Pedro Varela erstattete Anzeige bei den Mossos d'Esquadra, wenn auch mit wenig Hoffnung, dass jemand verhaftet werden würde, da es zuvor noch nie zu Verhaftungen gekommen war.

Deutschland, der Staat, der seinen eigenen Schatten verfolgt, konnte nicht abseits stehen, ohne sich an den Schikanen gegen den spanischen Buchhändler und Verleger zu beteiligen. Sein Auftritt in der Verfolgung fand im Februar 2009 statt, als das deutsche Generalkonsulat in Barcelona Anzeige gegen Pedro Varela erstattete, weil er *„Mein Kampf"* ohne Genehmigung des Freistaats Bayern vertrieben hatte. Die Veröffentlichung des Werks in Deutschland war bis zum 30. April 2015 strafbar, als das Buch siebzig Jahre nach Hitlers Tod der Öffentlichkeit zugänglich gemacht wurde. Unter diesem Vorwand erhob der unermüdliche Miguel Ángel Aguilar, ein „fortschrittlicher" Jurist vom Schlage eines Baltasar Garzón, Santiago Vidal, José María Mena usw., der als Staatsanwalt des Hasses bekannt ist, da er den Dienst gegen Hassverbrechen und Diskriminierung der Staatsanwaltschaft von Barcelona leitet, im September 2015 Anklage gegen Pedro Varela wegen eines Verbrechens gegen das geistige Eigentum, ein Verbrechen, das im Übrigen nichts mit Hass und Diskriminierung zu tun hat. Der Hass-Staatsanwalt forderte unterwürfig zwei Jahre Gefängnis für Varela, ein dreijähriges Berufsverbot als Verleger und Gewerbetreibender sowie eine Geldstrafe in Höhe von 10.800 Euro, weil er das Buch ohne Genehmigung oder Lizenz veröffentlicht hatte, obwohl er wusste, dass die Rechte an dem Werk aufgrund eines Urteils der Münchner Justizkammer dem deutschen Bundesland Bayern gehörten. Darüber hinaus forderte er vom Freistaat Bayern eine weitere Geldstrafe in Höhe von 216.000 Euro und eine Entschädigung von 67.637 Euro.

Was die Rechte an Hitlers Werken betrifft, so wissen wir, dass Paula Hitler, die Schwester des „Führers", François Genoud, „Scheich François" (siehe Anmerkung 9), mit der redaktionellen Betreuung zahlreicher Texte ihres Bruders betraut hatte, darunter *Mein Kampf*. Der Schweizer Bankier arbeitete mit ihr an einem globalen Abkommen zum Erwerb der Rechte an allen Werken Adolf Hitlers, doch Paula starb 1960. Schon damals waren die bayerischen Behörden, die den Vertrag zwischen Hitler und dem NSDAP-Verlag (Franz Eher Verlag) beschlagnahmt hatten, bestrebt, die Rechte für den Freistaat Bayern einzufordern.

Wie dem auch sei, der Hass von Pedro Varela sollte zu den bewiesenen Tatsachen gehören, denn *Mein Kampf* wurde und wird in der ganzen Welt verkauft. In Indien zum Beispiel ist Hitler ein Kultautor. Sein berühmtes Werk ist zu einem Klassiker geworden und war lange Zeit ein Bestseller. Man kann es an Straßenständen kaufen und von Zeit zu Zeit landet es in den Top Ten der Bestsellerliste. Der Anwalt von Pedro Varela, Fernando Oriente, wies zu seiner Verteidigung zurück, dass der Freistaat Bayern und die Bundesrepublik Deutschland die Rechte hätten oder gehabt hätten, und argumentierte, dass der deutsche Konsul „keine Legitimität" besitze. Der Anwalt erinnerte daran, dass die erste Auflage des Buches in Spanien aus dem Jahr 1935 stammt und dass das Urheberrecht einer Person, die vor dem 7. Dezember 1987 verstorben ist, frei ist, wie in einem königlichen Erlass zum Gesetz über geistiges Eigentum von 1996 festgelegt. Der Anwalt von Varela bedauerte, dass Bayern die Absicht habe, „als Zensor des Denkens zu agieren und die freie Verbreitung von Ideen zu verhindern, die in der Verfassung verankert sind".

Wir wollten gerade zum Schluss kommen, als wir in der katalanischen Ausgabe von *El País* vom 28. Januar 2016 folgende Schlagzeile lasen: „Staatsanwalt untersucht die Tat eines Neonazis in der Europa-Buchhandlung". Unter heißt es: „Der historische rechtsextreme Führer Ernesto Milá wird dort (in der Buchhandlung Europa) sein neues Buch *El tiempo del despertar* vorstellen, in dem er den Aufstieg des Nazismus preist". Mit anderen Worten: Der Staatsanwalt des Hasses versteht, dass die Präsentation eines Buches eine kriminelle Handlung sein kann. Nachdem mehr als hundert Millionen Opfer des Kommunismus in der ganzen Welt zu Grabe getragen wurden, nachdem diese totalitäre Ideologie fünfzig Jahre lang halb Europa unterdrückt hat, ist ein Vortrag über die kommunistischen Meister immer noch „fortschrittlich"; aber wenn der Vortragende „ein Neonazi" ist, haben wir es mit dem absolut Bösen zu tun, mit der Entschuldigung des nationalen Sozialismus, des Rassenhasses, des Antisemitismus.

Leider sind Revanchismus, Ressentiments und Hass heute in Spanien an der Tagesordnung, aber sie nisten sich in der Brust der immer so demokratischen „Antifaschisten" ein. Achtzig Jahre nach dem Bürgerkrieg, geschützt durch ein Gesetz des historischen Gedenkens, das sektiererisch dazu benutzt wird, nur an die

Verbrechen einer der beiden Seiten des Bruderkriegs zu erinnern, sind die Parteien der so genannten „fortschrittlichen Linken", die in den großen Rathäusern dank Pakten aller gegen alle an die Macht gekommen sind, bestrebt, Denkmäler zu zerstören, Gedenktafeln für erschossene religiöse Menschen zu entfernen, Straßennamen zu ändern... Bewaffnet mit Vernunft und moralischer Überlegenheit legen sie wie üblich eine Intoleranz und einen Fanatismus an den Tag, die die Harmonie und Versöhnung unter den Spaniern bedrohen, die dank der Verfassung von 1978 gesichert zu sein schienen. Aus diesem Grund kann man angesichts der herrschenden Atmosphäre vermuten, dass die Verfolgung von Pedro Varela nicht aufhören wird.

Post Scriptum

Leider hat sich Monate nach dem Schreiben des letzten Satzes unser Verdacht bewahrheitet: Nachdem wir die *Geschichte der Verbotenen Geschichte* bereits abgeschlossen haben, haben wir erfahren, dass am 7. Juli 2016 eine neue Klage der Staatsanwaltschaft gegen die Asociación Cultural Editorial Ojeda als juristische Person und gegen ihren Vizepräsidenten Pedro Varela beim Juzgado de Guardia (Juzgado de Instrucción Nummer 18 von Barcelona) eingegangen ist. Die Klage richtete sich auch gegen Carlos Sanagustín García, Antonio de Zuloaga Canet, Viorica Minzararu und Nicoleta Aurelia Damian, Personen, die mit dem Verein und der Buchhandlung Europa in Verbindung stehen. Richterin Carmen García Martínez ordnete sofort „dringende Vorsichtsmaßnahmen" an, darunter die Einstellung der Aktivitäten von Editorial Ojeda, die Schließung der Librería Europa und die Sperrung der beiden Websites der Buchhandlung. Absurderweise berief sich die Staatsanwaltschaft von Barcelona auf Artikel 510.1 a der spanischen Verfassung, der sich auf die Grundrechte und öffentlichen Freiheiten bezieht, um ihre rücksichtslosen Schikanen gegen Varela fortzusetzen.

Am Freitag, den 8. Juli, verhafteten die Mossos d'Esquadra die beiden Verkäuferinnen der Buchhandlung Europa, beide rumänischer Herkunft, und die beiden Mitglieder des Kulturvereins Editorial Ojeda in ihren Wohnungen. Pedro Varela war nicht in der Stadt, da er mit seiner jüngsten Tochter verreist war und irgendwo in den Bergen Spaniens zeltete. Bei der Durchsuchung der Buchhandlung wurden 15.000 Bücher und Computerausrüstung beschlagnahmt. Die Europa-Buchhandlung wurde versiegelt. Um 7:00 Uhr desselben Morgens führte die katalanische Polizei auch eine Razzia in der Wohnung von Pedro Varela durch. Neben den Computern beschlagnahmten die Beamten auch das gesamte Bargeld, das er in seinem Haus aufbewahrte.

Nachdem er erfahren hatte, dass ein Haftbefehl ausgestellt worden war, gab Pedro Varela eine Erklärung ab, in der er ankündigte, vor Gericht zu erscheinen, was er am 15. Juli auch tat. In Begleitung seiner Anwälte erschien der Buchhändler und Verleger vor dem neunten Untersuchungsrichter, der den Haftbefehl erlassen hatte. Er verweigerte die Aussage. Der Staatsanwalt Miguel Ángel Aguilar beantragte, ihn in Untersuchungshaft zu nehmen, da Fluchtgefahr bestehe und er wiederholt straffällig geworden sei. Der Richter ordnete seine Freilassung gegen eine Kaution von 30.000 Euro an, die Varela jedoch nicht zahlen konnte. Die Anwälte Luis Gómez und Javier Berzosa versuchten, eine Reduzierung der Kaution zu erreichen. Sie argumentierten, dass ihr Mandant kein reicher Mann sei und dass er das von den Mossos d'Esquadra bei ihm zu Hause beschlagnahmte Geld nicht zur Zahlung der Kaution verwenden könne. Was er hat", so Berzosa, „wurde bei der Durchsuchung seines Hauses sichergestellt. Varela wurde daher in das Modelo-Gefängnis unter Barcelona eingeliefert. Glücklicherweise zahlte ein Freund die Kaution noch am selben Tag, so dass Pedro am Abend seine Freiheit wiedererlangen konnte.

Die anderen Personen wurden nach 24 Stunden Haft mit dem Vorwurf der Förderung von Hass und Diskriminierung freigelassen, weil sie an der „Organisation von Konferenzen in der Buchhandlung teilgenommen hatten, in denen der nationalsozialistische Völkermord verherrlicht und gerechtfertigt und der jüdische Holocaust geleugnet wurde". Die Staatsanwaltschaft wollte die beiden Männer, den Vorsitzenden und den Schatzmeister der Asociación Cultural Editorial Ojeda, inhaftieren, doch der Richter ließ sie frei. Wenige Tage nach der Versiegelung der Librería Europa erschien vor der mit einem Reißverschluss versehenen Tür ein prächtiger Kranz, der auf einer hölzernen Staffelei niedergelegt war und folgende Inschrift trug: „Von der Kultur und der Freiheit zur Librería Europa".

Am 18. Juli reichte Esteban Ibarra, ein angeblicher Verfechter der Toleranz und Vorsitzender der Bewegung gegen Intoleranz, einer Nichtregierungsorganisation, die seit 1995 öffentliche Zuschüsse in

Höhe von fast sieben Millionen Euro erhalten hat, eine Klage gegen Pedro Varela und die anderen Leiter der Buchhandlung und des Verlags ein. Ibarra kündigte eine Volksklage an und rechnete mit der Beteiligung des Verbands der jüdischen Gemeinden Spaniens, der Internationalen Liga gegen Rassismus (LICRA), der jüdischen Gemeinde Bet Shalom von Barcelona usw. usw... Um den öffentlichen Lynchmord an einem einzelnen Mann zu beenden, verkündete der Stadtrat von Barcelona durch den stellvertretenden Bürgermeister Jaume Asens, Leiter der staatlichen Menschenrechtsabteilung von Podemos, dass der Stadtrat als Staatsanwalt in dem Fall auftreten werde, „um die ganze Stadt zu beleidigen". Jaume Asens, ein zum Separatisten gewordener „Systemgegner", erklärte, dass „die Librería Europa ein Hauptquartier der extremen Rechten in der Stadt" sei.

Während des Franco-Regimes gab es eine Zensur, die dem Schutz der Buchhändler diente, da sie wussten, welche Werke sie nicht verkaufen konnten. Heute gibt es in Spanien keine Zensur mehr, und theoretisch müsste kein Buchhändler etwas befürchten. Doch ein Geschäftsmann, der mit dem Verkauf von Büchern „eine ganze Stadt beleidigen" kann, wird bösartig verfolgt. Wir befürchten, dass die Feinde von Pedro Varela dieses Mal entschlossen sind, ihn für immer in ein Gefängnis des Schweigens zu sperren. Nach mehr als zwanzig Jahren der Verfolgung ist Varela zu einem legendären Dissidenten in Spanien und einem der hartnäckigsten in Europa geworden. Seine Überzeugungen und seine Würde als Mensch werden durch seine vorbildliche Haltung des friedlichen Widerstands unterstrichen. Sein Kampf für Meinungs- und Gedankenfreiheit verdient die Anerkennung nicht nur derer, die seine revisionistischen Ansichten teilen, sondern aller, die wirklich an die Freiheit glauben

Zum Zeitpunkt der Überarbeitung dieser Zeilen für die Ausgabe von *Criminales de pensamiento*, mehr als drei Jahre nachdem ich die obigen Zeilen geschrieben habe, ist der Prozess immer noch anhängig und sowohl die Librería Europa als auch der Verlag Ojeda sind noch geschlossen.

Weitere in Katalonien verfolgte Buchhändler und Verleger

Der folgende Fall bestätigt die Ungerechtigkeit, die Pedro Varela widerfahren ist. Es handelt sich um den Fall Librería Kalki, in dem vier Buchhändler und Verleger vom Obersten Gerichtshof freigesprochen wurden, während Varela, ebenfalls Buchhändler und Verleger, wegen der gleichen Tat eine Haftstrafe verbüßte. Daraus ließen sich zahlreiche und vielfältige Schlussfolgerungen ziehen, die wir aber nicht weiter ausführen. Im Folgenden beschränken wir uns auf eine knappe Darstellung des Sachverhalts, nachdem wir die Protagonisten skizziert haben: Óscar Panadero, Ramón Bau, Juan Antonio Llopart und Carlos García, die vom Provinzgericht Barcelona in einem Urteil vom 28. September 2009 wegen der Verbreitung völkermörderischer Ideen verurteilt wurden.

Der erste, Óscar Panadero, Sohn eines Führers der PSUC, Neffe von Anarchisten und Enkel von Falangisten, wurde als Kind in den Diskussionen der drei ideologischen Bekenntnisse erzogen und entschied sich schließlich für den Nationalsozialismus. Er wurde 1977 in Barcelona geboren, brach die Schule mit hervorragenden Noten ab und entschied sich für eine autodidaktische Ausbildung. Weder die Lehrer noch seine Eltern konnten den jungen Teenager überzeugen, der bestätigte, dass er nicht die Absicht hatte, sich einer Schule zu unterwerfen, die Unwahrheiten lehrte. Über Vereinigungen wie Alternativa Europea und Movimiento Social Republicano gelangte er schließlich zum Círculo de Estudios Indoeuropeos (CEI), dessen Präsident Ramón Bau war. Im Januar 2003, nachdem er seinen Bauernhof verkauft und einen guten Job aufgegeben hatte, eröffnete er die Buchhandlung Kalki, deren Inhaber und Geschäftsführer er war. Nur ein halbes Jahr später begann seine politische Verfolgung: Am 8. Juli 2003 und am 25. Mai 2004 führte die Regionalpolizei Razzien in der Buchhandlung durch und beschlagnahmte, wie im Fall der Buchhandlung Europa, Tausende von Büchern und Zeitschriften sowie Kataloge, Broschüren usw.

Der zweite, Ramón Bau, ebenfalls aus Barcelona, beteiligte sich im Alter von siebzehn Jahren an der Gründung des Círculo Español de Amigos de Europa und arbeitete mit Pedro Varela an dessen Veröffentlichungstätigkeit. Bau arbeitete eng mit Varela zusammen und wurde Generalsekretär von CEDADE. Im Jahr 1984 gründete er Ediciones Bau, Bausp y Wotton und gab mehr als hundert Zeitschriften heraus. Im Juni 1998 gründete er den Círculo de Estudios Indoeuropeos. Bau, ein Intellektueller mit großem Wissensschatz, ist überzeugter Nationalsozialist und bekennender Wagnerianer.

Juan Antonio Llopart, der dritte der verfolgten Katalanen, wurde in Molins de Rei in eine falangistische Familie geboren. Er war der Gründer von Ediciones Nueva República und die treibende Kraft hinter der Zeitschrift *Nihil Obstat*. Von Ediciones Nueva República aus förderte und organisierte Llopart die Jornades de Disidència, an denen mehrere Jahre lang internationale Persönlichkeiten teilnahmen, die im Bereich der Kultur gegen den Strom kämpften. Er ist Autor mehrerer Werke und hat zu verschiedenen Publikationen beigetragen.

Der vierte, Carlos García, Mitglied der CEI und ebenfalls aus der Tradition der Falangisten, behauptet, ein Schüler des Nationalsozialismus zu sein. Als Sekretär von Óscar Panadero erzählte er eine bezeichnende Anekdote über seine Verhaftung: Als zehn Polizisten 2004 nachts in sein Haus eindrangen, trug derjenige, der den Befehl gab, Zivilkleidung und einen roten kommunistischen Stern am Revers. García glaubt, dass dies eine Art war, ihn wissen zu lassen, wer hinter ihm her war.

Nun, nach ihrer erniedrigenden Verhaftung und mehrtägiger Haft in den Kerkern wurde gegen sie ein Verfahren vor dem Juzgado de Instrucción n° 4 de Sant Feliu de Llobregat (Amtsgericht Sant Feliu de Llobregat Nr. 4) eröffnet. Nach dem Beschluss über die Eröffnung der mündlichen Verhandlung wurde der Fall an das Provinzgericht von Barcelona verwiesen, das am 28. September 2009 sein Urteil verkündete. Die vier wurden zu Haftstrafen von bis zu dreieinhalb Jahren wegen Verbreitung von völkermörderischem Gedankengut, Verbrechen gegen die Grundrechte und -freiheiten und unerlaubter Vereinigung verurteilt. Ramón Bau, Präsident der CEI, und Óscar Panadero, Inhaber der Librería Kalki, erhielten dreieinhalb Jahre; Carlos García drei Jahre; Juan Antonio Llopart, Verwalter von Ediciones Nueva República, wurde nicht wegen unerlaubter Vereinigung verurteilt und erhielt daher zweieinhalb Jahre Haft.

Die Anwälte legten beim Obersten Gerichtshof Kassationsbeschwerde wegen Verstoßes gegen das Gesetz und die verfassungsrechtlichen Vorschriften sowie wegen Formverstoßes ein. Am 12. April 2011 erließ der Oberste Gerichtshof das Urteil 259/2011, dessen Berichterstatter der Richter Miguel Colmenero Menéndez de Luarca war. In dem Urteil wurde festgestellt, dass die Kassationsbeschwerden wegen Verletzung des Gesetzes und des Verfassungsgebots sowie wegen eines Formfehlers zulässig waren.

Infolgedessen wurden die Angeklagten von den Straftaten, für die sie verurteilt worden waren, freigesprochen und alle Urteile des Obersten Gerichtshofs wurden für nichtig erklärt. Das Urteil umfasste 218 Seiten. Im Abschnitt „Fundamentos de Derecho" (Rechtsgrundlagen) wurden dieselben Argumente angeführt, die von der Verteidigung von Pedro Varela vorgebracht und von den katalanischen Gerichten, die ihn verurteilt hatten, zurückgewiesen worden waren. Nachstehend ein Auszug daraus:

> „Daher stellt im Fall von Verlegern oder Buchhändlern der Besitz einiger Exemplare solcher Werke in größerer oder geringerer Zahl mit dem Ziel, sie zu verkaufen oder zu verbreiten, wie dies bei vielen anderen möglichen Werken zu ähnlichen oder sogar gegenteiligen Themen in ihrem tieferen, aber ebenso diskriminierenden und ausgrenzenden Sinn der Fall wäre, an sich keine Handlung der Verbreitung von Ideen dar, die über die bloße Tatsache hinausgeht, dass ihre dokumentarischen Träger potenziellen Nutzern zur Verfügung gestellt werden, und daher nichts anderes als das, was von ihrem beruflichen Engagement zu erwarten ist, selbst wenn sie in irgendeiner Form eine Rechtfertigung des Völkermords enthalten, stellen sie weder eine unmittelbare Aufforderung zum Hass, zur Diskriminierung oder zur Gewalt gegen diese Gruppen noch eine mittelbare Aufforderung zur Begehung von Handlungen, die einen Völkermord darstellen, dar, und selbst wenn diese Werke Konzepte, Ideen oder Lehren enthalten, die diskriminierend oder beleidigend für Gruppen von Menschen sind, kann nicht davon ausgegangen werden, dass diese Verbreitungshandlungen allein ein Klima der Feindseligkeit schaffen, das eine gewisse Gefahr birgt, sich in konkreten Gewaltakten gegen sie zu verwirklichen.
>
> Der bewiesene Sachverhalt enthält keine für die Anwendung des Straftatbestands erforderliche Beschreibung einer den Angeklagten zugeschriebenen Handlung der Förderung, Werbung, öffentlichen Verteidigung, Empfehlung, des Lobes oder der Aufstachelung oder ähnlicher Handlungen, die sich auf die Güte der Ideen oder Lehren in den von ihnen herausgegebenen, vertriebenen oder verkauften Büchern wegen ihres philhonazistischen Inhalts bezogen, diskriminierenden, völkermordgefährdenden oder völkermordbegründenden Inhalts oder auf die Erwünschtheit ihres Erwerbs für die Kenntnis und Entwicklung dieser Ideen oder Lehren hinweisen oder in irgendeiner Weise ihre Umsetzung befürworteten, die als Verbreitungshandlungen angesehen werden könnten, die eine größere Tragweite haben und sich von der Tatsache unterscheiden, dass bestimmte Werke veröffentlicht oder Kopien an potenzielle Kunden abgegeben werden.
>
> Die in der Sachverhaltsdarstellung behaupteten Handlungen können auch nicht als Verherrlichung der nationalsozialistischen Führer aufgrund ihrer diskriminierenden oder völkermörderischen Handlungen angesehen

werden und können daher, unbeschadet der Meinung, die diese Personen möglicherweise verdienen, in Bezug auf das bisher Gesagte nicht als indirekte Aufstachelung zum Völkermord oder als eine Tätigkeit angesehen werden, die darauf abzielt, ein feindseliges Klima zu schaffen, aus dem konkrete Handlungen gegen die beleidigten Personen oder gegen die Gruppen, denen sie angehören, abgeleitet werden könnten".

Die Tatsache, dass Buchhändler oder Verleger in Ausübung ihrer beruflichen Tätigkeit bestimmte Bücher verkaufen oder veröffentlichen, bedeutet nicht, dass sie Völkermord, Hass oder Gewalt gegen irgendjemanden rechtfertigen, um es einmal ganz einfach auszudrücken („in dem das Volk gewöhnlich mit seinen Nachbarn spricht"). Der Oberste Gerichtshof - und dies gilt auch für den Fall Pedro Varela - war nicht der Ansicht, dass die „bewiesenen Tatsachen" etwas mit Handlungen zur Förderung oder Rechtfertigung der Ausübung der in den veröffentlichten oder vertriebenen Büchern enthaltenen Ideen zu tun haben. Auch war nicht der Ansicht, dass den Verurteilten auf der Grundlage der in der Sachverhaltsdarstellung behaupteten Handlungen eine Aufstachelung zum Völkermord angelastet werden kann. Hinsichtlich der Behauptung, dass die Angeklagten Teil einer rechtswidrigen Vereinigung waren, erklärte der Oberste Gerichtshof in seinem Urteil, dass „es nicht ausreicht, die Ideologie der Gruppe oder ihrer Mitglieder zu beweisen", und vertrat die Auffassung, dass die verfügbaren Daten nicht zeigten, dass die Gruppe „eine strukturierte Organisation mit den Mitteln war, die ideologische Ausrichtung in die Förderung von Diskriminierung umzuwandeln".

Das Urteil STC 235 vom 7. November 2007 und das Urteil Nr. 259 vom 12. April 2011 der Strafkammer des Obersten Gerichtshofs schützen das Recht auf ideologische Freiheit und Meinungsfreiheit, damit jede Idee verteidigt und verbreitet werden kann. Doch anstatt sich über zwei Urteile zu freuen, die die Freiheiten aller schützen, zerrissen einige „fortschrittliche" Medien, die stets der Stimme ihrer Herren unterworfen sind, ihr Gewand und betrachteten die Urteile als Rückschritt. Mit anderen Worten: Wenn Richter und Staatsanwälte in Übereinstimmung mit bestimmten Interessen handeln, auch wenn sie die Grundrechte einschränken, handelt es sich um vorbildliche Urteile; andernfalls sind die Richter konservativ und abscheulich. In ihrem Sektierertum ignorieren diese Medien und die hinter ihnen stehenden Gruppen die Tatsache, dass die Verfassung keine Ideologien verbietet, unabhängig davon, ob sie am einen oder am anderen Ende des politischen Spektrums stehen. Nach Ansicht der Richter des Obersten Gerichtshofs verbietet die Verfassung „keine Ideologien", so dass „Ideen als solche nicht strafrechtlich verfolgt werden sollten". Der Oberste Gerichtshof betonte, dass die Toleranz gegenüber allen Arten von Ideen auch die Akzeptanz von Ideen zulässt, die die Verfassung selbst in Frage stellen, „wie verwerflich sie auch sein mögen". Kurzum, der Oberste Gerichtshof stützte sich auf die Rechtsprechung des Verfassungsgerichts, wonach „im Rahmen des Schutzes der Meinungsfreiheit Platz für jede Meinung ist, so falsch oder gefährlich sie dem Leser auch erscheinen mag, selbst für solche, die das demokratische System selbst angreifen. Die Verfassung schützt auch diejenigen, die sie leugnen".

Das Urteil des Obersten Gerichtshofs war ein Rückschlag, ein Rückschlag für den Obersten Gerichtshof von Barcelona. Zu diesem Zeitpunkt befand sich Pedro Varela immer noch im Gefängnis von Can Brians. Im Juni 2011, ein halbes Jahr nach seiner freiwilligen Einweisung, verweigerte ihm der Behandlungsausschuss des Gefängnisses die Erlaubnis, seine Frau und seine kleine Tochter zu sehen, die er seitdem nicht mehr gesehen hatte. Da die Befugnisse des Strafvollzugs auf die Generalitat de Catalunya übertragen wurden, ist es klar, dass die Gefängnisbeamten politische Anweisungen der katalanischen Regierung befolgten. Pedro Varela hatte einen Antrag auf den dritten Grad gestellt, der abgelehnt worden war. Am 3. März 2011 legte er Einspruch gegen die Ablehnung ein. Wäre der Gerechtigkeit Genüge getan worden, hätte das zuständige Strafvollzugsgericht nach Bekanntwerden des Urteils des Obersten Gerichtshofs, mit dem die vier wegen derselben Straftaten verurteilten Buchhändler und Verleger freigesprochen wurden, über den Einspruch gegen die Ablehnung des dritten Grades entscheiden und automatisch die bedingte Entlassung des Gefangenen anordnen müssen. Obwohl die Rechtsprechung des Obersten Gerichtshofs den Sachverhalt, wegen dem er inhaftiert war, nicht als Verbrechen ansieht, hat Varela seine Strafe in vollem Umfang verbüßt. Damit wurde einmal mehr deutlich, dass sein Fall politisch motiviert war und nichts mit Fairness und Gerechtigkeit zu tun hatte.

7. Hauptopfer der Verfolgung in Schweden

Ditlieb Felderer, der spöttische Jude mit ätzender Satire

Dieser Revisionist, der in Schweden angeklagt, verfolgt, verurteilt und inhaftiert wurde, unterhält derzeit eine respektlose Website, *Ditliebradio*, auf der er mit sardonischem Humor Betrügereien anprangert. Auf sarkastische und makabre Weise verwendet er alle Arten von ironischen Fotos, auch pornografische, um sich über die Lügen über den Holocaust, die Verbrechen des Zionismus, die Dogmentreue der katholischen Kirche, die Zeugen Jehovas und all das andere lustig zu machen. Manchmal verwendet er kühne und geniale Fotomontagen, um seine Anprangerungen besser zu illustrieren. Für all dies ist Feldererer als exzentrischer Revisionist bekannt. Sein bizarrer Sinn für Humor wurde von den Vernichtungsgegnern und Propagandisten benutzt, um ihn zu diskreditieren. Er scheint sich wenig darum zu scheren, da er der Meinung ist, dass die „Sensibilität" von Geschichtsfälschern und zwanghaften Lügnern überhaupt nicht respektiert werden sollte.

Nach Angaben von Elliot Y. Neaman, Doktor der Geschichte an der Universität von Kalifornien in Berkeley und Professor an der Universität von San Francisco, ist Ditlieb Felderer Jude, ebenso wie seine Mutter, die aus einer Familie von Zeugen Jehovas stammte. Er wurde 1942 in Innsbruck geboren und floh mit seiner Familie vor den Nazis: Sie gingen nach Italien und emigrierten von dort nach Schweden, wo er seine Ausbildung erhielt. Er besitzt daher die schwedische Staatsbürgerschaft. Als Mitarbeiter einer Zeitschrift der Zeugen Jehovas begann er 1976, in die Lager zu reisen. Jahre später, zwischen 1978 und 1980, unternahm er eine zweite Besuchsrunde in den angeblichen Vernichtungslagern. Er war einer der ersten Forscher, die in Auschwitz nach Beweisen suchten. Auf diesen Reisen machte er fast 30.000 Fotos, auf denen er selbst die kleinsten Details der Einrichtungen festhielt. Viele davon sind in seine Fotomontagen eingeflossen. In Auschwitz fotografierte Felderer das Schwimmbad, das moderne Krankenhaus mit seiner gynäkologischen Abteilung, das Theater, die Bibliothek, die Unterrichtsräume, in denen Bildhauerkurse stattfanden, die Küche, die eine der größten

Einrichtungen des Lagers war. Er hatte Zugang zu Archiven, für die eine Sondergenehmigung erforderlich war, und entdeckte darin die Partitur eines Stücks mit dem Titel „Auschwitz-Walzer", das angeblich vom Lagerorchester aufgeführt wurde.

Einer seiner wichtigsten Beiträge als Revisionist war die Entdeckung der Rolle, die die Zeugen Jehovas, die mit der SS-Verwaltung zusammenarbeiteten, in den Lagern spielten. Wir haben bereits erwähnt, dass er als prominenter Zeuge Jehovas aus der Sekte ausgeschlossen wurde, als er anprangerte, dass die Behauptung, die Deutschen hätten 60.000 Mitglieder vernichtet, falsch sei, da er nach seinen Untersuchungen feststellte, dass nur 203 von ihnen gestorben waren (siehe Anmerkung 3). Im Zuge dieser Auseinandersetzung mit der Sektenführung fiel ihm das Buch von Richard Verrall (Richard Harwood) in die Hände, das er 1977 in einer schwedischen Ausgabe veröffentlichte und in einer Auflage von 10.000 Exemplaren vertrieb. Seitdem ist sein Engagement für den Geschichtsrevisionismus von Dauer. Nachdem er 1978 die Zeitschrift *Bibelforscher* gegründet hatte, veröffentlichte er 1979, dem Jahr seiner Begegnung mit Ernst Zündel, unter dem Pseudonym Abraham Cohen das Buch *Auschwitz Exit*. Als Ergebnis seiner Recherchen erschien im selben Jahr sein *Tagebuch der Anne Frank - eine Fälschung?*

Schon Felderer hatte eine Vorliebe für gewisse Exzentrizitäten, von denen einige Zündel störten, weil er sie für kontraproduktiv hielt. Eine davon kostete ihn schliesslich die Gefängnisstrafe. Da im Museum Auschwitz Haare von angeblichen Opfern ausgestellt sind, die in den Gaskammern ermordet wurden, kam Felderer auf die Idee, sich in einem weit verbreiteten Flugblatt darüber lustig zu machen: „Bitte nehmen Sie dieses Haar eines vergasten Opfers an". Das Flugblatt wurde an die Verantwortlichen des Auschwitz-Museums gesandt. In den Text des Flugblatts waren Zeichnungen und Witze eingestreut, die sich über die Museumsmitarbeiter und der Vernichter lustig machten. Auf der ersten Zeichnung hielt eine lächelnde Frau ein eingepacktes Geschenk mit der Aufschrift: „Bitte schicken Sie uns Ihren ganzen Müll. Wir brauchen ihn für unsere authentischen Exponate und Dokumentationen". Der zweite Scherz war ein Clown, der sagte: „Ich bin ein Experte für Vernichtungsaktionen. Schicken Sie uns großzügig Ihre Dokumente an alle unsere Adressen. Man wird sich an Sie erinnern. Die dritte Illustration war ein Mann, der Krokodilstränen weint, der Text darunter lautete: „Ich wurde sechsmal vergast! Nein! Zehnmal, nein!... und es gibt 5.999.999 andere wie mich in Neu Jork! Die sechs Millionen vergasten Juden sind ein Schwindel!"'. Während Zündels erstem Prozess wurde er befragt und erklärte, dass seiner Meinung nach Satire notwendig sei, um einen Schwindel anzuprangern, der von mächtigen Staaten und der Macht des Geldes unterstützt werde.

1980 verhaftete die schwedische Polizei Ditlieb Felderer wegen der Veröffentlichung des Pamphlets. Bei dieser ersten Verhaftung verbrachte er drei Wochen im Gefängnis. 1982 wurde er ein zweites Mal wegen des umstrittenen Pamphlets verhaftet. Diesmal wurde er wegen Volksverhetzung angeklagt, und ein Stockholmer Gericht verurteilte ihn zu sechs Monaten Gefängnis. Felderer gab an, dass er während dieser Haftzeit unmenschlich behandelt wurde. Er habe nicht gewusst, ob es Tag oder Nacht sei, und die meiste Zeit damit verbracht, die Wand eines zwei mal drei Meter großen Betonbunkers anzustarren, da er kaum nach draußen gehen durfte, um frische Luft zu atmen. Die Zelle verfügte über keine Toilette, und wenn er sich erleichtern musste, wurde er in einen Waschraum eskortiert und eingesperrt. Aus Protest gegen seine Situation und weil er am Schreiben gehindert wurde, trat er dreimal in den Hungerstreik, bis man ihm schließlich erlaubte, sich zu bewegen und ihm Papier und Bleistift zur Verfügung stellte. Felderer berichtete, dass er mehrfach geschlagen wurde und Beleidigungen ertragen musste.

1988, bei Zündels zweitem Prozess, zeigte er 300 Flugblätter, die er bei seinen Besuchen in den Lagern aufgenommen hatte, und forderte Schutz für den Revisionismus und Redefreiheit statt Verfolgung. Die Staatsanwaltschaft überreichte ihm mehrere seiner Flugblätter. Sie bat ihn, eines mit dem Titel „Drei jüdische Beiträge zur westlichen Zivilisation" zu lesen. Die Beiträge bezogen sich auf die von Robert Oppenheimer entwickelte Atombombe, die Wasserstoffbombe, deren Vater Edward Teller war, und die Neutronenbombe von Samuel Cohen. Alle drei waren Juden. Felderer sagte aus, sein Flugblatt spreche Bände über bestimmte Personen, die diese schrecklichen Vernichtungswaffen entwickelt hätten. Ein weiteres Flugblatt, das ihm gezeigt wurde, bezog sich auf seine Einweisung in eine psychiatrische Klinik während des Prozesses: Er beklagte sich darüber, dass in Schweden Kritiker interniert würden, und verglich diese Praxis mit der in der Sowjetunion angewandten. Die Staatsanwaltschaft entgegnete Felderer, dass sie nicht akzeptieren könne, dass die schwedischen Behörden ihn für krank und hilfsbedürftig hielten, doch er beharrte darauf, dass die Untersuchungen, denen er sich unterzogen hatte, zeigten, dass er völlig gesund sei.

Es scheint, dass er nach seiner Aussage im Prozess von Toronto dachte, er hätte alles getan, was er konnte, und seine Forschungen eingestellt hatte. Ernst Zündel hat Felderers hervorragende Arbeit über die Lager und das Tagebuch von Anne Frank stets anerkannt, war aber der Meinung, dass Satire kein geeignetes Genre für einen Historiker sei, weil sie die Ernsthaftigkeit anderer Arbeiten in Frage stellen könne. Zündel bedauerte, dass Feldererers Spott in seinen Pamphleten und Zeichnungen zu weit gegangen war. Trotz seines Verschwindens von der Bildfläche hat Feldererer immer wieder von Schikanen und Beleidigungen berichtet. Nicht umsonst gilt er als einer der wegweisenden Forscher des Revisionismus.

Wie in Fußnote 3 erwähnt, hat Ditlieb Felderer zuletzt im November 2013 den jüdischen Richter Johan Hirschfeldt beschuldigt, hinter „terroristischen Aktionen" gegen ihn und seine philippinische Frau zu stecken. Auf seiner Website *Ditliebradio* bezog sich Felderer auf geheime Dokumente des schwedischen Außenministeriums, um sehr schwere Anschuldigungen gegen Hirschfeldt zu erheben, den er beschuldigte, im Auftrag der ADL (Anti-Defamation League) Schläger zu Angriffen gegen sie angestiftet zu haben. Bei einem dieser Anschläge, die Felderer als Staatsterrorismus bezeichnet, hätte seine Frau beinahe ihr Leben verloren. Laut Felderer könnte der damalige Außenminister Carl Bildt für seine Untätigkeit verantwortlich gemacht werden. Felderer warf Richter Hirschfeldt auch vor, den mehrfach angegriffenen marokkanischen Revisionisten Ahmed Rami, der seit vielen Jahren die Website *Radio Islam* betreibt, mit falschen Anschuldigungen zu belästigen.

Ahmed Rahmi, der Architekt von *Radio Islam* und führender muslimischer Revisionist

Der Marokkaner berberischer Abstammung war Offizier der königlichen marokkanischen Armee, als er am 16. August 1972 an einem gescheiterten Staatsstreich gegen König Hassan II. teilnahm, den er für eine Marionette der jüdischen Macht hielt. Nachdem er in den Untergrund gegangen war, ging Ahmed Rami nach Paris und von dort nach Schweden, wo er 1973 politisches Asyl beantragte und erhielt. Seitdem lebt er in Stockholm, wo er fünf Bücher auf Schwedisch veröffentlicht hat. Sein Erscheinen auf diesen Seiten ist auf seine revisionistischen Aktivitäten zurückzuführen, die ihm in dem Land, das ihn aufgenommen hatte, schließlich eine Gefängnisstrafe einbrachten.

1987 gründete und leitete er einen Radiosender namens *Radio Islam*, der es ihm ermöglichte, mit den Schweden und den etwa achtzigtausend im Land lebenden Muslimen zu kommunizieren. Sein Slogan lautete „Radio Islam - The Freedom Fighter - Join the fight against Jewish domination and racism! In seinen Radiosendungen begann er, revisionistische Inhalte zu verbreiten, insbesondere die Werke von Robert Faurisson. Im Jahr 1988 berichtete der Sender über den Ernst-Zündel-Prozess in Toronto. Als überzeugter Verfechter der palästinensischen Sache brachte Rami den Holocaust von Anfang an mit der zionistischen Usurpation Palästinas in Verbindung und verknüpfte folglich die Befreiung des palästinensischen Volkes mit der Entlarvung der vom Zionismus auferlegten Lügen. Diese Offenheit führte dazu, dass der Radiosender als antisemitisch gebrandmarkt wurde, und 1989 erstattete der Justizminister auf Druck der jüdischen Lobby Anzeige wegen Aufstachelung zum Rassenhass.

Ein Prozess gegen Ahmed Rami begann im September 1989 und dauerte bis November. Der Prozess begann am 15. September vor dem Stockholmer Bezirksgericht. Von Anfang an wies Ramis Verteidigung die Vorwürfe der ethnischen Verunglimpfung und der Diffamierung zurück und argumentierte, dass die Meinungsfreiheit nicht eingeschränkt werden könne, weil sich jemand beleidigt fühle. Darüber hinaus beharrte Anwalt Ingemar Folke darauf, dass Rami lediglich Passagen aus der Bibel zitiert habe, in denen Juden als Erpresser, gierig, sadistisch, ausbeuterisch und kriminell dargestellt werden. Die Tatsache, dass die Texte aus dem Pentateuch stammten, veranlasste die schwedische Presse zu der Annahme, dass das Gericht letztlich beurteilen sollte, ob sie rassistische oder verächtliche Äußerungen gegenüber anderen ethnischen Gruppen enthielten. Staatsanwalt Hakan Bondestam rief den Rabbiner Morton Narrowe und den ehemaligen lutherischen Bischof von Stockholm, Krister Stendahl, einen Ehrenprofessor der Harvard-Universität, auf, die aus den Vereinigten Staaten einflogen, um gegen den marokkanischen

Revisionisten auszusagen. Stendahl erklärte, Luthers *Die Juden und ihre Lügen* sei nicht christlich und Luther sei ein Antisemit. Rami seinerseits präsentierte als Zeugen Jan Hjärpe, einen renommierten Professor für Islam an der Universität Lund, und Jan Bergman, einen Professor für Religion an der Universität Uppsala. Beide sagten aus, dass ihrer Meinung nach die Meinungsfreiheit in Schweden angegriffen werde, wenn es darum gehe, Kritik an Israel zum Schweigen zu bringen und die palästinensische Frage zu vertuschen. Anwalt Folke bestand darauf, dass zwischen Antisemitismus und Antizionismus unterschieden werden müsse, und betonte, dass sein Mandant die Rechte des palästinensischen Volkes verteidigen wolle und dass Kritik an der Politik eines Staates nicht als Rassenhass angesehen werden könne. Die Tageszeitung *Expressen* vertrat in ihrer Ausgabe vom 23. Oktober 1989 die Ansicht, dass es „praktisch unmöglich ist, Antisemitismus und Antizionismus voneinander zu trennen", und zeigte damit ihre heimtückische Bösgläubigkeit.

Bei den anderen Themen wurde Rami der Holocaust-Leugnung bezichtigt. Er behauptete teilnahmslos, der angebliche Völkermord an sechs Millionen Juden sei „ein riesiger Propagandaschwindel". Einige Zeitungen griffen Ramis Zitate aus den *Protokollen der Weisen von Zion* und seine Behauptung, die Juden seien nicht in den Gaskammern vernichtet worden, empört auf. Der Hauptverteidiger von Rami und den Professoren Hjärpe und Bergman in der schwedischen Presse war Jan Myrdal, der Sohn des Nobelpreisträgers Gunner Myrdal. Im Laufe des Prozesses erkannte Staatsanwalt Bondestam, dass die Verlängerung des Prozesses kontraproduktiv war, weil Rami sie dazu nutzte, „seine antisemitische Propaganda während des Prozesses fortzusetzen". Am 14. November wurde das Urteil verkündet und Ahmed Rami wurde für schuldig befunden. Bei seiner Verurteilung wurde er wegen „Aufwiegelung gegen eine ethnische Gruppe" zu sechs Monaten Gefängnis verurteilt und im Februar 1990 inhaftiert. Die Lizenz von *Radio Islam* wurde ihm für ein Jahr entzogen. Robert Faurisson berichtete anschließend über die Aktivitäten seines revisionistischen Kollegen im Gefängnis. Dem Professor zufolge gelang es Rami, seine Ansichten nicht nur den Gefangenen, sondern auch den Wärtern zu erklären, weshalb die Behörden ihn in eine andere, kleinere Einrichtung verlegten, wo das Ergebnis dasselbe war.

Nach dem Entzug der Rundfunkgenehmigung erlaubte der Stockholmer Rundfunkrat dem Sender, bis zum 28. November 1990 weiter zu senden. Als der Sender 1991 seine Tätigkeit wieder aufnahm, geschah dies unter der Leitung von David Janzon, einem schwedischen Nationalisten und Mitglied des „Sveriges Nationella Förbund" (Schwedischer Nationalbund), der 1993 wegen desselben Vergehens verurteilt wurde. Der Radiosender blieb daher zwischen 1993 und 1995 inaktiv. Unter der Leitung von Ahmed Rami wurde der Sendebetrieb 1996 wieder aufgenommen, als er auch seine berühmte Website ins Leben rief, die den Namen *Radio Islam* beibehielt. Anfänglich war diese Website sehr aktiv in ihrer Kritik am jüdischen Rassismus und der zionistischen Weltherrschaft. Darüber hinaus erschienen sehr interessante revisionistische Texte in bis zu 23 Sprachen. Heute und schon seit einigen Jahren wird die Website, die von einer Gruppe selbsternannter „Freiheitskämpfer" aus verschiedenen Ländern, die Ahmed Rami unterstützen, betrieben wird, nur noch selten aktualisiert. Wir wissen nicht, was der Grund für diesen Mangel an Aktivität ist, obwohl es wahrscheinlich auf die Schikanen gegen Rami zurückzuführen ist.

In diesem Zusammenhang berichtet Robert Faurisson in seinen *Écrits révisionnistes*[15], dass er zwischen dem 17. und 21. März 1992 auf Einladung seines marokkanischen Freundes nach Stockholm reiste. Am Nachmittag/Abend des, dem Tag seiner Ankunft, wurden Rami, zwei junge Schweden und Professor Faurisson von mit Stöcken, Messern und Tränengasbomben bewaffneten Personen angegriffen und beinahe gelyncht. Die Anführer der Angreifer waren die Leiter eines jüdischen Studentenclubs. Dank dieser Drohungen gelang es der jüdischen Gemeinde in Stockholm, alle Vorträge, die Ahmed Rami für Professor Faurisson organisiert hatte, abzusagen; er konnte jedoch nicht daran gehindert werden, sich frei und ausführlich im *Radio Islam* zu äußern. Der zweite Aufenthalt des Professors in Stockholm fand zwischen dem 3. und 6. Dezember desselben Jahres statt. Am Flughafen wurde der „Nazi-Prophet", wie ihn einige Medien bezeichneten, von Rami, einigen arabischen Freunden und einem Somalier empfangen. Paradoxerweise hielten zwei jüdische Demonstranten ein Transparent mit der Aufschrift „Nieder mit dem Rassismus! Faurisson übernachtete im Haus seines Gastgebers und

---

[15] *Écrits révisionnistes*, 4 Bände, Omnia Veritas Limited, www.omnia-veritas.com. Auch auf Deutsch erhältlich *Revisionistische Schriften*.

berichtet in den *Écrits* von zwei nächtlichen Angriffen auf das Haus von Rami.

Im Oktober 2000 wurde Rami erneut wegen „Aufstachelung zum Rassenhass" verurteilt. Das schwedische Gericht, das ihn in Abwesenheit verurteilte, verurteilte ihn zu einer Geldstrafe von 25.000 Dollar. Sowohl in Frankreich als auch in Schweden wurde gegen ihn wegen „Hassverbrechen" ermittelt, weil er an der Unterhaltung von *Radio Islam* beteiligt war. In Schweden wurden die Ermittlungen 2004 eingestellt, da die Staatsanwaltschaft keine Beweise dafür vorlegen konnte, dass Ahmed Rami für die auf der Website veröffentlichten Inhalte verantwortlich war. Die *Radio Islam-Affäre* erreichte im November 2005 das schwedische Parlament. Anlass für die Debatte war die große Zahl von Klagen jüdischer Organisationen, die forderten, Ahmed Rami in Schweden strafrechtlich zu verfolgen oder vor ein internationales Gericht zu stellen. Diese Idee war in Marokko von Robert Assaraf, dem Vorsitzenden der marokkanischen jüdischen Gemeinde, vorgeschlagen worden, der im März 2000 in einer Erklärung gegenüber der Zeitschrift *Jeune Afrique* rhetorisch fragte: „Sollten sich die marokkanischen Juden, die in der ganzen Welt verstreut sind, nicht mobilisieren, um Ahmed Rami vor Gericht zu stellen?"

Die Debatte im schwedischen Parlament fand am 10. November 2005 statt. Jüdische Mitglieder der Kammer kritisierten die Regierung dafür, dass sie Ahmed Rami und seinen antijüdischen Aktivitäten in Schweden nachgegeben habe. Justiz- und Innenminister Thomas Bodström verteidigte sich mit folgenden Worten: „In einem Rechtsstaat steht es weder mir noch den Abgeordneten zu, Ahmed Rami anzuklagen oder zu verurteilen. Dies ist Sache der Staatsanwaltschaft. Die Staatsanwaltschaft hat jedoch keine Beweise dafür gefunden, dass Ahmed Rami gegen schwedisches Recht verstoßen hat". Zum Unbehagen einiger Abgeordneter erinnerte der Minister: „Das schwedische Recht verbietet es nicht, den Holocaust in Frage zu stellen oder zu leugnen". Minister Bodström erinnerte daran, dass man sich in Schweden darauf geeinigt habe, dass die Bürger nicht gezwungen werden könnten, an den Holocaust zu glauben, und dass es nicht möglich sei, die Infragestellung seines historischen Wahrheitsgehalts zu verbieten. Er schlug jedoch die Möglichkeit vor, „im Parlament einen gewissen

Einfluss auszuüben, indem man ein Gesetz vorschlägt und natürlich einen Beitrag zur Arbeit in der Europäischen Union leistet".

Das Neueste, was wir über Ahmed Rami und *Radio Islam* wissen, ist, dass die italienische Polizei im Dezember 2015 eine Untersuchung eingeleitet hat. Anlass war die Veröffentlichung einer Liste einflussreicher Juden, die im Land tätig sind, auf der Website in italienischer Sprache. Aufgeführt waren die Namen von Journalisten, Geschäftsleuten, Schauspielern und verschiedenen Persönlichkeiten, die als „jüdisch-nazistische Mafia" bezeichnet wurden. Vertreter der jüdischen Gemeinde sahen darin eine Aufstachelung zu sektiererischer Gewalt und benutzten Adjektive wie „inakzeptabel" oder „verabscheuungswürdig", um auf diese Angelegenheit hinzuweisen. Der Vorsitzende der jüdischen Gemeinde Roms erklärte gegenüber dem *Corriere della Sera*, dass es sich um eine „unerträgliche Darstellung von antisemitischem Hass" handele. Einige Anwälte forderten die sofortige Schließung der Website. In der Zwischenzeit bezeichneten Giuseppe Giulietti und Raffaele Lorusso, Präsident und Generalsekretär des italienischen Presseverbandes, die Veröffentlichung der Liste als einen „erbärmlichen, rassistischen und unerträglichen Akt". In einer Pressemitteilung schrieben sie: „Sie beleidigt vor allem die Muslime, die den Weg des Dialogs und des Respekts gewählt haben. Diese Liste beschwört die dunklen Zeiten und die Mauern herauf, die wir alle gemeinsam niederreißen sollten".

Diese beiden Heuchler meinten natürlich alle Mauern außer der acht Meter hohen Mauer, die von den Zionisten in Palästina errichtet wurde. Was den „Dialog und den Respekt" betrifft, so schließt er natürlich nicht das palästinensische Volk ein, geschweige denn die 1,5 Millionen Bewohner des Gazastreifens, die unter unmenschlichen Bedingungen in ihrem Freiluftgefängnis leben. Bekanntlich wurden im Juli/August 2014 etwa zweitausend Menschen, ein Viertel davon Kinder, getötet und neuntausend schwer verwundet, wenn nicht sogar schwer verstümmelt. Natürlich war dies keine „erbärmliche, rassistische und unerträgliche Tat". Zwei Jahre nach der „erträglichen" Bombardierung der palästinensischen Zivilbevölkerung liegt der Gazastreifen dank „Dialog und Respekt" immer noch in Trümmern und seine Bewohner sind weiterhin mittellos.

8. Hauptopfer der Verfolgung in Australien

Frederick Töben, inhaftiert in Deutschland, England und Australien

Dr. Fredrick Töben ist eines der bekanntesten und mutigsten Opfer der revisionistischen Bewegung. Der in Deutschland geborene Australier hätte auch in Deutschland zu den Opfern gezählt werden können, da die „Bundesrepublik" das Land ist, in dem die Verfolgung am brutalsten war. Wir haben uns jedoch entschieden, ihm einen eigenen Platz zu widmen und ihn in Australien zu verorten, da er dort 1994 das Adelaide Institute gründete, eine Einrichtung, die sich der historischen Forschung widmet und in Australien das Äquivalent zum Institute for Historical Review in Kalifornien darstellt.

Die jüdischen Lobbys in Australien haben unerbittlich versucht, die Website des Adelaide Institute zu schließen. Im Jahr 1996 unternahm die mächtige jüdische Lobby „Executive Council of Australian Jewry" (ECAJ) die ersten rechtlichen Schritte zur Schließung der Website des Instituts. Dr. Töben, Autor zahlreicher historischer, pädagogischer und politischer Werke, hat über die meisten der heute noch existierenden Konzentrationslager geforscht: Buchenwald, Dachau, Oranienburg, Sachsenhausen, Auschwitz-Birkenau, um nur einige zu nennen. In letzterem hat er im April 1997 die angebliche Gaskammer besichtigt und ein sehr empfehlenswertes Video gedreht, das Teil des Dokumentarfilms *Judea Declares War on Germany* ist, der von der IHR in Los Angeles veröffentlicht wurde.

1999 reiste er nach Europa, um in mehreren Ländern, darunter Polen, die Ukraine, Ungarn, die Tschechische Republik und Deutschland, Nachforschungen anzustellen. Im Büro des für seine Arbeit gegen Leugner bekannten deutschen Staatsanwalts Hans-Heiko Klein, mit dem er angeblich das deutsche Gesetz zum Verbot von Abweichungen von der offiziellen Version des Zweiten Weltkriegs erörterte, wurde er am 9. April 1999 verhaftet, weil er revisionistische Texte des Adelaide Institute veröffentlicht oder nach Deutschland weitergeleitet hatte. Im Haftbefehl hieß es: „Seit April 1996 und zuletzt zwischen Januar und April 1999 hat er von Adelaide

(Australien) aus u.a. ein monatliches Rundschreiben des Adelaide-Instituts, dessen verantwortlicher Redakteur er ist, an Empfänger in der Bundesrepublik Deutschland versandt". Zweifellos eine Straftat, die, wie es im Haftbefehl heißt, seine Untersuchungshaft rechtfertigt.

Diese Untersuchungshaft wurde schändlicherweise um sieben Monate verlängert. Am 3. Mai bestätigte die Staatsanwaltschaft des Landgerichts Mannheim sie in einem neuen Haftbefehl. Die Anklage lautete neben dem Versand des Rundschreibens, dass sie „zu den führenden Revisionisten" gehöre, und spezifizierte einige der unzulässigen Inhalte des Rundschreibens, wie etwa die Aussage, dass „die Vernichtung eine von den Juden erfundene Legende sei, um das deutsche Volk zu unterjochen". In diesem zweiten Haftbefehl wurden ihm Aufstachelung zum Hass, Angriffe auf die Würde anderer und Verunglimpfung des Andenkens an tote Juden vorgeworfen, die den öffentlichen Frieden störten.

Sobald in Australien die Nachricht von der Verhaftung des Direktors des Adelaide-Instituts bekannt wurde, machten Bürgerrechtsgruppen mobil, um die Verhaftung von Fredrick Töben in Deutschland aufgrund „drakonischer Gesetze zur freien Meinungsäußerung" zu verurteilen. John Bennett, ein bekannter australischer Revisionist und Aktivist, der den Vorsitz der Australian Civil Liberties Union innehat, rief die Menschen dazu auf, zu den deutschen Botschaften und anderen Einrichtungen zu gehen und zu protestieren. Bennett organisierte einen Fonds, um Töbens Rechtsverteidigung und seine Freilassung zu sichern. Eine andere Gruppe, Electronic Frontiers Australia (EFA), eine unabhängige Gruppe, die sich für das Recht auf freie Meinungsäußerung im Internet einsetzt, sprach sich ebenfalls gegen die Verhaftung aus und zeigte sich verärgert darüber, dass die deutschen Behörden das auf einer australischen Website veröffentlichte Material so behandelten, als sei es in Deutschland veröffentlicht worden. Die Vorsitzende der EFA, die Rechtsanwältin Kimberley Heitman, warf der deutschen Regierung vor, sie versuche, in der Praxis Gesetze für die ganze Welt zu erlassen. Mark Weber, Direktor der IHR, protestierte ebenfalls entrüstet gegen die Verhaftung und Inhaftierung seines australischen Kollegen, doch an Töbens Situation in Deutschland änderte sich nichts.

Nach sieben Monaten Haft ohne Kaution musste er sich am 8. November 1999 vor dem Landgericht Mannheim unter dem Vorsitz von Richter Klaus Kern verantworten. Am ersten Verhandlungstag kündigte Töben an, dass er sich nicht gegen die gegen ihn erhobenen Vorwürfe verteidigen werde, da dies nur dazu dienen würde, neue Anklagen gegen ihn wegen weiterer Verstöße gegen die deutschen Gesetze über „Holocaust-Leugnung" und „Aufstachelung zum Hass" zu erheben. Er wies jedoch die Behauptung der deutschen Behörden zurück, die Revisionisten seien gefährliche Neonazis oder Antisemiten. Auch sein Anwalt, Ludwig Bock, kündigte an, dass er Dr. Töben nicht verteidigen werde, da er Gefahr laufe, ebenfalls angeklagt zu werden. Er beschränkte sich daher darauf, dem Gericht eine Erklärung zu verlesen, in der er die Verfolgung von Töben und anderen „Holocaust-Leugnern" mit den Hexenprozessen des Mittelalters verglich. Er behauptete, dass die deutschen Gesetze gegen Revisionismus den Grundsatz der Meinungsfreiheit ernsthaft verletzen. Gegenüber einem Journalisten rechtfertigte er seine Entscheidung und die seines Mandanten: „Wenn ich etwas sage, komme ich selbst ins Gefängnis, und wenn er etwas sagt, setzt er sich einem weiteren Prozess aus.

Staatsanwalt Klein bestätigte später, dass diese Befürchtungen völlig berechtigt waren: „Wenn sie vor Gericht illegale Dinge wiederholt hätten, hätte ich neue Anklage erhoben". Wie bereits dargelegt, macht das Rechtssystem in Deutschland Angeklagte und Zeugen wehrlos und hindert Anwälte an der freien Ausübung ihres Berufs. So wartete Ludwig Bock im November 1999 auf den Ausgang seines Berufungsverfahrens, weil er als Verteidiger von Günter Deckert zu einer Geldstrafe von 9.000 DM verurteilt worden war, weil er sich darüber beschwert hatte, dass Politiker und Richter in seinem Land die Diskussion über den Holocaust verbieten.

Der Prozess endete am 10. November 1999. Das Gericht befand Töben der Aufstachelung zum Rassenhass, der Beleidigung des Andenkens der Toten und der öffentlichen Leugnung des Völkermordes für schuldig, da er in seinen an Menschen in Deutschland gerichteten Schriften die Beweise für die Ausrottung des Holocausts in Frage gestellt hatte. Der vorsitzende Richter Klaus Kern erklärte, es bestehe kein Zweifel daran, dass Töben sich der „Holocaust-Leugnung" schuldig gemacht habe, und da er keine Anzeichen für eine Besserung seines Verhaltens zeige, müsse er zu einer Freiheitsstrafe verurteilt werden. Er wurde daher zu einer zehnmonatigen Haftstrafe verurteilt. Glücklicherweise berücksichtigte Richter Kern, dass der Angeklagte bereits sieben Monate im Gefängnis verbracht hatte, und erklärte sich bereit, anstelle der verbleibenden drei Monate seiner Strafe eine Geldstrafe von 6.000 DM zu zahlen. Frederick Töbens deutsche Freunde sammelten das Geld sofort ein, und innerhalb von 24 Stunden nach dem Urteilsspruch wurde er freigelassen.

Besonders wichtig bei dem Urteil war die Entscheidung über das Internet, da die Folgen weitreichend sein könnten. Das Mannheimer Gericht erklärte, dass das deutsche Recht für die Schriften und Online-Veröffentlichungen von Dr. Töben nicht zuständig sei, und lehnte es daher ab, auf die von der Staatsanwaltschaft vorgelegten Beweise in Bezug auf die Website des Adelaide-Instituts einzugehen. Richter Kern argumentierte, dass das Gericht nur Material berücksichtigen könne, das Töben per E-Mail verschickt oder physisch in Deutschland verbreitet habe. Unmittelbar nach seiner Freilassung erklärte Töben dies zu einem Sieg der Meinungsfreiheit: „Wir haben das Internet gerettet", sagte er, „als einen Ort, an dem wir die Wahrheit sagen können, ohne dafür bestraft zu werden. Auch Staatsanwalt Hans-Heiko Klein war sich bewusst, dass das Urteil des Gerichts einen gefährlichen Präzedenzfall schaffen könnte und legte sofort Berufung ein. Dies ist das erste Mal", sagte er, „dass ein deutsches Gericht entschieden hat, dass bestimmte Dinge, die in Deutschland im Internet geäußert werden, nicht unter das deutsche Recht fallen. Das ist eine sehr schlechte Sache. Es wird unsere Gesetzgebung schwächen, die sehr wichtig ist, um sicherzustellen, dass sich die Geschichte in Deutschland nicht wiederholt."

Zurück in Australien ging der Kampf mit einer neuen Schlacht weiter. Wie wir eingangs erwähnten, hatte der ECAJ (Executive Council of Australian Jewry), die mächtigste jüdische Lobby Australiens, 1996 eine Klage mit dem Ziel eingereicht, die Website des Adelaide Institute aus dem Internet zu verbannen. Ein Jahr nachdem Töben vor dem deutschen Gericht einen Sieg für die Internetfreiheit errungen hatte, erließ die Kommission für Menschenrechte und Chancengleichheit (HREOC) am 10. Oktober 2000 auf Druck des australischen Judentums eine einstweilige Verfügung gegen das Adelaide Institute. Die HREOC-Kommissarin

Kathleen McEvoy behauptete, das Institut habe gegen Abschnitt 18C des Rassendiskriminierungsgesetzes von 1975 verstoßen, indem es Material veröffentlicht habe, dessen Hauptzweck darin bestehe, Juden zu verunglimpfen. McEvoy sagte, dass die Materialien, von denen keines ein ausreichendes historisches, intellektuelles oder wissenschaftliches Niveau aufweise, verboten werden sollten, da sie „einschüchternd, beleidigend und anstößig" seien. Der Vizepräsident des ECAJ, Jeremy Jones, bekräftigte, dass Töbens Holocaust-Leugnung beleidigend, beleidigend und, wie von HREOC bestätigt, illegal sei. Jones fügte hinzu, dass die Kommissarin gezeigt habe, dass sie die Notwendigkeit der Durchsetzung von Gesetzen, die das Internet mit einbeziehen, verstanden habe und die Ansicht anderer Gerichtsbarkeiten bestätigt habe, dass Antisemitismus, der sich als Pseudogeschichte tarnt, genauso schädlich sei wie die schlimmste Form des Rassenhasses. Peter Wertheim, Rechtsbeistand der ECAJ in dem Verfahren und Leiter einer jüdischen Gemeinde, bezeichnete den Fall als „Meilenstein", weil er „zum ersten Mal in Australien und wahrscheinlich weltweit mit Hass im Internet zu tun hat".

Dr. Töben reagierte trotzig: Er behauptete, er habe nicht die Absicht, die Anordnung der HREOC (Kommission für Menschenrechte und Chancengleichheit) zu befolgen, und sagte, er habe nicht die Absicht, sich für die Veröffentlichung von „objektiv korrektem Material" zu entschuldigen. Töben warf der HREOC vor, nur die Interessen von Juden zu berücksichtigen und bezeichnete ihr Vorgehen als unmoralisch. Er sagte, er habe „nicht die Absicht, irgendetwas zu tun", da die Wahrheit für niemanden eine Beleidigung darstellen könne. Anfang November 2000 schloss sich der Australia/Israel & Jewish Affairs Council dem ECAJ an und beantragte beim Bundesgericht des Landes die Durchsetzung der Zensurverfügung des HREOC gegen Töben und das Adelaide Institute.

Der Versuch, das Adelaide Institute zu zensieren, ist ein beschämender Präzedenzfall für ein Land mit einer langen Tradition der Achtung der bürgerlichen Freiheiten und der freien Rede. Terry Lane, ein altgedienter Kolumnist und Fernsehkommentator, fragte Kommissarin McEvoy, ob sie „jedem aufrichtigen Menschen, der die eine oder andere Gruppe ablehnt, befehlen werde, dies zu unterlassen und sich zu entschuldigen." Dieser Journalist ging sogar so weit zu sagen, dass Töbens Behauptungen über die Gaskammern „durch die

Beweise bewiesen oder widerlegt werden können", so dass es keinen Grund gibt, sie vorher zu zensieren. Wenn Töben die Wahrheit sagt", fügte Lane hinzu, „dann kann ihn nichts aufhalten. Wenn er ein böswilliger Autor ist, wird er ignoriert werden. Wir sollten seine Behauptungen überprüfen, nicht verbieten". Ein anderer Autor, der Bürgerrechtler Nigel Jackson, bezeichnete das HREOC als „pseudojuristisches" Gremium und nannte dessen Anordnung „einen Sieg der Interessen über das Prinzip". Am 17. September 2002 bestätigte das Bundesgericht auf Antrag der jüdischen Lobby die Anwendung der Gesetze gegen Rassenhass auf die Website des Adelaide Institute. Im Jahr 2003 erließ das Gericht in der Rechtssache Töben gegen Jones das erste Urteil Australiens in Bezug auf Rassenhass gegen religiöse Gruppen. Töben versäumte es, die fraglichen Materialien zu entfernen, und weigerte sich auch, sich zu entschuldigen.

Im Jahr 2004 erließ ein Mannheimer Gericht einen Europäischen Haftbefehl gegen Frederick Töben, dem vorgeworfen wurde, antisemitisches und/oder revisionistisches Material in Australien, Deutschland und anderen Ländern online veröffentlicht zu haben. Trotz der Existenz des Europäischen Haftbefehls reiste Dr. Töben ohne Probleme durch die Welt. Im Jahr 2005 gab er dem iranischen Staatsfernsehen ein Interview, in dem er den Staat Israel anprangerte, der „auf der Lüge des Holocausts gegründet ist". Im Dezember 2006 nahm er mit seinen revisionistischen Kollegen an der Teheraner Konferenz teil. In seinem Heimatland gab es jedoch weiterhin Probleme, weil er sich weigerte, die zensierten Texte von der Website des Instituts zu entfernen, was zu einer Konfrontation mit dem Bundesgerichtshof führte.

Jeremy Jones vom Executive Council of Australian Jewry (ECAJ) setzte unterdessen seine unerbittliche Verfolgung vor Gericht fort. Ende Februar 2008 erhob Dr. Töben vor dem Bundesgericht in Sydney schwere Vorwürfe gegen zwei jüdische Richter des Obersten Gerichtshofs, Alan Goldberg und Stephen Rothman, die er beschuldigte, „den jüdischen Holocaust zu propagieren", um „eine historische Lüge zu schützen". Am 7. August 2008 berichtete die australische Zeitung *The Advertiser*, dass „der Holocaust-Revisionist Frederick Töben wegen strafbarer Missachtung des Bundesgerichts ins Gefängnis kommen könnte, wenn er nicht zu einer Geldstrafe verurteilt würde." Ihm wurde vorgeworfen, weiterhin rassistische

Texte auf der Website des Adelaide Institute zu veröffentlichen, trotz einer Anordnung des Bundesgerichts im September 2002 und einer weiteren Verfügung im Jahr 2007.

Zwei Monate später, am 1. Oktober 2008, war Töben auf dem Weg von den Vereinigten Staaten nach Dubai. Als sein Flugzeug auf dem Flughafen Heathrow für eine technische Zwischenlandung landete. Die britische Polizei betrat das Flugzeug und nahm den australischen Revisionisten in Anwendung des Europäischen Haftbefehls von 2004 an Bord fest. Er wurde am 3. Mai vor ein Bezirksgericht in Westminster gebracht, und die britischen Richter beschlossen, ihn bis zur Entscheidung über seinen Auslieferungsantrag im Londoner Wandsworth-Gefängnis festzuhalten. Töben erklärte, er stehe unter dem Schutz des Schengener Abkommens und werde seine Auslieferung nicht akzeptieren, aber die Anhörung wurde für den 17. Oktober angesetzt.

Britische Revisionisten mobilisierten gegen den Skandal, der ihrem australischen Kollegen angetan wurde. Eine Gruppe von Anhängern, darunter David Irving, demonstrierte vor dem Gericht. Die Presse widmete der Affäre große Aufmerksamkeit. *Der Telegraph* berichtete angemessen über den Fall Töben und nannte die Verhaftung „einen dreisten Angriff auf die Redefreiheit". In einem Leitartikel warnte sie: „Die Verhaftung von Dr. Frederick Töben sollte uns alle alarmieren". Im Parlament erinnerte der Sprecher der Liberaldemokraten, Chris Huhne, daran, dass „Holocaust-Leugnung" in Großbritannien kein Verbrechen sei, und forderte die britischen Gerichte auf, Töbens Auslieferung abzulehnen. Gleichzeitig begrüßte der Staatsanwalt des Mannheimer Landgerichts, Andreas Grossmann, die Verhaftung und sagte, dass er trotz der Versuche, die Auslieferung an Deutschland zu verhindern, hoffe, Töben im nächsten Jahr vor Gericht zu stellen. Grossmann warnte in Erklärungen gegenüber australischen Medien, dass die Sturheit und Hartnäckigkeit des Angeklagten ihn in Deutschland fünf Jahre Gefängnis kosten könnte.

Am 17. Oktober 2008 war die Vorfreude groß. Journalisten mit Kameras und Mikrofonen versammelten sich vor dem City of Westminster Magistrates Court. Kevin Lowry-Mullins, Töbens Anwalt, erklärte vor dem Einlass, dass sie um jeden Punkt kämpfen würden. Auch Lady Michèle Renouf, das in Australien geborene britische revisionistische Model, das die Website *Jailing Opinions* betreibt, die Töben unterstützt, seit sie von seiner Verhaftung erfahren hat, sprach zu den Journalisten. Als überzeugte Verfechterin der Forschungs-, Meinungs- und Gedankenfreiheit betonte Renouf die Bedeutung der Gerichtsentscheidung für die Freiheitsrechte im Vereinigten Königreich. Die Anhörung wurde jedoch auf den 29. Oktober verschoben. Lowry-Mullins erläuterte auf dem Hinweg die Tragweite des Urteils, da es um die Frage ging, ob ein Staat die Auslieferung einer beliebigen Person an das Vereinigte Königreich beantragen kann, auch wenn das angeklagte Verbrechen im Vereinigten Königreich nicht strafbar ist.

Am 29. Oktober kam schließlich der von Töben, Lady Renouf und so vielen Revisionisten in aller Welt erwartete Sieg. Daphne Wickham, die Richterin am Westminster Magistrates' Court, entschied vor einem vollbesetzten Gerichtssaal mit Töben-Anhängern, dass der Europäische Haftbefehl ungültig sei, weil er die Straftaten nicht ausreichend spezifiziert habe: Er nannte weder den Namen der Website noch den Ort oder den Zeitpunkt der Veröffentlichung der Materialien, sondern sprach nur von Veröffentlichungen im Internet in der ganzen Welt. Melanie Cumberland, die Anwältin, die die deutschen Behörden vertrat, argumentierte, dass die geforderten Informationen zur Verfügung gestellt werden könnten, aber der Bezirksrichter sagte: „Meiner Ansicht nach kann die Anforderung nicht mit einer punktuellen Information nach und nach durch die Behörde des ausstellenden Landes erfüllt werden. Ich bin der Ansicht, dass die Einzelheiten vage und ungenau sind. Ich bin der Ansicht, dass die Anordnung ungültig ist, und disqualifiziere daher den Beklagten." Mit anderen Worten: Ohne sich auch nur ansatzweise dazu zu äußern, ob es sich bei den angeblichen Meinungsdelikten um auslieferungsfähige Straftaten handelt, ließ der Richter die Anklage gegen Dr. Töben wegen formaler Mängel des Haftbefehls fallen. Cumberland kündigte an, dass er vor dem Obersten Gerichtshof Berufung einlegen wolle. In Erwartung einer solchen Berufung gewährte Richter Wickham Töben, nachdem er ihm untersagt hatte, sich gegenüber der Presse zu äußern, eine vorläufige Freilassung gegen eine Kaution von 100.000 Pfund unter der Bedingung, dass er eine anerkannte Adresse angibt, nämlich die von Lady Renouf.

Michèle Renouf erklärte auf dem Weg nach draußen, dass sie keine Angst davor hätten, vor dem Obersten Gerichtshof zu landen, da dies dem Fall von Dr. Töben eine größere internationale Wirkung verleihen würde. Vielleicht in der Erwägung, dass die Einlegung der Berufung den Interessen der Holocaust-Lobby schaden könnte, wurden Töbens Anwälte am 18. November darüber informiert, dass die deutschen Behörden auf eine Berufung verzichten würden. Am Abend des 19. November, während das britische Parlament den Zionisten Shimon Peres mit dem St.-Michael-und-St.-Georgs-Orden ehrte, feierte Fredrick Töben mit seinen Freunden die Freiheit. Am 21. November teilte Kevin Lowry-Mullins mit, dass er seinen Pass zurückerhalten habe und sich darauf vorbereite, Großbritannien zu verlassen. Der Anwalt bedauerte, dass sein Mandant keine Entschädigung für die fast zwei Monate, die er gegen seinen Willen in London festgehalten worden war, erhalten hatte.

Am 3. Dezember 2008 kehrte Töben nach Australien zurück, aber er war weit davon entfernt, sich zu erholen, sondern sah sich mit der Fortsetzung der Verfolgung konfrontiert, die der Exekutivrat des australischen Judentums 1996 begonnen hatte. Im April 2009 wurde Töben verurteilt, weil er eine Anordnung des Bundesgerichts ignoriert hatte, Material von der Website des Adelaide Institute zu entfernen. Er wurde zu einer dreimonatigen Haftstrafe verurteilt und argumentierte, dass er nicht das Geld habe, um eine Geldstrafe zu zahlen, um eine Haftstrafe zu vermeiden, ganz zu schweigen von den Anwaltskosten für ein so langwieriges Gerichtsverfahren, wie sie von Jeremy Jones gefordert wurden, der den Fall im Namen jüdischer Organisationen vorgebracht hatte. Töben legte im Juni Berufung gegen das Urteil ein.

Die Berufungsverhandlung fand am 13. August 2009 statt. Der Anwalt David Perkins erklärte dem Gericht, dass die auf der Website des Adelaide Institute veröffentlichten Texte nur „ein Tropfen auf den heißen Stein" seien, verglichen mit der Menge an revisionistischem Material, das online verfügbar ist. Die Richter betonten, dass es in diesem Fall nicht um den Holocaust, die Gaskammern oder die Hinrichtung von Juden während des Zweiten Weltkriegs gehe, sondern um die Nichtbefolgung von Anordnungen des Bundesgerichts. Offensichtlich handelte es sich dabei um eine Spitzfindigkeit, d.h. um ein falsches Argument, das so geschickt vorgebracht wurde, dass es als wahr erschien. Das Bundesgericht hätte die Entfernung des Materials im Jahr 2002 nicht angeordnet, wenn nicht jüdische Lobbys Druck ausgeübt hätten, um Texte zu verbieten, die die offizielle Version der Geschichte in Frage stellen. Die drei Richter des australischen Bundesgerichts lehnten daher die Berufung ab und bestätigten die Einweisung ins Gefängnis. „Sie befolgen Befehle blindlings, meine Herren", sagte Töben zu den Richtern, als er den Gerichtssaal verließ.

Frederick Töben wurde damit zum ersten Gewissensgefangenen in der australischen Rechtsgeschichte. Er verbrachte zunächst eine Woche in einem Hochsicherheitstrakt des Yatala-Gefängnisses in den nördlichen Vororten von Adelaide, einem Gefängnis, in dem die schlimmsten Verbrecher festgehalten werden. Anschließend wurde er in eine weit weniger strenge Haftanstalt in Cadell, etwa 200 Kilometer nordöstlich von Adelaide, verlegt, wo er von seinen Freunden, die ihn immer wieder besuchten, unterstützt wurde. Das Institut in Adelaide wurde von Peter Hartung übernommen, einem Geschäftsmann und politischen Berater, der seinem Vorgänger und Freund in Sachen Widerstandsfähigkeit in nichts nachsteht.

Die Kosten des Verfahrens hatte Dr. Töben zu tragen. Am 25. Juni 2010 reichte Jeremy Jones, der sich wie ein Jagdhund verhielt, der seine Beute nicht loslässt, eine Kostenaufstellung in Höhe von 104.412 Dollar ein. Am 30. Juni beschloss das Bundesgericht, 56.435 Dollar als Rückstellung anzufordern und stellte am 15. September 2010 eine Schätzungsbescheinigung aus, in der es feststellte, dass der vom Gericht geforderte Betrag korrekt war. Damit begann ein weiterer komplizierter Rechtsstreit zwischen Jeremy Jones und Fredrick Töben, der sich über mehr als zwei Jahre hinzog und bei dem der geforderte Betrag immer weiter erhöht wurde. Am 27. Februar 2012 beantragte Jeremy Jones eine neue Kostenfestsetzung. Am 10. April reichte Dr. Töben einen Antrag auf einstweilige Verfügung ein, in dem er unter anderem beantragte, die Kostenfestsetzung aufzuheben oder auszuschließen. Am 3. Mai 2012 wies Richter Mansfield Töbens Antrag zurück, und Töben musste auch die Kosten für den Antrag auf einstweilige Verfügung tragen. Am 18. Mai 2012 richtete Fredrick Töben ein Schreiben an Jeremy Jones mit folgendem Wortlaut

„Ihre Forderung gegen mich in Bezug auf Kosten in Höhe von mehr als 175.000 $ ist ungerecht und unzulässig. Ich habe mein Haus, in dem ich siebenundzwanzig Jahre lang gelebt habe, den einzigen Vermögenswert, den ich besaß, verkauft, um Ihre früheren Forderungen zu erfüllen. Ich verfüge über keine weiteren Gelder oder Wertpapiere und werde keinen Pfennig zahlen können. Falls nötig, können Sie einen Antrag auf Insolvenz stellen. Ich habe zu jeder Zeit von meinem Recht auf freie Meinungsäußerung Gebrauch gemacht. Um das Unrecht, das Sie mir angetan haben, aufzuzeigen, erhebe ich beim Bundesgerichtshof eine Gegenklage gegen Sie, in der ich Schadensersatz wegen Verletzung der Paragraphen 18 (1) und 20 (1) des Paragraphen 2 des Wettbewerbs- und Verbraucherschutzgesetzes (wir werden es nicht wagen, den Titel dieses Gesetzes zu übersetzen) fordere. Außerdem beabsichtige ich, eine Klage wegen Verleumdung zu erheben. Die Gründe für diese Klage gehen auf Ihren Artikel vom 31. August 2009 („Das letzte Wort: Verachtung der Wahrheit") zurück, den Sie im Internet veröffentlicht haben und der immer noch dort zu finden ist. Wenn die von mir vorgeschlagenen Klagen vom Gericht zugelassen werden, rechne ich mit einem erheblichen Schadensersatz, der ausreicht, um Ihre Kostenforderungen zu erfüllen. Ich bin jedoch bereit, auf mein Recht zu verzichten, Sie wegen der oben genannten Handlungen zu verklagen, vorausgesetzt, Sie verzichten auf Ihre Kostenforderung.

Ich freue mich auf Ihren Rat".

Diese Zeilen, die dem Dokumentationsarchiv des Adelaide Institute entnommen sind, das die Texte der Gerichtsverhandlungen enthält, spiegeln den ungleichen Kampf eines bescheidenen, mittellosen Mannes gegen die australischen jüdischen Lobbys wider, deren Reichtum praktisch unbegrenzt ist. Nach Gefängnisaufenthalten in Deutschland, England und Australien hatte Fredrick Töben all seine materiellen Besitztümer verloren und war ruiniert, aber er besaß eine beispielhafte Überzeugung und Größe, die ihn heute zu einem Vorbild für all jene macht, die sich auf die eine oder andere Weise dafür einsetzen, dass künftige Generationen junger Menschen eine wahre Weltgeschichte studieren, in der die Hochstapler entlarvt werden.

Ohne Platz für weitere Details zu lassen, fügen wir hinzu, dass Dr. Fredrick Töben nach siebzehn Jahren juristischer Verfolgung durch Vertreter der jüdischen Gemeinde Australiens am 24. September 2012 von den Richtern des Bundesgerichts von Sydney für zahlungsunfähig erklärt wurde. Nachdem die Rechtsmittelfrist abgelaufen war, meldete *The Australian jewishnews* Ende Oktober die Nachricht mit der Schlagzeile „Töben tied up". Nach australischem Recht hatte die Insolvenzerklärung die Beschlagnahme seines Reisepasses zur Folge, um die Überwachung seiner Finanzen und

Einkünfte zu erleichtern. So „gefesselt" war er dazu verurteilt, als Strafe für seine „Verbrechen" für den Rest seines Lebens als Bettler zu leben.

9. Opfer von Verfolgung im Vereinigten Königreich

Alison Chabloz in England für drei Songs verurteilt

Alison Chabloz, die Bloggerin aus Charlesworth (Glossop) in der englischen Grafschaft Derbyshire, sagte 2018 gegenüber *The Barnes Review*: „Ich bin die einzige Sängerin in der modernen britischen Geschichte, die inhaftiert wurde, weil sie Lieder sang, die sich niemand anhören muss". Chabloz schrieb und sang Lieder, die den Unberührbaren, die die Verfolgung initiierten, nicht gefielen. Die Organisation CAA (Campaign Against Antisemitism) unter dem Vorsitz von Gideon Falter reichte eine Beschwerde ein, die später von der Staatsanwaltschaft übernommen wurde. Viele Monate vor ihrer Verhaftung hatte Alison Chabloz verdächtige anonyme Briefe erhalten, die sie regelmäßig der Polizei in Glossop übergab. Der zuständige Beamte hatte Alison ausdrücklich gebeten, diese nicht zu öffnen. Doch obwohl sie sogar Morddrohungen erhalten hatte, wie etwa: „Pass auf, dass dich nicht jemand unter einen Zug stößt", wurden die Ermittlungen unverständlicherweise eingestellt, als sie im November 2016 zum ersten Mal verhaftet wurde.

In dem bereits erwähnten Interview mit *The Barnes Review* erklärt Chabloz, dass er als Sänger auf Kreuzfahrtschiffen arbeitete, als er sich 2010 für Politik zu interessieren begann. Das Leiden des palästinensischen Volkes, ständiges Opfer des internationalen Zionismus, war der Schlüssel, der es ihm ermöglichte, sich in den großen Raum der geistigen Freiheit des Revisionismus zu begeben. Auf diesem Weg lernte sie den Fußballspieler Nicolas Anelka kennen, einen Freund und Verteidiger der palästinensischen Sache, und den französischen Schauspieler und Komiker Dieudonné M'bala M'bala, der sie auf die Spur des unverzichtbaren Professors Robert Faurisson brachte.

Im Jahr 2014 reiste er nach Deutschland, genauer gesagt nach Hamburg, wo er eine sechswöchige Ausbildung absolvierte, bevor er einen dreimonatigen Arbeitsvertrag auf einem Schiff antrat. Dort sah sie zum ersten Mal, dass die Macht bestimmter Juden unbegrenzt ist.

Der Kapitän des Schiffes rief sie in sein Büro und zeigte ihr Screenshots von Tweets, die sie mit einem Zionisten namens Ambrosine Shitrit ausgetauscht hatte. Darin verteidigte sie einmal mehr die Palästinenser und kritisierte den zionistischen Staat mit Hilfe von Satire. Shitrit stellte die Botschaften von Alison Chabloz auf ihrer Website als ein Beispiel für Antisemitismus dar. Dies reichte aus, um sie zu demütigen und vom Kapitän selbst zu entlassen. Am ersten Tag ihres Vertrags stand sie um neun Uhr abends ohne Arbeit auf dem Dock. Sie versuchte, mit dem Unternehmen zu verhandeln, einer deutschen Niederlassung von Costa Cruises, der europäischen Tochtergesellschaft der Carnival Group, dem anglo-amerikanischen Unternehmen, das den Kreuzfahrtmarkt beherrscht und von Micky Arison, einem in Israel geborenen amerikanischen Geschäftsmann, geleitet wird. Natürlich gab es nichts zu verhandeln.

Anstatt sich zu erschrecken oder zu demoralisieren, blieb Chabloz online aktiv und las weiterhin revisionistische Texte. 2015 bot ihr das Schweizer Unternehmen Uniworld einen neuen Job an. Von April bis Oktober war sie auf einem Schiff angestellt, das auf europäischen Flüssen fuhr, was sie nicht daran hinderte, im August am Edinburgh Art Festival teilzunehmen, das sie in den Vorjahren besucht hatte. Schon bald teilte ihr der Veranstalter mit, dass er unter Druck stehe, ihre Auftritte abzusagen, da sie als antisemitische Holocaust-Leugnerin gelte, die nicht in Edinburgh auftreten dürfe. Trotz aller Proteste hielten die Organisatoren dem Regen stand, und Alison Chabloz konnte weiter singen. Am letzten Tag wurde sie in Edinburghs Princess Street fotografiert, wie sie den von Dieudonné verbreiteten Quenelle-Gruß machte, bei dem ein Arm diagonal nach unten gestreckt wird und die Handfläche nach unten zeigt, während die andere Hand die Schulter berührt. Alison zeigte das Foto auf ihrem Twitter-Account, eine Entscheidung, die das Verfahren gegen sie auslösen sollte, denn zwei Tage später veröffentlichte die Kampagne gegen Antisemitismus das Foto in ihrem Blog und kündigte eine Anzeige bei der Polizei an. Einen Tag später schloss sich *The Times of Israel* der Offensive gegen die Sängerin an.

Zu den herzerwärmendsten Ereignissen des Jahres 2016 gehörte ihr Kontakt mit Gerard Menuhin, dem Autor von *Tell the Truth and Shame the Devil*, dessen Auftritt zur Verteidigung von Horst Mahler bereits erwähnt wurde. Alison erhielt als Geschenk ein Gedicht von Menuhin mit dem Titel *Tell Me More Lies*, das sie vertonte. Sie komponierte 2016 auch die Lieder, die sie eine zweijährige Haftstrafe kosten sollten. In „Survivors" spielte er direkt auf den Holocaust an. In einem anderen der beanstandeten Lieder bezeichnete er Auschwitz als „Themenpark" und die Gaskammern als „eine Fabel". In einem Lied mit dem Titel „Haavara" prangerte er das Haavara-Abkommen an, ein Thema, dem wir in Kapitel VIII unserer *Geächteten Geschichte* zehn Seiten gewidmet haben. Wie wir wissen, handelt es sich dabei um den nationalsozialistisch-jüdischen Kollaborationspakt, der den Transfer von mehr als 60.000 deutschen Zionisten mit ihrem gesamten Vermögen von Deutschland nach Palästina vorsah.

Abgesehen von seiner Verhaftung war das Schlimmste im Jahr 2016 die Unmöglichkeit, seine alternativen Lieder in Edinburgh erneut aufzuführen. Dennoch trat Chabloz im September auf dem Londoner Forum auf, einer nationalistischen Kundgebung. Sein Twitter-Account erreichte 3.500 Follower; im Oktober wurde er jedoch gesperrt. Kurz vor seiner Verhaftung erhielt er einen Brief von der Polizei, in dem ihm mitgeteilt wurde, dass die Ermittlungen zu den Provokationen und anonymen Drohungen, die er erhalten hatte, erfolglos geblieben waren. Schließlich wurde sie an einem Abend im November verhaftet. Nach einem Verhör wurde sie sechs Stunden lang in einer Zelle festgehalten, während die Polizei ihr Haus durchsuchte und ihren Laptop beschlagnahmte, der ihr erst ein Jahr später zurückgegeben wurde. Am nächsten Tag wurde sie gegen Kaution freigelassen. Man teilte ihr mit, dass gegen sie ermittelt werde, weil sie in ihren Liedern „rassistisches" Material verbreite und zwei Frauen belästigt habe, darunter Shitrit, die ihre Entlassung in Hamburg verursacht hatte. Eine Woche später erhielt sie eine Vorladung vom Westminster Magistrates' Court für ihren Song „Survivors". Die Krone fügte weitere Anklagen für drei der als höchst beleidigend eingestuften Lieder hinzu und schloss sich der von Gideon Falter, dem Präsidenten des CAA, eingereichten Privatklage an, wodurch diese zu einer öffentlichen Klage wurde.

Das ganze Jahr 2017 hindurch sah sich Alison Chabloz in ihren Rechten und ihrer Freiheit eingeschränkt. Es folgte eine Reihe von Anhörungen, bei denen sie erneut verhört wurde. Aufgrund wiederholter Verlegungen nach London verbrachte sie mehrere Nächte in Zellen der Grafschaft Derbyshire. Nachdem sie einen Richter, der als bekennender Freund Israels gilt, herausgefordert und zwei Zeugen der Anklage befragt hatte, fand schließlich im Mai 2018 der Prozess statt. Vor dem Westminster Crown Court wurden Alison Chabloz und ihre Unterstützer bei ihrer Ankunft von Gruppen mit israelischen Flaggen bedrängt. Am Tag des Prozesses, genauer gesagt am 25. Mai, ging ein kräftiger Mann mit zwei gut sichtbaren Tätowierungen - im Gesicht der zionistische Stern und am Hals das Wort „Chosen" (eine klare Anspielung auf die Zugehörigkeit zum auserwählten Volk Gottes) - auf einen Mann zu und schubste ihn vor den Zeugen mit der Absicht, ihn zu Boden zu werfen. Frau Michèle Renouf, die ebenfalls bei der Anhörung anwesend war, wurde beim Verlassen des Saals ebenfalls zurechtgewiesen. Am 14. Juni traf Chabloz auf dem Weg zur Abholung ihrer Strafe mit einigen Freunden der Nationalen Front ein und wurde erneut mit den üblichen Beleidigungen konfrontiert: „Abschaum", „Nazi" usw., die von mehreren Freunden der Meinungsfreiheit geäußert werden, wenn diese von ihnen ausgeübt wird.

Die Richter am Westminster Magistrates' Court befanden die Bloggerin Alison Chabloz (54) aus Charlesworth für schuldig, schwer beleidigendes Material auf YouTube verbreitet zu haben. Die Verurteilung bezog sich auf die Texte von drei Liedern, in denen sie, so Richter John Zani, jüdische Menschen beleidigen wollte. Staatsanwältin Karen Robinson stellte die Tatsachen insofern falsch dar, als dass es sich nicht um politische Lieder handelte, sondern um „eine Verkleidung für den Angriff auf eine Gruppe von Menschen wegen ihrer Hingabe an eine Religion". Anwalt Adrian Davis warnte den Richter unterdessen, dass sein Urteil kritisch sein werde, da es einen Präzedenzfall für die Ausübung der Meinungsfreiheit schaffe. „Es ist schwer zu sagen", sagte er, „welches Recht durch die Lieder von Frau Chabloz verletzt wurde".

Alison Chabloz wurde zu einer zweijährigen Haftstrafe auf Bewährung verurteilt, d. h. unter der Bedingung, dass sie nicht wieder straffällig wird. Außerdem wurde ihr die Nutzung sozialer Medien für ein Jahr untersagt. Außerdem wurde sie verpflichtet, 180 Stunden gemeinnützige Arbeit in der Gemeinde Derbyshire zu leisten, die sie weder bei gemeldet noch um irgendeine Entschädigung gebeten hatte und in der es keine Synagoge gibt. In seinem Urteil stellte das Gericht fest, dass Frau Chabloz keine Reue zeigte, und warnte sie, dass sie im Gefängnis landen würde, wenn sie „ein Märtyrer für ihre Sache" werden wolle und die Bedingungen der Bewährungsstrafe nicht einhalte. Der Beschwerdeführer Gideon Falter gab seiner Genugtuung Ausdruck und erklärte, Alison Chabloz sei eine „unerbittliche und abstoßende" Antisemitin, die zum Judenhass aufstachelt, indem sie behauptet, „der Holocaust sei eine von Juden verübte Täuschung, um die Welt zu betrügen". Wie üblich wiederholte sie den üblichen Refrain: „Dieses Urteil sendet eine deutliche Botschaft, dass antisemitische Verschwörungstheorien und Holocaust-Leugnung in Großbritannien nicht toleriert werden".

Es überrascht nicht, dass Chabloz die Berufung verlor. Am 13. Februar 2019 bestätigte Richter Christopher Hehir vom Southwark Crown Court in London die Verurteilung. Das Gericht befand, dass die Sängerin ihren Sinn für Perspektive verloren hatte, als sie Juden als „Diebe, Lügner und Usurpatoren" bezeichnete. Gideon Falter betonte seinerseits die Bedeutung des Erfolgs seiner Klage und wies darauf hin, dass dies „die erste Verurteilung im Vereinigten Königreich wegen Holocaust-Leugnung in sozialen Medien" sei. Er warnte, dass „andere Antisemiten, die denken, sie könnten die jüdische Gemeinschaft ungestraft online misshandeln, dies zur Kenntnis nehmen sollten".

10. Andere Opfer von Verfolgung wegen Gedankenverbrechen

Alle gegen den katholischen Bischof Richard Williamson

Der Fall des englischen katholischen Bischofs Richard Nelson Williamson ist wegen der Auswirkungen seiner Äußerungen über den Holocaust international bekannt. Bischof Williamson gehörte der Bruderschaft St. Pius X. an und wurde 1988 von Johannes Paul II. exkommuniziert. Im November 2008 zeichnete das schwedische Fernsehen ein Interview mit ihm in Regensburg (Deutschland) auf, das am 21. Januar 2009 ausgestrahlt wurde, wenige Tage bevor Papst Benedikt XVI. ein Dekret zur Aufhebung der Exkommunikation von ihm und drei anderen abtrünnigen Bischöfen erließ. Die Äußerungen des Bischofs lösten einen Medienskandal aus, der von zionistischen Organisationen ausgelöst wurde und die Beziehungen des Vatikans zu jüdischen Religionsführern gefährdete. Das Interview beginnt wie folgt:

> P. „Williamson, sind das Ihre Worte: 'Nicht ein einziger Jude wurde in den Gaskammern getötet. Das sind nichts als Lügen, Lügen, Lügen'. Sind das Ihre Worte?
>
> R. - Ich glaube, Sie zitieren mich aus Kanada, ja, das ist viele Jahre her. Ich denke, die historischen Beweise sprechen eindeutig dagegen, dass sechs Millionen Juden in Gaskammern ermordet wurden, was auf eine bewusste Politik von Adolf Hitler zurückzuführen ist.
>
> P. - Aber Sie haben gesagt, dass kein einziger Jude getötet wurde.
>
> R. - In Gaskammern.
>
> P. - Es gab also keine Gaskammern.
>
> R. - Ich glaube, es gab keine Gaskammern, ja".

Das Glaubensdogma des Holocausts war gerade von einem katholischen Bischof öffentlich geleugnet worden. Anathema! Im weiteren Verlauf des Interviews wandte sich Williamson den Revisionisten zu und sagte, dass ihrer Meinung nach zwischen 200.000 und 300.000 Juden in Konzentrationslagern gestorben seien, aber keiner von ihnen in Gaskammern. Auf die Frage des

Interviewers, ob er vom *Leuchter-Bericht* gehört habe, antwortete Monsignore Williamson dem Journalisten, dass er ihn nicht kenne: die Untersuchungen in Auschwitz, die Bedingungen in einer Gaskammer, die Eigenschaften von Zyklon B seien die Themen, die der Priester erläuterte. Der Interviewer reagierte mit einer Frage: „Wenn das kein Antisemitismus ist, was ist dann Antisemitismus?" Die Antwort lautete, dass die historische Wahrheit kein Antisemitismus sein könne.

Die Kritik an einem solch abscheulichen Gedankenverbrechen war heftig und die Forderungen unmittelbar. Bereits im Januar gab der Regensburger Staatsanwalt Günter Ruckdaeschel bekannt, dass ein Ermittlungsverfahren gegen Williamson eingeleitet wurde. Auch Papst Benedikt XVI. wurde für die Aufhebung seiner Exkommunikation kritisiert. Ein Sprecher des Vatikans wies sofort darauf hin, dass die Ansichten des Bischofs inakzeptabel seien und gegen die kirchliche Lehre verstießen. In einem Artikel auf der Titelseite der Vatikanzeitung *L'Osservatore Romano* wurde bekräftigt, dass der Papst jede Form von Antisemitismus missbillige und dass alle Katholiken dasselbe tun sollten. Rabbiner David Rosen vom American Jewish Committee, Rabbiner Marvin Hier vom Simon Wiesenthal Center und die Jewish Agency, praktisch das Sprachrohr der israelischen Regierung, verurteilten den Vatikan für die Begnadigung eines Holocaust-Leugners.

Bischof Williamson, der sich nun wieder in seinem Hauptquartier in La Reja in der Provinz Buenos Aires befindet, dankte dem Papst für seine Entscheidung, die er als „einen Schritt nach vorne für die Kirche" bezeichnete. Am 26. Januar 2009 verteidigte der Vorsitzende der Italienischen Bischofskonferenz, Kardinal Angelo Bagnasco, die Entscheidung des Papstes, Williamson zu rehabilitieren, kritisierte aber dessen Ansichten als „unbegründet und ungerechtfertigt". Der Vorsitzende der deutschen Bischofskonferenz, Heinrich Mussinghoff, verurteilte ebenfalls „die ausdrückliche Leugnung des Holocausts" aufs Schärfste. Monsignore Williamson gab eine Erklärung ab, in der er sich beim Papst dafür entschuldigte, dass er ihm wegen seiner Ansichten über den Holocaust, die er selbst als „unklug" bezeichnete, „Kummer und Ärger" bereitet habe.

Der Aufschrei und der Druck der jüdischen Organisationen vervielfachten sich und machten deutlich, dass der Vatikan zu nichts anderem als Gehorsam und Fügsamkeit fähig war. Charlotte Knobloch, Präsidentin des Zentralrats der Juden in Deutschland, kündigte an, dass sie unter diesen Umständen ihre Dialoge mit katholischen Führern aussetzen würde. Am 3. Februar 2009 brach das Oberrabbinat Israels offiziell die Beziehungen zum Vatikan ab und sagte ein für den 2. und 4. März geplantes Treffen mit der Kommission des Heiligen Stuhls für die Beziehungen zu den Juden ab. Oded Weiner, Generaldirektor des Rabbinats, wandte sich in einem Brief an Kardinal Walter Casper und erklärte: „Ohne eine öffentliche Entschuldigung und einen Rückzug wird es schwierig sein, den Dialog fortzusetzen."

Am selben Tag, dem 3. Februar, verlangte Angela Merkel, getreu der Stimme ihrer Herren, dass Papst Benedikt XVI. die Position der Kirche klarstellt: „Der Papst und der Vatikan", sagte sie, „müssen unmissverständlich klarstellen, dass es keine Leugnung geben kann. In Deutschland lief die ganze Maschinerie zum Schüren des „Skandal"-Feuers auf Hochtouren: Die *Bild-Zeitung* warnte den Papst, dass „die Vernichtung von sechs Millionen Juden nicht ohne Reaktion geleugnet werden" könne. *Die Süddeutsche Zeitung* applaudierte der Warnung der Kanzlerin und erinnerte daran, dass ein deutscher Papst „keinen Holocaust-Leugner unterstützen" könne, ohne die jüdische Gemeinschaft zu beleidigen. Die *Berliner Zeitung* schrieb, Williamson habe nicht nur privat gemurmelt, sondern öffentlich gesprochen und den Papst aufgefordert, ihn erneut zu exkommunizieren. In einem Versuch, die Kritik einzudämmen, ordnete Benedikt XVI. am 4. Februar an, dass Richard Williamson „öffentlich und unmissverständlich" widerrufen solle.

Der Bischof hatte fünf Jahre lang in Argentinien gelebt, doch am 19. Februar wurde er zur „Persona non grata" erklärt. Das argentinische Innenministerium forderte den britischen Bischof über die Nationale Direktion für Migration auf, das Land innerhalb von zehn Tagen zu verlassen. In der Mitteilung heißt es, dass die öffentliche Bekanntheit des Bischofs aufgrund seiner antisemitischen Äußerungen gegenüber schwedischen Medien, in denen er bezweifelte, dass das jüdische Volk Opfer des Holocausts gewesen sei, berücksichtigt wurde. Die argentinische Regierung fügte in der Note hinzu, dass Williamsons Äußerungen „das jüdische Volk und die Menschheit zutiefst beleidigen".

Monsignore Williamson, der nach England reiste, widerstand jedoch jedem Druck und sagte in einem Interview mit dem *Spiegel*, dass er immer die Wahrheit gesucht habe und deshalb zum Katholizismus konvertiert sei. Er erklärte, er sei überzeugt von dem, was er gesagt habe: „Heute sage ich dasselbe, was ich in dem Interview mit dem schwedischen Fernsehen gesagt habe: Historische Beweise müssen überwiegen und nicht Emotionen. Und wenn ich weitere gegenteilige Beweise finde, werde ich es zurücknehmen, aber das wird seine Zeit brauchen". Der Bischof hat eine schriftliche Entschuldigung verfasst, aber Federico Lombardi, Sprecher des Vatikans, sagte, dass er „die Bedingungen für eine Wiederaufnahme in die Kirche nicht erfüllt" habe. Die jüdische Gemeinde lehnte dies natürlich ebenfalls ab. Marvin Hier vom Simon-Wiesenthal-Zentrum forderte: „Wenn er sich entschuldigen will, muss er den Holocaust bejahen".

Brigitte Zypries, die deutsche Justizministerin, verwarf schließlich die Möglichkeit, einen Europäischen Haftbefehl für die britischen Behörden auszustellen, um den Bischof festzunehmen und nach Deutschland auszuliefern. Im April 2010 fand schließlich ein Prozess in Regensburg statt, zu dem Williamson nicht erschien. Auch die drei schwedischen Journalisten, die an dem Interview teilgenommen hatten, kamen nicht, um auszusagen. Rechtsanwalt Matthias Lossmann beantragte vergeblich einen Freispruch. Monsignore Williamson wurde wegen „Aufstachelung zum Rassenhass" zu einer Geldstrafe von 10.000 Euro verurteilt. Nach einem Einspruch wurde Williamson im Juli 2011, wiederum in Abwesenheit, in zweiter Instanz zur Zahlung von 6.500 Euro verurteilt, doch aufgrund von Verfahrensmängeln wurde eine Wiederaufnahme des Verfahrens erzwungen. Am 24. Februar 2012 wurde er freigesprochen. Das Gericht stellte fest, dass die Anklage nicht korrekt erhoben worden war, weil die Staatsanwaltschaft die Art der Straftat nicht hinreichend präzisiert hatte. Das Urteil wurde daher aufgrund von Verfahrensfehlern aufgehoben,. Da die Möglichkeit einer neuen Anklage offen blieb, wurde er am 16. Januar 2013 zum dritten Mal in Abwesenheit verurteilt. Diesmal wurde die Geldstrafe auf 1.600 Euro reduziert. Williamson weigerte sich zu zahlen und legte erneut Berufung ein.

Wie man sieht, ging es in diesem Fall um die große Aufregung, die unerbittlichen Schikanen und die unverhältnismäßigen

Reaktionen gegen einen katholischen Priester, nur weil er es wagte, seine Meinung zu sagen. Das wirklich Bedauerliche waren unserer Meinung nach nicht die üblichen Verurteilungen und Drohungen internationaler jüdischer Organisationen oder die Forderungen der deutschen Presse und der Bundeskanzlerin Merkel, Tochter eines polnischen Juden und wieder verheiratet mit einem jüdischen Professor, an den Papst, sondern die Kapitulation des Vatikans und der Kirche. „Ich bin in die Welt gekommen, um für die Wahrheit Zeugnis abzulegen", antwortete Jesus dem Pilatus, als er ihm überstellt werden sollte. „Ihr werdet die Wahrheit erkennen, und die Wahrheit wird euch frei machen", lehrte er seine Jünger. Leider hat die katholische Hierarchie schon lange aufgegeben, die Wahrheit zu sagen, wie Jesus Christus sie lehrte. Sowohl der Vatikan als auch das Rote Kreuz wissen sehr wohl, was die Wahrheit über die so genannten Vernichtungslager ist; aber ihre derzeitigen Führer haben kapituliert und ziehen es vor, zu lügen und schmerzhaft an dem Glaubensdogma des Holocaust festzuhalten.

Am 25. März 2016, dem Karfreitag, leitete der Heilige Vater Franziskus den Kreuzweg im Kolosseum in Rom. Das Ereignis wurde von zahlreichen Fernsehsendern an Hunderte von Millionen Menschen in der ganzen Welt übertragen. Der Papst beauftragte Kardinal Gualtiero Basseti, die Meditationen zu schreiben. Für die dritte Station, Jesus fällt zum ersten Mal, nahm Basseti Bezug auf die Leiden der heutigen Welt. An der ersten Stelle der Meditation schreibt er: „„...Es gibt Leiden, die die Liebe Gottes zu leugnen scheinen. Wo ist Gott in den Vernichtungslagern? Und etwas später, bevor er das Vaterunser betet: „„...Wir bitten dich, Herr, für die Juden, die in den Vernichtungslagern gestorben sind...". Es liegt auf der Hand, dass es nicht nötig war, unter den heutigen Tragödien und mit Stolz ein Leiden von vor siebzig Jahren zu erwähnen. Nur die Unterwürfigkeit rechtfertigt diese Erwähnung durch Kardinal Basseti, der natürlich unter vergessen hat, ein einziges Wort für das unglückliche palästinensische Volk zu schreiben. Ja, wie Monsignore Williamson weiß die Kirche, dass es die Todeslager nicht gegeben hat. Sie kennt die Wahrheit, aber sie bekräftigt die Lüge aus Feigheit, weil sie der Täuschung unterworfen ist und die Worte Christi ignoriert: „Ihr werdet die Wahrheit erkennen, und die Wahrheit wird euch frei machen".

Haviv Schieber, der Jude, der sich die Pulsadern aufschnitt, um der Abschiebung nach Israel zu entgehen

In *On the Wrong Side of Just About Everything But Right About It All* erzählt Dale Crowley Jr. von der Beerdigung Haviv Schiebers mit seinen engen Freunden in einem Schneesturm - eine passende Kulisse für das gequälte und mutige Leben dieses revisionistischen Juden. Dale Crowley zitiert diesen Satz von Schieber: „Meine jüdischen Brüder lieben es zu hassen. Sie wissen nicht, wie man verzeiht. Sie sind krank und brauchen den Arzt, Jesus, und die Medizin, die Bibel." Schieber war also Christ, und in seinen Artikeln, Interviews und Erklärungen brachte er stets seinen Wunsch nach Wahrheit und Gerechtigkeit zum Ausdruck. „Der Nationalsozialismus", sagte er einmal, „machte mir Angst, weil ich Jude war. Beim Zionismus schäme ich mich, ein Jude zu sein". Auf die Frage, ob die Protokolle der Weisen von Zion authentisch seien, antwortete er stets: „Das spielt keine Rolle. Es ist alles wahr geworden."

Ernst Zündel lernte viel von Haviv Schieber, mit dem er eine gute Freundschaft pflegte. Zündel hielt ihn für einen äußerst intelligenten Menschen. Von ihm erhielt er Informationen aus erster Hand über den Zionismus, denn Schieber erklärte ihm die Realität des Staates Israel. Schieber war ein leidenschaftlicher Zionist, der 1932 aus seiner Heimat Polen auswanderte, um im britischen Mandatsgebiet Palästina zu leben. Er hatte palästinensische Freunde, mit denen er lebte und Geschäfte machte, bis er 1936, desillusioniert von der Realität, beschloss, nach Polen zurückzukehren. Dort sah er, wie die zionistischen Organisationen, anstatt den bedürftigsten Juden zu helfen, nur junge Sozialisten auswählten, die ihnen bei ihren Plänen für den künftigen Staat nützlich sein konnten. Als die Nazis 1939 in Polen einmarschierten, kehrte er nach Palästina zurück, wo er heiratete, eine Familie gründete und jüdischer Bürgermeister von Beerscheba wurde . Seine endgültige Enttäuschung über den Zionismus kam, als er während des Eroberungskrieges 1948-1949 dessen wahre Natur entdeckte. Genervt von Mord und Ungerechtigkeit flog er am 18. März 1959 von Israel in die Vereinigten Staaten.

Die Zionisten begannen daraufhin ihre Verfolgung und setzten die US-Behörden unter Druck, ihn auszuweisen. Der Rechtsstreit um politisches Asyl dauerte mehr als fünfzehn Jahre. Zunächst wurde ihm ein Aufenthalt bis zum 1. Februar 1960 gewährt. Am 4. April 1961 ordnete ein Gericht seine Abschiebung an, aber seine Behauptungen, dass er in Israel physisch verfolgt würde, wurden angehört und zurückgestellt. Schließlich wurde er am 5. August 1964 aufgefordert, das Land als Alternative zur Abschiebung freiwillig zu verlassen, wurde aber gewarnt, dass er abgeschoben würde, wenn er die Vereinigten Staaten nicht verließ. Das Asylverfahren zog sich bis in die frühen 1970er Jahre hin. Erst am 23. Juni 1970 verweigerte ihm ein Berufungsgericht den unbefristeten Status eines politischen Flüchtlings. Als der zionistische Druck kurz vor dem Erfolg stand, schlitzte sich Haviv Schieber auf dem Flughafen von Washington D.C. die Pulsadern auf, um nicht in ein Flugzeug nach Israel gesetzt zu werden.

In den Vereinigten Staaten wurde Schieber zum bewunderten Quijote einer Gruppe von Amerikanern, Juden und Christen, die in ihm einen unbeugsamen Idealisten sahen. Schieber setzte sich für die Rechte des palästinensischen Volkes ein und prangerte die Verlogenheit des Zionismus an. Haviv Schieber starb 1987. In seinen letzten Lebensjahren setzte er trotz zweier schwerer Operationen im Jahr 1985 seine Arbeit an der Spitze seines „Komitees für den Staat des Heiligen Landes" fort, das sich für einen Staat einsetzt, in dem Juden, Araber und Christen in Frieden leben können.

Hans Schmidt, der Amerikaner, der wegen vier Worten inhaftiert wurde

Hans Schmidt wanderte 1949 in die Vereinigten Staaten aus und nahm 1955 die Staatsbürgerschaft an. Er heiratete und bekam zwei Kinder, wurde Geschäftsmann im Gaststättengewerbe, gründete und leitete aber auch das German-American National Political Action Committee (GANPAC), eine Organisation, die sich für die Rechte und Interessen der größten ethnischen Minderheit des Landes einsetzt. 1985 wurden seine Büros in Santa Monica (Kalifornien) angegriffen und teilweise beschädigt. Schmidt, der mit der IHR in Kontakt stand und an einigen IHR-Konferenzen teilgenommen hatte, redigierte und veröffentlichte zwei knallharte Newsletter, den englischsprachigen *GANPAC Brief* und den deutschsprachigen *USA-Bericht*. Als Bürgerrechtler vertrat er unverblümt seine revisionistischen Ansichten und Meinungen und prangerte unter anderem die

Geschichtsfälschung und die Holocaust-Kampagne an. Auch der Verrat und die Kapitulation der deutschen politischen Führung wurde von ihm schonungslos angeprangert.

Am 9. August 1995 wurde er auf dem Frankfurter Flughafen verhaftet. Er war 68 Jahre alt und im Ruhestand. Er war nach Deutschland gereist, um seine betagte Mutter zu besuchen, und wollte gerade nach Florida zurückfliegen. Schmidt wurde auf der Grundlage eines Haftbefehls verhaftet, der am 28. März 1995 von einem Richter in Schwerin erlassen und durch einen zweiten Haftbefehl vom 5. Oktober ersetzt worden war. Das „Verbrechen" bestand darin, dass er ein Exemplar seines Mitteilungsblattes *USA-Bericht* an die Wohnung des Bundesratsmitglieds Rudi Geil geschickt hatte. Das Rundschreiben enthielt einen offenen Brief, den er als Antwort auf einen in der „Zeit" erschienenen Artikel geschrieben hatte. Beleidigt durch das, was er las, reichte Geil die Beschwerde ein, die zum Haftbefehl führte. Der beleidigende Absatz, der zur Verhaftung führte, bezog sich auf „die Linken, die Anarchisten, die Juden und die Freimaurer, die das politische System zusammen mit der kontrollierten Presse verseuchen". Dem Haftbefehl zufolge richteten sich die Ausdrücke „der Judenbefall" und „der Freimaurerbefall" gegen diese beiden Bevölkerungsgruppen in Deutschland. Die Anklage gegen ihn bezog sich auf den berühmten Paragraphen 130 (I, 2) und war die übliche.

Zum ersten Mal wurde ein amerikanischer Staatsbürger wegen etwas verhaftet, das er in einer aus den Vereinigten Staaten versandten E-Mail geschrieben hatte, weil er eine Meinung geäußert hatte, die in seinem Land völlig legal war. Die politischen Führer der USA, die so schnell bereit sind, Verletzungen der Menschenrechte und der Meinungsfreiheit zu verurteilen, wenn es in ihrem Interesse ist, schwiegen. Wenn sie befragt wurden, taten sie die Angelegenheit mit dem bekannten „innenpolitischen Problem" ab. Proteste kamen von amerikanischen Bürgerrechtsaktivisten, die eine Flut von Briefen an deutsche Beamte und Journalisten schickten und Zeitungsanzeigen schalteten, in denen sie Schmidts Behandlung anprangerten. Am 22. August beispielsweise stand eine Gruppe von Bürgern vor dem deutschen Konsulat in New York und hielt ein großes Transparent mit der Aufschrift „Travelers Alert" (Reisewarnung) hoch, auf dem Amerikaner, die nach Deutschland reisen wollten, gewarnt wurden, dass ihnen eine Inhaftierung drohe, wenn sie „unkorrekte politische Ansichten" äußerten.

Während seiner Haft beschuldigte Schmidt die US-Botschaft, falsche Informationen an Deutschland weitergegeben zu haben, um seine Strafverfolgung zu erleichtern. Aufgrund seines angeschlagenen Gesundheitszustands gelang es seinen Anwälten, seine Freilassung auf Kaution im Januar 1996 zu erreichen. So gelang es ihm, nach fünfmonatiger Haft in die Vereinigten Staaten zurückzukehren und eine weitere Strafverfolgung zu vermeiden. Dort schrieb er ein Buch über seine Erfahrungen mit dem Titel *Gefangen im „demokratischen" Deutschland*, das 1997 veröffentlicht wurde. Bis zu seinem Tod im Jahr 2010 kämpfte er weiter gegen die Macht der jüdischen Lobbys und deren Einfluss in den Vereinigten Staaten und auf der ganzen Welt.

Arthur Topham, in Kanada wegen „Judenhasses" verurteilt

Arthur Topham ist ein langjähriger revisionistischer Kämpfer, der im November 2015 in Kanada wegen des Verbrechens des „Hasses" verurteilt wurde. Topham unterhält die Website *The Radical Press*. Seit acht Jahren wehrt er sich nun schon gegen die Schikanen der Feinde der Meinungsfreiheit, sein Kampf war also lang und heroisch. Die Website wurde bereits mehrfach sabotiert. Der erste Angriff auf die auf der Website veröffentlichten Materialien fand 2007 statt. Schon damals wurde gegen Topham Anklage nach dem kanadischen Menschenrechtsgesetz erhoben. Seine erste Verhaftung und Inhaftierung am 16. Mai 2012 fiel mit weiteren Sabotageakten auf der Website zusammen. Er wurde wegen „vorsätzlicher Förderung des Hasses gegen Menschen jüdischer Ethnie oder Religion" angeklagt. Die beiden Personen, die ihn verklagten, handelten bekanntlich auf Geheiß der jüdischen Freimaurerloge B'nai B'rith of Canada.

Topham selbst hat enthüllt, dass der Text, der am meisten zur Einreichung der Klage beigetragen hat, ein satirischer Artikel mit dem Titel *Israel Must Perish* war, der im Mai 2011 geschrieben wurde und in dem Arthur Topham Theodore N. Kaufmans berühmtes, 1941 veröffentlichtes *Buch Germany Must Perish* parodierte. Er hatte einfach die Namen in den Sätzen ersetzt, die den größten Hass auf Deutschland ausstrahlten. Das heißt, wo in Kaufmans Buch „Nazis" stand, hatte Topham „Juden" geschrieben; statt „Deutschland" hatte er „Israel" geschrieben; statt „Hitler" hatte er „Netanjahu" geschrieben. Damit wollte er die Heuchelei von Juden entlarven, die andere des Hasses beschuldigen. Am 15. April 2014 verbot ein Richter des Provinzgerichts mit dem Nachnamen Morgan in Anlehnung an die Praktiken der Inquisition die Veröffentlichung der Namen der beiden Personen, die die Strafanzeige gegen Arthur Topham, den Herausgeber von *The Radical Press*, wegen „Hassverbrechen" eingereicht hatten.

Der Prozess gegen Topham begann am 26. Oktober 2015 und endete am 12. November mit einem Schuldspruch für Topham. Zum Zeitpunkt der Erstellung dieses Berichts ist das Strafmaß, das zwei Jahre minus einen Tag betragen könnte, noch nicht bekannt. Leser, die an weiteren Einzelheiten über den Prozess interessiert sind, können die Website *The Radical Press* besuchen, die eine vollständige Abschrift der Archive aller Sitzungen des Prozesses enthält. Der Jazzmusiker und jüdische Revisionist Gilad Atzmon hat sich in den Prozess eingeschaltet und am 8. November 2015 ebenfalls einen Auszug veröffentlicht. Darin wird erklärt, dass die Krone unter den Experten für Judentum und Antisemitismus Len Rudner präsentierte, einen „jüdischen Fachmann", der fünfzehn Jahre lang für den Jüdischen Kongress von Kanada und dessen Nachfolgeorganisation das CIJA (Center for Israel and Jewish Affairs) gearbeitet hatte. Vor Beginn des Prozesses hatte er versucht, den Internetprovider zu zwingen, die Website abzuschalten. Rudner selbst hat Zivilklagen gegen Topham eingereicht. Wie in den Fällen von Pedro Varela und Librería Europa oder Fredrick Töben und der Website des Adelaide Institute sind die meisten der von Rudner aufgeführten Bücher und Texte im Internet verfügbar oder können bei Amazon und im Buchhandel frei erworben werden.

Gilad Atzmon (siehe Anmerkung 4), der nicht nur Musiker, sondern auch Philosoph und Autor mehrerer Bücher ist, war der Experte für jüdische Fragen, der von Arthur Topham und seinem Anwalt Barcley Johnson als Gegenargument zu Rudners Argumenten angeführt wurde. Atzmons Kompetenz in „jüdischer Identitätspolitik" wurde vom Gericht anerkannt. Die Geschworenen lauschten fasziniert den präzisen und komplexen Erklärungen dieses einzigartigen Juden, der behauptete, dass viele der offensichtlich antisemitischen Schriften von frühen Zionisten verfasst wurden. Atzmon, ein ehemaliger

Soldat, hat die perverse Ideologie des Zionismus und die Stammesmechanismen, die in Israel fanatisch angewendet werden, aus erster Hand erfahren.

Am Freitag, den 20. November 2015, erschien Arthur Topham, der im vorangegangenen Prozess für schuldig befunden worden war, vor dem Obersten Gerichtshof in Quesnel zu einer Anhörung im Zusammenhang mit der Kautionsfrage und weiteren Forderungen im Zusammenhang mit der Veröffentlichung eines Fotos des Geschworenen vor dem Gerichtsgebäude in der *Radical Press*. Jennifer Johnson, die Staatsanwältin, beantragte eine Reihe von äußerst strengen Auflagen. Während Topham und Johnson persönlich erschienen, meldeten sich Bruce Butler, der Richter des Obersten Gerichtshofs, und Verteidiger Barcley Johnson per Telefon aus Vancouver bzw. Victoria. Der Richter entschied, dass die Veröffentlichung des Fotos der Geschworenen, die im Schnee standen und aus einer Entfernung fotografiert wurden, in der ihre Gesichter nicht klar zu erkennen waren, keine Gefahr für ihre Sicherheit darstellen konnte. In jedem Fall forderte er die Rücknahme des Fotos.

Das Neueste, was wir über Topham, dessen Website *The Radical Press* inzwischen zensiert ist, erfahren haben, ist, dass er am 6. August 2018 von einem Spezialteam für Hassverbrechen erneut in seiner Wohnung verhaftet wurde. Auf Anweisung des Richters wurde die Wohnung durchsucht. Akten und Computer wurden beschlagnahmt. Aufgrund eines Gerichtsbeschlusses, der am 12. September 2019 ausläuft, wurde ihm die Freiheit genommen, die Namen der Kläger oder der internationalen Organisationen, die sie unterstützen, zu veröffentlichen. Zum Zeitpunkt der Erstellung dieses Berichts steht Arthur Topham in seinem Haus in Cottonwood weiterhin unter Arrest.

11. Anhang über die rücksichtslose Verfolgung von Nicht-Agearians

Die Verfolgten, die in diesem letzten Abschnitt, den wir als Anhang schreiben, aufgeführt sind, sind keine Revisionisten mehr und haben auch keine Gedankenverbrechen begangen. Es sind Menschen, die normalerweise nie in Geschichtsbüchern auftauchen würden. Sie würden vielleicht zu dem gehören, was Miguel de Unamuno als Binnengeschichte bezeichnete. Ihre Namen sind für ein oder zwei Tage in die Schlagzeilen geraten und dann für immer verschwunden. Genau aus diesem Grund, damit sie nicht in Vergessenheit geraten, haben wir uns entschlossen, sie in unser Werk aufzunehmen, wenn auch in aller Kürze. Es handelt sich um nicht mehr ganz junge Männer, die Opfer einer unsäglichen Verfolgung wurden, nur weil sie während des Zweiten Weltkriegs in der Armee gedient haben. Normalerweise sollten diese älteren Männer, die ihrem Land als Jugendliche gedient haben, geehrt und anerkannt werden, doch sie werden wie Kriminelle behandelt.

Der berühmte Fall von John Demjanjuk, der ausgeliefert, angeklagt, vor Gericht gestellt und zum Tode verurteilt wurde, ist bereits in Kapitel XII der *Geächteten Geschichte* behandelt worden. Ein weiterer bekannter Fall ist der von Frank Walus, dem Zeugen Zündels im Prozess von 1985. Von dem Nazi-Jäger Wiesenthal fälschlicherweise beschuldigt, der „Schlächter von Kielce" zu sein, wurde er in den US-Medien einer bösartigen Kampagne ausgesetzt, die zu seiner öffentlichen Verprügelung führte. Der in Deutschland geborene amerikanische Mechaniker wurde sieben Mal von jüdischen Schergen angegriffen, die ihn bei einem Säureanschlag fast getötet hätten. Um seine Verteidigung zu finanzieren, verkaufte er sein Haus und war ruiniert. Außerdem verlor er seine US-Staatsbürgerschaft. Nach einem langen und kostspieligen Berufungsverfahren gewann er, aber sein Gesundheitszustand war bereits sehr schlecht und er starb nach mehreren Herzinfarkten. Es gibt noch mehr solcher Fälle, die aufgezählt werden könnten, aber wir ziehen es vor, den anonymen Ex-Soldaten Raum zu geben, von denen wir nur einige wenige Beispiele vorstellen wollen.

Im April 2013 wurde in Deutschland bekannt, dass Staatsanwälte beschlossen hatten, eine „letzte Anstrengung" zu unternehmen, um Nazi-Verbrecher zu finden. Zu diesem Zweck wurde eine Liste mit den Namen von 50 lebenden Auschwitz- und anderen Lageraufsehern erstellt, gegen die ermittelt werden sollte, um den Überlebenden des Holocaust Genugtuung zu verschaffen. „Wir sind es den Opfern schuldig", sagte Kurt Schrimm, Leiter der Zentralstelle der Justizbehörden für die Aufklärung nationalsozialistischer Verbrechen, der berichtete, dass das Auschwitz-Museum die Liste mit den Namen ehemaliger Wachleute an sie weitergeleitet habe.

Efrain Zuroff, ein wütender Nazi-Jäger, Direktor des Simon-Wiesenthal-Zentrums in Jerusalem und einer der Vordenker der „Operation Letzte Chance", erklärte, dass die Tatsache, dass die meisten Namen auf der Liste Achtzigjährige oder Nicht-Jahrhundertjährige sind, kein Grund ist, warum der „Gerechtigkeit" nicht Genüge getan werden sollte. Der Autor des Buches *Operation Last Chance: One Man's Quest to bring Nazi Criminals to Justice (Operation Letzte Chance: Die Suche eines Mannes, um Naziverbrecher vor Gericht zu bringen)* erklärt in seinem Buch: „Schauen Sie sich diese Männer nicht an und sagen Sie, dass sie schwach und gebrechlich aussehen. Stellen Sie sich jemanden vor, der auf dem Höhepunkt seiner Kraft seine Energie dem Mord an Männern, Frauen und Kindern gewidmet hat. Der Lauf der Zeit mindert in keiner Weise die Schuld der Mörder. Das Alter sollte sie nicht schützen". Die berühmte Deborah Lipstadt, Professorin an der Emory University, vertrat die Auffassung, dass es keine Altersgrenze für die Verfolgung von Verbrechern gibt.

Laszlo Csatary

Es ist der erste Name, der auf der von deutschen Staatsanwälten und dem SWC (Simon Wiesenthal Center) geführten Liste erscheint. Im Juli 2012, kurz nach der Ankunft des Zionisten Laurent Fabius im Außenministerium, fand in Frankreich ein Treffen zwischen Fabius, den Nazijägern und jüdischen Gemeindegruppen statt. Als Ergebnis dieses Treffens forderte Frankreich Ungarn auf, Laszlo Csatary, der unter seinem eigenen Namen in Budapest lebte, zu verhaften. Ein Sprecher des Ministeriums erklärte, dass es „keine Immunität" für diejenigen geben könne, die den Holocaust begangen hätten. Am 18.

Juli 2102 meldete der SWC, dass Csatary verhaftet worden sei. Sein Anwalt Gabor Horwath sagte, er sei drei Stunden lang hinter verschlossenen Türen von einem Budapester Staatsanwalt verhört worden, der ihn des Antisemitismus beschuldigte. Es wurde keine Anklage gegen ihn erhoben, aber er wurde unter Hausarrest gestellt. Seinen Verfolgern zufolge war er an der Deportation von mehr als 15.000 Juden nach Auschwitz im Jahr 1944 beteiligt. Csatary bestritt, ein Antisemit zu sein, und führte Beispiele für Beziehungen zu Juden in seiner Familie und seinem Freundeskreis an. Er bestritt auch, Kommandant des Ghettos Kosice im mit Deutschland verbündeten Ungarn gewesen zu sein. Horwath sagte, dass er „leicht mit jemand anderem hätte verwechselt werden können". Um Druck auszuüben, organisierten Mahnwachen Demonstrationen vor dem Haus mit Schildern, auf denen „Letzte Chance für Gerechtigkeit" stand. Eine Gruppe der Europäischen Union Jüdischer Studenten mit empörten Gesichtern bildete eine Kette mit gefesselten Händen. Zwei „Aktivisten" kletterten auf den Boden und klebten durchgestrichene Hakenkreuze und ein Schild mit dem Slogan „Wir vergessen nie" an die Tür. Im August 2013 starb Laszlo Csatary im Alter von 98 Jahren, während er auf seinen Prozess wartete. In seiner Todesanzeige erinnerte der Anwalt daran, dass Csatary nur ein Vermittler zwischen ungarischen und deutschen Beamten gewesen sei und an keinem Verbrechen beteiligt gewesen sei.

Samuel Kunz

Am 21. Dezember 2010 berichtete Christoph Göke, Sprecher der Dortmunder Staatsanwaltschaft, dass ein 90-jähriger Mann, Samuel Kunz, ein ehemaliger Wachmann in Sobibor, der an der Vernichtung von 430.000 Juden beteiligt war, angeklagt wurde. Nach Presseberichten hat Kunz zugegeben, von 1942-43 im „Vernichtungslager" Belzec gearbeitet zu haben. Als die Polizei eine Razzia in seiner Wohnung durchführte, bestritt der alte Mann, persönlich an einem Verbrechen beteiligt gewesen zu sein. Die Nachrichten berichteten von einer „Flut von Verhaftungen" bei Menschen in den Neunzigern, und die Nazi-Jäger freuten sich über den Eifer der Polizei. Neben dem Aderlass an Menschen ging auch der wirtschaftliche Aderlass weiter: Wenige Tage vor Kunz' Verhaftung,, erklärte Rüdiger Grube, Vorstandsvorsitzender der Deutschen Bahn, am 9. Dezember 2010, dass das Leid der NS-Opfer nicht vergessen sei und die Bahn 6,6 Millionen Dollar für Projekte für

Überlebende spende, die der Stiftung Erinnerung, Verantwortung und Zukunft (EVZ) übergeben werden.

Johan Breyer

Aufgrund eines von Deutschland ausgestellten Haftbefehls wurde im Juli 2014 Johan Breyer, ein 89-jähriger Mann, der 1952 in die Vereinigten Staaten ausgewandert war, in seinem Haus in Philadelphia, Pennsylvania, verhaftet und beschuldigt, an der Ermordung von Hunderttausenden von Juden beteiligt gewesen zu sein. Breyer gab zu, dass er in Auschwitz als Wachmann tätig gewesen war, sagte aber, er habe in Übersee gedient und nichts mit den Morden zu tun gehabt. Obwohl sein Anwalt, Dennis Boyle, darauf hinwies, dass sein Mandant gesundheitlich zu schwach sei, um inhaftiert zu werden, während er auf eine Auslieferungsanhörung warte, sagte der Richter, dass das Haftzentrum für seine Versorgung ausgestattet sei und lehnte eine Kaution ab. Die Associated Press berichtete über Aussagen des Nazi-Jägers Efraim Zuroff in Jerusalem, der die amerikanische Öffentlichkeit daran erinnerte, dass die deutschen Behörden 2013 in einigen Städten Plakate mit dem Slogan „Spät, aber nicht zu spät" aufgehängt hatten, dass der altersschwache Breyer ausgeliefert werden sollte. Zuroff fügte hinzu, Deutschland verdiene „Anerkennung" dafür, dass es „einen letzten Versuch unternommen hat, die Strafverfolgung der für den Holocaust Verantwortlichen zu maximieren".

Oskar Gröning

Die beschämende Plakataktion verdient einen Kommentar, denn Oskar Gröning war einer der dreißig Auschwitz-Wächter, die im Rahmen der Aktion „Spät, aber nicht zu spät" ausgewählt wurden. Sie zeigten in Schwarz-Weiß die Hauptfassade von Auschwitz im Hintergrund und die Eisenbahnschienen auf dem verschneiten Boden, die vor dem Eingang des Lagers zusammenliefen. Am unteren Rand befand sich ein roter Streifen mit der oben erwähnten Aufschrift. Das SWC setzte eine Belohnung von 25.000 Euro für diejenigen aus, die die Großeltern denunzieren. Nach Angaben des Wiesenthal-Zentrums wurden sechs Fälle in Baden-Würtenberg, sieben in Bayern, zwei in Sachsen-Anhalt, vier in Nordrhein-Westfalen, vier in Niedersachsen, zwei in Hessen und je einer in Rheinland-Pfalz, Hamburg, Schleswig-

Holstein, Sachsen und Mecklenburg-Vorpommern festgestellt. Alle von ihnen waren ehemalige Wachleute.

Einer der vier Angeklagten in Niedersachsen war Oskar Gröning, der im März 2014 verhaftet wurde. Als er im September 2014 formell angeklagt wurde, war Gröning, der als „Auschwitz-Buchhalter" bekannt ist, 93 Jahre alt und wurde wegen Mittäterschaft an der Ermordung von mindestens 300.000 Menschen angeklagt. „Oskar Gröning hat niemanden mit seinen Händen getötet, aber er war Teil der Vernichtungsmaschine", sagte die Überlebende Judy Lysy dem pensionierten Richter Thomas Walter, der in Toronto und Montreal gegen Gröning ermittelte. Der Prozess begann im April 2015 und musste aufgrund des schlechten Gesundheitszustands von Gröning für einige Tage unterbrochen werden. Das Urteil wurde am 15. Juli verkündet. Obwohl die Staatsanwaltschaft dreieinhalb Jahre Haft gefordert hatte, verurteilte das Lüneburger Gericht Gröning zu vier Jahren, ohne zu berücksichtigen, dass er bereits 94 Jahre alt war und niemanden getötet hatte. Justizminister Heiko Maas, ein Sozialdemokrat, sagte, der Prozess habe dazu beigetragen, das „große Versagen" der deutschen Justiz zu mildern, der es nur gelungen sei, etwa 50 der 6.500 SS-Angehörigen in Auschwitz, die den Krieg überlebt hatten, vor Gericht zu bringen.

Reinhold Hanning

Im Sommer 2015 wartete das Gericht, das den Prozess gegen Reinhold Hanning, einen 93-jährigen ehemaligen Auschwitz-Wächter, der der Mittäterschaft an der Ermordung von 170.000 Menschen angeklagt war, führen sollte, auf ein medizinisches Gutachten, um festzustellen, ob der nicht mehr ganz so junge Mann geistig fit für den Prozess war. Anke Grudda, eine Sprecherin des Detmolder Gerichts in Nordwestfalen, sagte der Associated Press, dass der Prozess nicht beginnen könne, bevor das neurologische Gutachten fertiggestellt sei. Die britische Zeitung *Daily Mail* berichtete, dass es keine ausreichenden Beweise dafür gebe, ob Hanning selbst Entscheidungen getroffen oder lediglich anderen bei der Arbeit geholfen habe. Der Fall wurde durch Aussagen eines angeblichen Enkels der Opfer, Tommy Lamm, 69, ergänzt, der von Jerusalem aus die Geschichte seiner Großeltern erzählte, die kurz nach ihrer Ankunft in Auschwitz rasiert und vergast wurden, und Hanning mit ihrem Tod in Verbindung brachte. Lamm sagte, er sei bereit, nach Deutschland zu reisen, um ihn eigenhändig zu hängen. Im November 2015 kamen Neurologen schließlich zu dem Schluss, dass Reinhold Hanning tägliche zweistündige Gerichtssitzungen aushalten könne.

Siert Bruins

Siert Bruins, ein 92-jähriger ehemaliger Wachmann niederländischer Herkunft, wurde im September 2013 in Deutschland angeklagt, ein Mitglied des Widerstands während des Weltkriegs getötet zu haben. Die Staatsanwaltschaft forderte eine lebenslange Freiheitsstrafe, obwohl er nicht mehr im Rentenalter war. Die Staatsanwaltschaft argumentierte, Bruins habe Aldert Klaas Dijkema getötet, der im September 1944 für den Widerstand gegen die deutsche Besatzung der Niederlande tätig war. Überraschenderweise befand der Richter, dass es keine ausreichenden Beweise dafür gab, dass der Angeklagte die Tat begangen hatte, die siebzig Jahre zurücklag. Detlef Hartmann, der Anwalt der Schwester von Aldert Klaas, die angeblich auf Rache aus war, erklärte, sein Mandant sei über die Entscheidung des Gerichts verärgert. Siert Bruins seinerseits verließ den Gerichtssaal mit einer Gehhilfe und war nicht in der Lage, sich zu äußern.

Eine 91-jährige Frau

Viele der Inhaftierten waren in der Regel krank, da es unmöglich ist, ein Alter von neunzig Jahren zu erreichen, ohne dass es zu einem schweren körperlichen und vor allem geistigen Verfall kommt. In den meisten Fällen wurden die vollständigen Namen dieser älteren Menschen nicht einmal der Presse mitgeteilt. Wir enden also mit einem anonymen Opfer, das als Symbol für so viele unbekannte Menschen steht, die unter dem unstillbaren Hass gelitten haben und leiden, der achtzig Jahre später immer noch von den ewigen „Opfern" an den Tag gelegt wird; aber auch als Symbol für die moralische und politische Misere der Bundesrepublik Deutschland, deren Bundeskanzlerin Angela Merkel zynisch erklärt, dass ihr Land „ewig" für den Holocaust bezahlen muss. Ein Staat, der alte Männer verfolgt, die ihrem Vaterland gedient und die Befehle ihrer Vorgesetzten ausgeführt haben, ist weder glaubwürdig noch würdig.

Am 22. September 2015 brachte *Fox News* folgende Meldung: „German woman, 91, charged in 260,000 Auschwitz deaths". Im Hauptteil der Meldung wurde berichtet, dass eine nicht identifizierte 91-jährige Frau von deutschen Staatsanwälten angeklagt wurde, an der Tötung von 260.000 Juden in Auschwitz beteiligt gewesen zu sein. *Die Times of Israel*, eine der Quellen von *Fox News*, gab an, dass die Frau, ein Mitglied der SS, im Juli 1944 Funkerin unter dem Lagerkommandanten gewesen sei. Heinz Döllel, ein Sprecher der Staatsanwaltschaft, sagte, es habe nicht den Anschein, dass die Frau verhandlungsunfähig sei, obwohl das Gericht erst im nächsten Jahr entscheiden werde, ob es den Fall weiterverfolge. Es ist sehr wahrscheinlich, dass das Gericht, das die Tätigkeit als Funkerin als ein abscheuliches Verbrechen ansieht, sie letztendlich verurteilen wird.

Andere Bücher

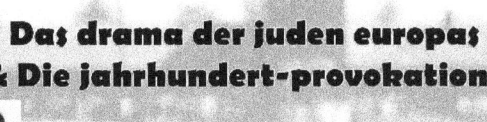

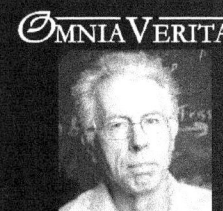

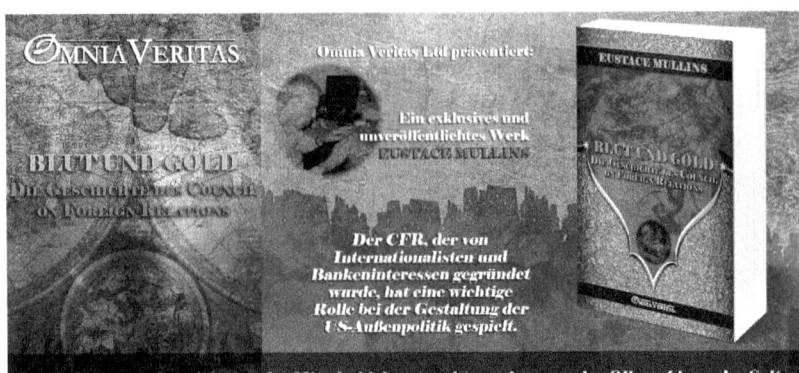

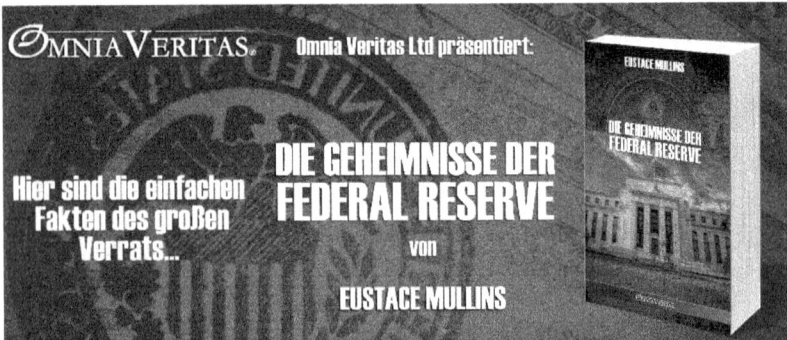

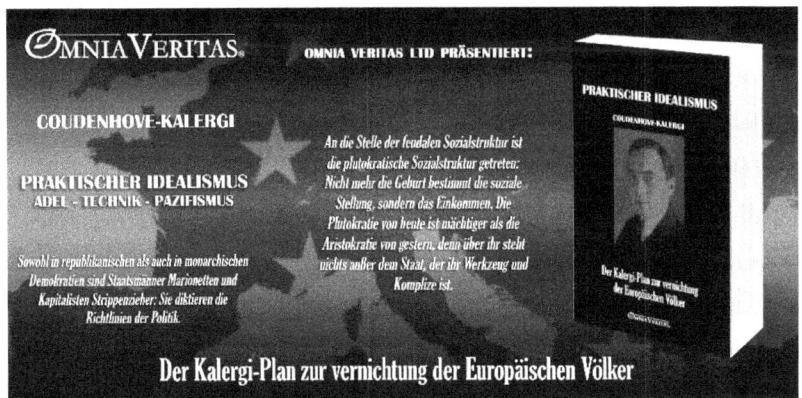

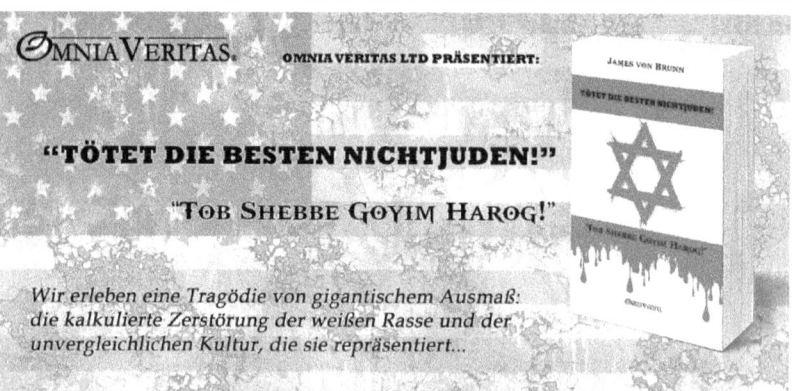